Toolbox 精 益 管 理 工 具 箱 系 列

人力资源管理

实用制度与表格范例

图解版

企业管理工具项目组　组织编写

U0319542

化学工业出版社

·北 京·

内容简介

　　《人力资源管理实用制度与表格范例（图解版）》一书从人力资源管理实用制度与表格入手，第1部分详细讲解了人力资源管理体系的建立，具体包括人力资源管理体系概述、人力资源管理业务要领、人力资源部部门架构和人力资源部岗位说明；第2部分首先对如何制定人力资源管理实用制度进行了讲解，并提供了 10 项人力资源事务管理制度的模板和示例供读者参考使用；第3部分首先对如何设置管理表格进行了讲解，并提供了 10 项人力资源事务管理实用表格的模板和示例供读者参考使用。

　　本书进行模块化设置，内容实用性强，着重突出可操作性。本书另一大特色是在书中设置了二维码，读者可以扫描二维码获取表格范例模板，量身定做修改为自己公司的实用表格，提升工作效率。

　　本书可以作为人力资源管理人员、一线员工工作的参照范本和工具书，也可供高校教师和专家学者作为实务类参考指南。

图书在版编目（CIP）数据

人力资源管理实用制度与表格范例：图解版/企业管理工具项目组组织编写. —北京：化学工业出版社，2021.5
（精益管理工具箱系列）
ISBN 978-7-122-38581-9

Ⅰ.①人… Ⅱ.①企… Ⅲ.①人力资源管理 Ⅳ.①F243

中国版本图书馆CIP数据核字（2021）第032948号

责任编辑：陈　蕾　　　　　　　　　　装帧设计：尹琳琳
责任校对：杜杏然

出版发行：化学工业出版社（北京市东城区青年湖南街13号　邮政编码100011）
印　　装：大厂聚鑫印刷有限责任公司
787mm×1092mm　1/16　印张19　字数385千字　　2021年5月北京第1版第1次印刷

购书咨询：010-64518888　　　　　　　售后服务：010-64518899
网　　址：http://www.cip.com.cn
凡购买本书，如有缺损质量问题，本社销售中心负责调换。

　定　　价：98.00元

企业规范化操作是提高管理运营效率和使业务化繁为简的有效工具，它针对经营管理中的每一个环节、每一个部门、每一个岗位，以业务为核心，制定细致化、科学化、数量化的标准，并严格按照标准实施管理。这极大地提高了工作效率，使企业的经营管理模式在扩张中不变样、不走味，让企业以很少的投入获得很大的产出。

企业除了以全新的意识创造竞争条件来适应全新的竞争环境外，还必须从企业内部进行梳理，从内部挖潜力，实施精益化管理，且辅以过程控制，才能在竞争中立于不败之地，并获得持续发展。一个长期发展的企业，就要实施规范化管理，制度是所有管理模式的基础，没有制度的约束，任何管理都难以向前推进，进行制度化建设和管理可以促进企业向规范化方向发展。

依据制度办事，便于企业员工掌握本岗位的工作技能，利于部门与部门之间、员工与员工之间及上下级之间的沟通，使员工最大限度地减少工作失误。同时，实施规范化管理更加便于企业对员工的工作进行监控和考核，从而促进员工不断改善和提高工作效率。

依据表格管理，可以提高企业管理水平，尤其是提高企业管理效率，做到"事有所知，物有所管。人尽其职，物尽其用"的较好方式。以表格为载体，用表格化工作语言固化职能、优化流程、提高工作效率，实现管理创新。

企业一旦形成规范化的管理运作，对于规范企业和员工的行为，树立企业的形象，实现企业的正常运营，促进企业的长远发展具有重大的意义。这样使得企业的决策更加程序化和规范化，一些没有科学论证依据的决策被排除在外，从而大大减少决策风险。

《人力资源管理实用制度与表格范例（图解版）》一书从人力资源管理实用制度与表格入手，第1部分详细讲解了人力资源管理体系的建立，具体包括人力资源管理体系概述、人力资源管理业务要领、人力资源部部门架构和人力资源部岗位说明4章；第2部分对如何制定人力资源管理实用制度进行了讲解，并提供了10

项人力资源事务管理制度的模板和示例供读者参考使用，共11章；第3部分对如何设置管理表格进行了讲解，并提供了10项人力资源事务管理实用表格的模板和示例供读者参考使用，共11章。

本书进行模块化设置，实用性强，着重突出可操作性。本书另一大特色就是在书中设置了二维码，读者可以扫码获取表格范例模板，量身定做修改为自己公司的实用表格，提升工作效率。

本书可以作为人力资源管理人员进行管理的参照范本和工具书，也可供高校教师和专家学者做实务类参考指南。

由于笔者水平有限，书中难免出现疏漏，敬请读者批评指正。

编写组

第3部分
133张表格
请扫码下载使用

第1部分　人力资源管理体系的建立

第2部分　人力资源管理制度

第3部分 人力资源管理表格

第1部分

/

人力资源管理体系的建立

人力资源管理是指根据企业发展战略的要求，有计划地对人力资源进行合理配置，通过对企业中员工的招聘、培训、使用、考核、激励、调整等一系列过程，调动员工的积极性，发挥员工的潜能，为企业创造价值，给企业带来效益。确保企业战略目标的实现，是企业的一系列人力资源政策以及相应的管理活动。这些活动主要包括企业人力资源规划、员工的招募与选拔、培训与开发、绩效管理、薪酬管理、员工流动管理、员工关系管理等。

本部分共分为四章，如下所示：
· 人力资源管理体系概述
· 人力资源管理业务要领
· 人力资源部部门架构
· 人力资源部岗位说明

第1章 人力资源管理体系概述

本章阅读索引：

·人力资源管理体系的内容组成
·人力资源管理体系建立的意义
·建立人力资源管理体系的措施

　　人力资源管理已经突破了传统的模式，把人上升到资源的角度进行配置和管理，如何实现对人力资源的有效管理和配置，构建一个有效的人力资源管理平台和体系成为企业人力资源管理人员工作的重点。人力资源管理体系就是在人力资源管理过程中建立起规范化、制度化、系统化的管理系统，是企业在人力资源管理过程中所形成的制度、流程、组织等的系统化产物。

1-01 人力资源管理体系的内容组成

　　企业人力资源管理体系是在人力资源管理要素的基础上构建的具有企业人力资源管理功能的稳健的系统。其中人事管理是企业人力资源管理的"骨架"，是人力资源管理的主体；组织管理是企业人力资源管理的"大脑"，是人力资源管理的结构脉络；制度管理是企业人力资源管理的"神经"，是人力资源管理的基本约束；管理环境是企业人力资源管理的氛围，也是企业人力资源管理融合的基础；管理目标是企业人力资源管理的牵引，也是企业连接员工的纽带，如图1-1所示。

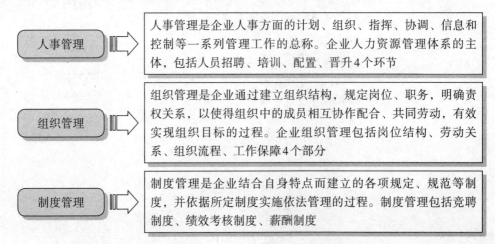

人事管理　⇒　人事管理是企业人事方面的计划、组织、指挥、协调、信息和控制等一系列管理工作的总称。企业人力资源管理体系的主体，包括人员招聘、培训、配置、晋升4个环节

组织管理　⇒　组织管理是企业通过建立组织结构，规定岗位、职务，明确责权关系，以使得组织中的成员相互协作配合、共同劳动，有效实现组织目标的过程。企业组织管理包括岗位结构、劳动关系、组织流程、工作保障4个部分

制度管理　⇒　制度管理是企业结合自身特点而建立的各项规定、规范等制度，并依据所定制度实施依法管理的过程。制度管理包括竞聘制度、绩效考核制度、薪酬制度

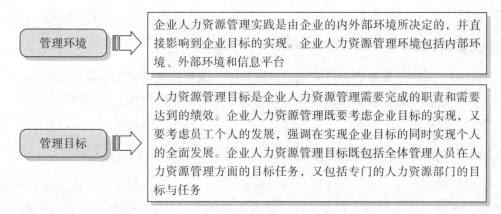

图 1-1 人力资源管理体系的内容组成

1-02 人力资源管理体系建立的意义

人力资源管理体系的制定和实施可以保证企业总体战略目标的实现。人力资源战略是企业为适应外部环境日益变化的需要，根据企业的发展战略制定的人力资源开发与管理的长远规划，它是企业总体战略的重要的组成部分，它的制定和实施有助于保证企业总体战略目标的实现和竞争优势的建立。

人力资源管理体系有助于将企业利益与职工个人利益结合起来。人力资源战略管理将员工个人期望与企业战略目标结合起来，从双方的长远利益出发，确定需要解决的主要问题，合异求同，以达到共同发展、共同获得利益的目的。

实施人力资源管理体系，可以指导企业的人力资源开发管理工作。人力资源战略可以帮助企业根据市场环境的变化和人力资源开发与管理自身的发展，建立切合企业实际的人力资源开发与管理方法。

1-03 建立人力资源管理体系的措施

（一）优化企业人力资源配置

企业通过人力资源优化配置，有效地挖掘潜力，让合适的人在合适的岗位上最有效地工作，提高人力资源使用效率。为求得人与事的优化组合，人员配备应遵循因事择人、因才使用、动态平衡的原则。

（二）建立严格的绩效评估制度

绩效评估是企业人力资源必不可少的重要组成部分，也是企业激励机制的重要组成部分。应遵循客观、公平、公开的原则。并且按照绩效计划的确定，绩效标准的制定，绩效评估者的确立，绩效评估人员的培训，绩效评估的实施，绩效改进等程序进行科学的绩效评估工作，这样既有利于绩效工作的展开，又可以确保绩效工作的效率。

（三）建立健全人才的激励机制

企业应该重视设置适当的员工福利待遇制度。成功的奖励制度是员工全面参与管理与设计的产物，有利于吸引和留住人才，增强员工的组织归属感，间接降低员工的离职率，节约人力资源管理成本。

（四）注重职工的培训与发展

职工培训是企业人力资源开发的一个重要内容，从个人角度来讲，培训与发展可以帮助职工充分发挥和利用其资源潜能，最大限度地实现其个人价值，提高工作满意度，增加职工对企业的责任感和归属感。从企业角度来讲，对职工的培训和发展是企业应尽的责任，培训可以提高职工素质、工作效率和经济效益，减少事故，降低成本，增强企业的市场竞争力。

第2章 人力资源管理业务要领

本章阅读索引：

- ·人力资源规划管理
- ·组织架构设计与定岗定编
- ·员工招聘与试用管理
- ·员工考勤管理
- ·员工异动管理

- ·员工培训管理
- ·薪酬与福利管理
- ·绩效考核与激励管理
- ·员工关系管理
- ·员工职业规划

2-01 人力资源规划管理

（一）人力资源规划的内容

人力资源规划的内容如表2-1所示。

表2-1 人力资源规划的内容

序号	内容项目	说明
1	预测未来的组织结构	企业经营环境的变化，以及生产流程和技术的更新、新服务项目的产生等，将影响整个企业的组织结构，因此对企业未来的组织结构进行预测评估
2	晋升规划	晋升规划包括晋升比例、平均年薪、晋升时间、晋升人数等指标。对于企业来说，应有计划地提升有能力的员工，以满足职务对人的要求
3	补充规划	补充规划是人力资源政策的具体体现，目的是合理填补组织中、长期内可能产生的职位空缺。补充规划与晋升规划是密切相关的
4	培训开发规划	培训开发规划的目的，是为企业中、长期所需弥补的职位空缺事先准备人员
5	调配规划	企业组织内的人员在未来职位的分配，是通过有计划的人员内部流动来实现的。这种内部的流动计划就是调配规划，如轮岗、人力使用计划等
6	工资规划	工资规划的目的是为了确保未来的人工成本不超过合理的支付限度。未来的工资总额取决于企业组织内的员工是如何分布的，因为不同分布状况的人工成本有很大的差异

（二）人力资源规划的程序管理

在规划人力资源时，一般可按照如图2-1所示的几个步骤进行。

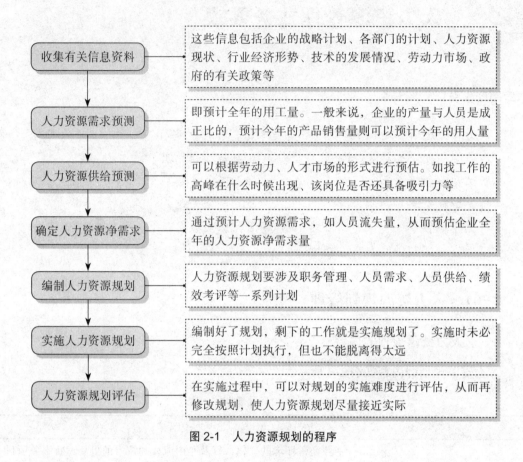

收集有关信息资料	这些信息包括企业的战略计划、各部门的计划、人力资源现状、行业经济形势、技术的发展情况、劳动力市场、政府的有关政策等
人力资源需求预测	即预计全年的用工量。一般来说，企业的产量与人员是成正比的，预计今年的产品销售量则可以预计今年的用人量
人力资源供给预测	可以根据劳动力、人才市场的形式进行预估。如找工作的高峰在什么时候出现、该岗位是否还具备吸引力等
确定人力资源净需求	通过预计人力资源需求，如人员流失量，从而预估企业全年的人力资源净需求量
编制人力资源规划	人力资源规划要涉及职务管理、人员需求、人员供给、绩效考评等一系列计划
实施人力资源规划	编制好了规划，剩下的工作就是实施规划了。实施时未必完全按照计划执行，但也不能脱离得太远
人力资源规划评估	在实施过程中，可以对规划的实施难度进行评估，从而再修改规划，使人力资源规划尽量接近实际

图2-1　人力资源规划的程序

2-02　组织架构设计程序与设计原则

（一）组织架构设计程序

企业组织架构的设计一般按照如图2-2所示程序进行。

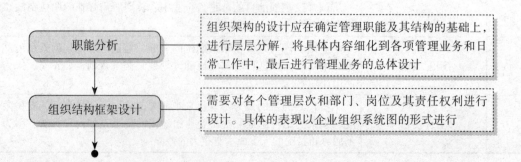

职能分析	组织架构的设计应在确定管理职能及其结构的基础上，进行层层分解，将具体内容细化到各项管理业务和日常工作中，最后进行管理业务的总体设计
组织结构框架设计	需要对各个管理层次和部门、岗位及其责任权利进行设计。具体的表现以企业组织系统图的形式进行

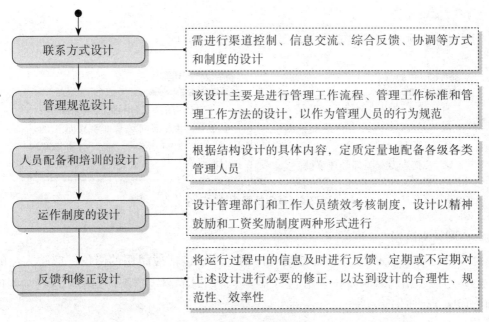

图 2-2　组织架构设计程序

（二）组织架构设计原则

企业组织架构的设计一般应遵循如图2-3所示的四项原则。

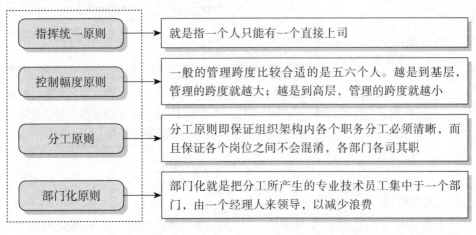

图 2-3　组织架构设计原则

2-03　员工招聘与试用管理

（一）员工招聘要领

企业招聘员工时，通常按照以下步骤进行。

1.招聘需求阶段

一般来说，确定招聘需求有如图2-4所示的两个方向。

直接招聘

直接员工的招聘申请（主要是人力资源部员工）。由人力资源部根据生产所需填写直接员工的《员工招聘申请表》，交人力资源部经理审批

非直接招聘

非直接员工的招聘申请（其他部门员工）。由用人部门填写非直接员工的《员工招聘申请表》，交人力资源部审批

图 2-4　确定招聘需求的两个方向

2.招聘计划阶段

企业在进行员工招聘前要制订招聘计划，计划包括拟聘用的岗位、应聘人员的条件、招聘组织、招聘时间安排、招聘的程序等；同时要制定招聘计划书。这些主要包括的内容如图2-5所示。

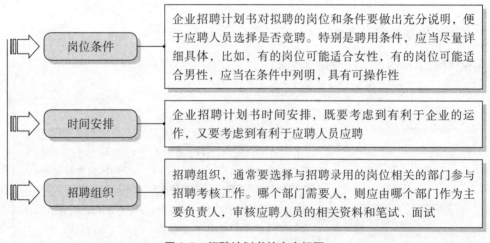

岗位条件	企业招聘计划书对拟聘的岗位和条件要做出充分说明，便于应聘人员选择是否竞聘。特别是聘用条件，应当尽量详细具体，比如，有的岗位可能适合女性，有的岗位可能适合男性，应当在条件中列明，具有可操作性
时间安排	企业招聘计划书时间安排，既要考虑到有利于企业的运作，又要考虑到有利于应聘人员应聘
招聘组织	招聘组织，通常要选择与招聘录用的岗位相关的部门参与招聘考核工作。哪个部门需要人，则应由哪个部门作为主要负责人，审核应聘人员的相关资料和笔试、面试

图 2-5　招聘计划书的内容纲要

3.人员选拔阶段

（1）一般操作工的选拔。在此阶段，如果招聘一般的操作工，只要经过用人部门批准即可。

（2）管理技术、文职类人员的选拔。如果招聘管理、技术、文职类人员（组长、技术员、修理工、文员、管理员等）则需通过人力资源部和用人部门的笔试、面试。

（3）高层管理人员的选拔。如果招聘高层管理人员，则需要通过公司高层、经营层的面试。

4.招聘评估阶段

在招聘活动结束后，应该对此次招聘的效果做一次全面、深入、科学、合理的评

估。一般来说，主要对以下内容进行评估。

（1）招聘目的是否达到？

（2）招聘渠道是否有效？

（3）招聘流程是否流畅？

（4）招聘预算的执行是否得当？

（5）招聘时间（周期）的安排是否合理？

（6）人才测评的方法是否可靠、有效？

（7）所录用人员的实际业绩究竟如何？

（二）新员工试用管理概要

1.新员工试用的实施步骤

企业在试用新员工时一般按照如图2-6所示的步骤进行。

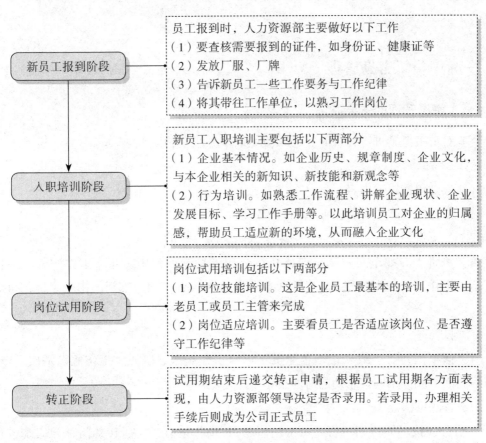

图2-6　新员工试用的实施步骤

2.新员工试用的管理要点

企业在对试用新员工进行管理时，应注意以下几个要点。

（1）试用期限。员工试用期一般为3个月，有突出表现者可申请提前转正，试用期最少1个月。试用期结束，不能达到工作要求，部门负责人有权延长其试用期，但最长不得超过6个月。

（2）试用期劳动合同。新员工试用期合格当日，在双方协商一致的情况下，签订试用期劳动合同，共同遵守合同所列的条款。

（3）试用期跟进。试用期间，人力资源部和部门主管要与新入职的员工进行沟通。及时了解新员工在企业工作的感想，存在的困难，需要寻求的帮助、支持和思想动态等情况。

人力资源部须对新进人员进行跟进，跟进时间分别在新员工入职的一周、两周、一月；由新员工和部门主管填写《新员工跟进表》，该表作为新员工转正考核的依据之一。

（4）试用期变更。凡需缩短或延长试用期限，其部门负责人应详述原因及理由。试用期变更须经人力资源部和执行总经理审核后办理手续，有企业人力资源部审核才可以变更。

2-04　员工考勤管理

（一）考勤管理的主要办法

企业对员工考勤进行管理时，通常按照以下方法实施。

1.日常考勤

日常考勤包括以下内容。

（1）考勤的方式。有的企业采用打卡制度。

（2）上下班的时间。许多企业采用早八点、晚六点的方式。

（3）负责人。如车间考勤员严格执行公司考勤制度，切实履行工作职责、坚持原则、不弄虚作假，如实统计、汇总考勤数据，为考核各车间、部门的出勤率提供可靠的依据。

2.请假管理

（1）假期内容。一般来说，企业员工可以享受病假、事假、工伤假、婚假、产假、丧假等假期，职务不同其假期的时间也不一样。

（2）管理办法。

①请假应按不同假别填写《员工请假单》，员工请假时，所在部门领导应予核实请假理由。

②因病或突发事故未能事先请假，或请假期间因故需要续假者，应于当日电话报告所在部门领导，并于返回单位工作的第一天补办请假、续假手续。

③未办理手续又不上班者以旷工处理。

（二）违反考勤的处理措施

企业对违反考勤规定的员工进行处理时，一般有以下3种情形。

1.迟到

（1）迟到或早退时间在30分钟（含）以内的，每分钟扣1元。

（2）迟到或早退时间大于30分钟但小于或等于半个出勤日的，按旷工半天论处。

（3）迟到或早退大于半个出勤日且小于等于1个出勤日的，按旷工1天论处。

2.早退

员工在规定工作时间终了前刷卡离岗视为早退。早退的处罚与迟到差不多。

3.旷工

有的企业规定，旷工1天的薪资按旷工时间的3倍扣除；旷工时间大于等于3天者，企业将予以开除。

2-05　员工异动管理

（一）员工调动管理

企业在对员工调动进行管理时，一般按照以下程序实施。

1.员工升职管理程序

当企业职位空缺时，企业首先考虑从内部人员中选拔优秀的；在没有合适人选时，才会考虑外部招聘。员工升职管理程序如图2-7所示。

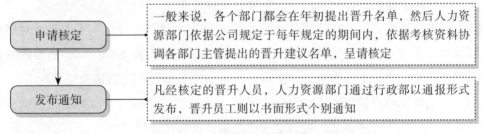

图2-7　员工升职管理程序

2.员工降职实施程序

员工降职实施程序如图2-8所示。

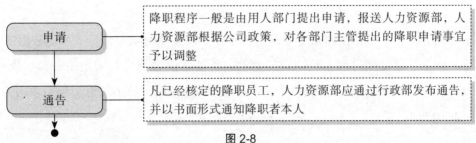

图2-8

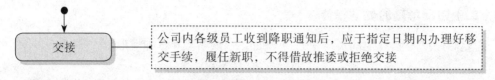

图 2-8 员工降职实施程序

3.员工平调实施程序

员工平调实施程序如图 2-9 所示。

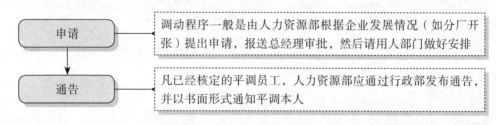

图 2-9 员工平调实施程序

平调是指公司内部平行的员工调整，既没有提高职位、扩大调动员工的权力和责任，也不增加薪金，但地区差异除外。

（二）员工辞退管理要领

1.员工辞退的实施步骤

企业在对员工辞退进行管理时，一般应按照以下步骤实施。

（1）员工辞退审核阶段。部门主管根据企业规定的辞退条件，实事求是地对照员工的现实能力、表现或某些特定的事实，提出辞退建议；人力资源部接到辞退建议后，调查了解相关情况，进行条件审查。如果符合辞退条件，签署意见后请总经理批准。

（2）员工辞退协商阶段。人力资源部接到辞退建议后必须与拟辞退员工谈话，了解拟辞退员工的思想反应和意见，根据事实情况确认是否需要辞退。

①如确认需辞退的，管理部负责人签署辞退意见。

②如属不应辞退的，与有关部门主管沟通后，协商安排工作。

③拟辞退的员工有权按公司规定的申诉渠道进行申诉，但不能影响企业的正常秩序。

④如果非员工本身错误而被企业辞退，企业必须按照劳动法给员工一定补偿。

（3）员工辞退交接阶段。已确定辞退的员工需依照公司的相关规定办理工作交接，归还公司全部物品和欠款，并交相关部门事务负责人确认。员工辞退交接阶段的工作事项如图 2-10 所示。

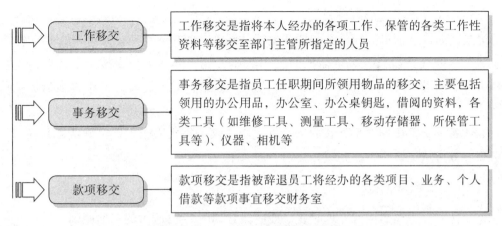

图 2-10　员工辞退交接阶段的工作事项

2.员工辞退的管理原则

企业在辞退员工时，应遵循如图2-11所示的原则。

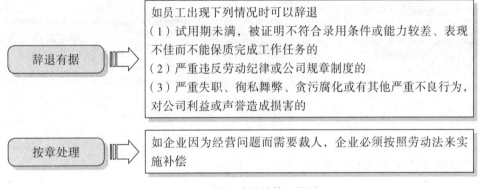

图 2-11　员工辞退的管理原则

（三）员工辞职管理要领

在企业管理员工辞职时，一般按照以下三个阶段进行。

（1）辞职申请阶段。一般来说，员工要辞职都应于辞职前至少1个月向其主管提出辞职请求。辞职员工填写辞职申请表，交直接上级或加具意见后转人力资源主管来审批。

（2）辞职谈话阶段。员工辞职时，该部门主管与辞职员工进行谈话；如有必要，可请其他人员协助，谈话主要涉及以下内容。

①审查其劳动合同。

②审查文件、资料的所有权。

③审查其了解公司秘密的程度。

④审查其掌管工作、进度和角色。

⑤阐明公司和员工的权利及义务。

记录离职谈话清单，经员工和谈话主管共同签字，并分别存放公司和员工档案。

（3）辞职交接阶段。员工需依照公司的相关规定办理工作交接，归还公司全部物品和欠款，并交相关部门事务负责人确认。员工辞职交接阶段的工作事项与员工辞退相同。

上述各项交接工作完毕，接收人应在《员工离职审批表》上签字确认，并经部门主管审核后方可认定交接工作完成。

（四）员工离职的处理原则

企业在对员工离职进行处理时，一般应注意如图2-12所示的三项原则。

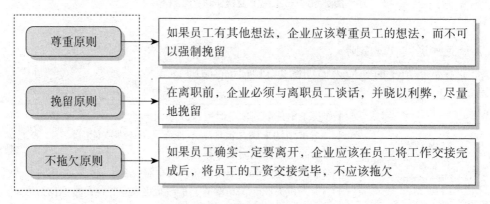

图 2-12　员工离职的处理原则

2-06　员工培训管理

（一）员工培训的实施步骤

企业在对员工进行培训时，一般按照如表2-2所示的步骤实施。

表2-2　员工培训的实施步骤

序号	步骤	步骤细分	说明
1	培训计划	《培训需求调查表》的发放、汇总	一般来说，人力资源部每年年初都会给员工发放《培训需求调查表》，部门负责人结合本部门的实际情况，将员工的《培训需求调查表》汇总，并于一月底前上报人力资源部
		培训计划实施方案	人力资源部结合员工自我申报、人力资源考核、人力资源档案等信息，制订公司的年度培训计划，并根据年度培训计划制定实施方案。实施方案包括培训的具体负责人、培训对象、确定培训的目标和内容、选择适当的培训方法和选择学员及教师、制订培训计划表、培训经费的预算等

序号	步骤	步骤细分	说明
2	实施培训	培训计划的实施调整	培训实施过程原则上依据人力资源部制订的年度培训计划进行，如果需要调整，则必须由人力资源部来实施，内部培训期间人力资源部监督学员出勤情况，并以此为依据对学员进行考核
		培训计划实施记录、存档	人力资源部负责对培训过程进行记录，保存过程资料，如电子文档、录音、录像、幻灯片等。培训结束后以此为依据建立公司培训档案
3	培训评估	培训评估的方法	人力资源部负责组织培训结束后的评估工作，以判断培训是否取得预期效果。培训结束后的评估要结合培训人员的表现做出总的鉴定。也可要求受训者写出培训小结，总结在思想、知识、技能等方面的进步，与培训成绩一起放进人力资源档案
		培训评估的分类	培训评估包括测验式评估、演练式评估等多种定量和定性评估形式

（二）员工培训的组织管理

企业在对员工进行培训时，需要做好以下的组织工作。

1.培训的组织

公司人力资源部负责培训活动的计划、实施和控制，基本程序如下。

（1）培训需求分析。

（2）设立培训目标。

（3）设计培训项目。

（4）培训实施和评价。

其他各部门负责协助人力资源部进行培训的实施和评价，同时也要组织部门内部的培训。

2.建立培训档案

（1）建立公司培训工作档案，包括培训范围、培训方式、培训教师、培训往来单位、培训人数、培训时间、学习情况等。

（2）要建立员工培训档案。将员工接受培训的具体情况和培训结果详细记录备案，包括培训时间、培训地点、培训内容、培训目的、培训效果自我评价、培训者对受训者的培训评语等。

2-07　薪酬与福利管理

（一）薪酬管理

企业在对薪酬进行管理时，一般按照以下步骤进行。

1.薪酬调查

人力资源部在进行薪酬设计前，需要对同行业、同地区的薪酬进行调查，并将调查结果作为本企业员工薪酬的参考标准。如果本企业薪酬低于同行的水平，势必导致员工的跳槽。

2.薪酬设计

即设计何种薪酬模式，大多数企业采用的薪酬模式如下。

计时工资为：薪酬=基本薪酬+职务补贴+岗位补贴+绩效工资+其他补贴。

计件工资为：薪酬=计件数量×单价+岗位补贴+绩效奖金+其他补贴。

无论哪种薪酬模式，员工实际获得薪酬都不能低于国家最低标准。

3.薪酬发放

一般来说，薪酬发放是由企业财务部门来负责完成的。薪酬必须按时、按量发放，不能有拖欠工资的举动。

4.薪酬调整

一般来说，企业到一定时间都会调整员工薪酬，如下所示。

（1）员工试用期转正。

（2）升职。

（3）普遍的物价上涨。

（4）一年一度调工资。

人力资源部作为薪酬调整的主要负责人，需要做好两点：一是必须遵守薪酬调整原则；二是必须公正公平。

（二）员工福利管理

1.日常员工的福利类型

企业对员工的福利进行管理时，一般包括以下内容。

（1）统筹保险。一般来说，按照国家政策和规定，参加统筹保险的有养老保险、基本医疗保险、失业保险、工伤保险。

（2）其他福利。许多企业还设置如下福利待遇。

①补贴福利。如职务补贴、加班补贴、休假补贴。

②休假福利。一般的节假日可以享受有薪假。

③退休福利。退休时仍可以享受企业待遇。

④培训福利。可以享受外出培训的计划。

⑤设施福利。可以享受企业的住房等。

2.员工福利的基本特性

企业向员工提供福利计划的形式是由多种因素决定的。只有充分考虑这些因素，才能提高内部激励效力和外部竞争力，并保证福利计划的公平与政策的连贯性。

（1）增强内部激励效力。企业应该决策以哪些员工作为福利的主要受益对象，是全体员工，还是部分员工？如果是部分员工，哪些员工的需要应该优先得到满足？如何满足他们？目前许多企业提供的福利不单纯具有普遍福利的性质，更多的是作为一种激励手段。所以，能否起到内部激励作用是福利计划制定的一个先决条件。

（2）增强企业外部竞争力。要了解其他企业都向员工提供了什么形式的福利项目？通过什么形式提供的？效果如何？本企业准备向员工提供什么样的福利？提供多少？选择什么样的提供方式？提高福利的外部竞争力是企业福利制定的另一个重要原则。

（3）体现内部公平的原则。企业福利是企业向员工提供的一种利益分享机制，它与其他收入一样，也具有刚性特征。一项福利政策和措施实施后，如果没有特殊情况，不能简单收回，否则会失信于民，打击员工的积极性。所以，在福利计划的制订时，对福利项目的选择一定要慎重，要体现公平的原则。

2-08　绩效考核与激励管理

（一）绩效考核

绩效考核的实施过程主要包括以下五个主要环节。

1.制定绩效目标

一般来说，企业根据企业战略分解出本部门的主要目标，再根据本部门的目标，明确个人的岗位职责与工作任务，然后根据工作任务制订工作计划，最后从工作计划中提取关键业绩指标。

2.制定绩效标准与权重

（1）标准。设定了绩效目标后，要求量化目标，即目标是具体的、可衡量的、可达到的、相关的、有时限的标准。

（2）分层次。要根据标准的设定分出层次，如可以将标准分为优秀、良好、合格、需改进和不合格五个水平。

（3）沟通。在制定标准时，一定要注意与员工的沟通。即绩效考核标准的确定，应由主管与员工共同来确定完成。

3.绩效辅导

绩效辅导阶段的主要工作就是持续不断地进行绩效沟通、收集数据形成考核依据。在绩效辅导的过程中，对员工的突出贡献和绩优行为，主管给予适时的赞扬，将极大地调动员工的工作热情，使好的行为得以强化和继续，有利于良好组织绩效氛围的营造。

4.考核评价

（1）考核标准的准备工作。在进行考核评价时，考核主管首先汇总检查员工的相关绩效数据是否准确、完整。在确认数据充分且没有错误后，可以依据这些数据对员工绩效完成情况进行评价。

（2）考核评价方式。常见的评价方式包括工作标准法、叙述评价法、量表评测法、每日评分记录法、关键事件记录评价法、目标管理法、强制比例分布法、配对比较法等。

5.面谈与结果反馈

（1）面谈。为了化解考核分数的分歧，考核主管必须与员工进行面谈。面谈时员工可以提出自己的意见，如果主管认为说得有道理，分数是可以改的。员工对自己的考核结果表示认可后签字确认。

（2）结果反馈。通常，反馈应该关注具体的工作行为；依靠客观数据，而不是主观意见和推断。

（二）员工激励管理概要

1.企业常用激励手段

企业常用激励手段如图2-13所示。

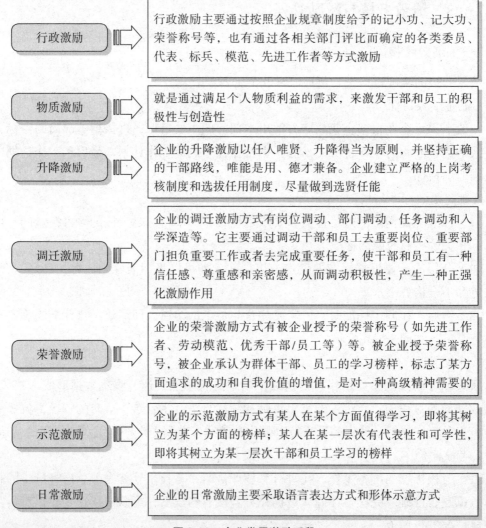

| 行政激励 | 行政激励主要通过按照企业规章制度给予的记小功、记大功、荣誉称号等，也有通过各相关部门评比而确定的各类委员、代表、标兵、模范、先进工作者等方式激励 |

| 物质激励 | 就是通过满足个人物质利益的需求，来激发干部和员工的积极性与创造性 |

| 升降激励 | 企业的升降激励以任人唯贤、升降得当为原则，并坚持正确的干部路线，唯能是用、德才兼备。企业建立严格的上岗考核制度和选拔任用制度，尽量做到选贤任能 |

| 调迁激励 | 企业的调迁激励方式有岗位调动、部门调动、任务调动和入学深造等。它主要通过调动干部和员工去重要岗位、重要部门担负重要工作或者去完成重要任务，使干部和员工有一种信任感、尊重感和亲密感，从而调动积极性，产生一种正强化激励作用 |

| 荣誉激励 | 企业的荣誉激励方式有被企业授予的荣誉称号（如先进工作者、劳动模范、优秀干部/员工等）等。被企业授予荣誉称号，被企业承认为群体干部、员工的学习榜样，标志了某方面追求的成功和自我价值的增值，是对一种高级精神需要的 |

| 示范激励 | 企业的示范激励方式有某人在某个方面值得学习，即将其树立为某个方面的榜样；某人在某一层次有代表性和可学性，即将其树立为某一层次干部和员工学习的榜样 |

| 日常激励 | 企业的日常激励主要采取语言表达方式和形体示意方式 |

图2-13　企业常用激励手段

2.激励管理实施原则

企业在制定和实施激励时，应遵循如图2-14所示的原则。

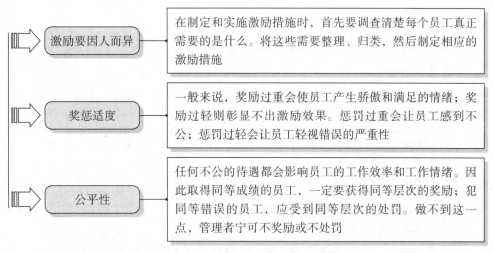

图 2-14　激励管理实施原则

2-09　员工关系管理

（一）劳动合同管理概要

1.劳动合同的管理内容

企业劳动合同管理的内容见表2-3。

表2-3　企业劳动合同管理的内容

序号	管理项目	内容说明
1	劳动合同订立管理	企业在与员工订立劳动合同时，首先要明确诸多内容 （1）订立人的权限。如由董事会负责与其直接任命人员签订劳动合同。劳动合同采用书面形式，一式两份，劳资双方签字盖章后，各执一份。员工在收到劳动合同时应在《劳动合同签收备案表》上签字确认 （2）订立的时间。如新进员工办理完入职手续后一个月内，必须与员工订立劳动合同
2	劳动合同变更管理	如需要修改劳动合同，一是必须遵守劳动法的相关法则；二是要双方协商一致
3	劳动合同续订管理	如果劳动合同到期，企业与员工应该提前商定续订，续订中不应涉及试用期问题
4	劳动合同终止管理	如果劳动合同到期，员工无意继续服务，双方可以解除劳动合同；如果提前终止，责任方在企业，企业必须按照劳动法给予一定的劳动补偿费
5	劳动合同书的管理	人力资源部必须派专人负责管理劳动合同书，同时设立劳动合同书台账

2.劳动合同的签订的注意事项

根据《中华人民共和国劳动法》的规定，签订劳动合同应注意如图2-15所示的几方面。

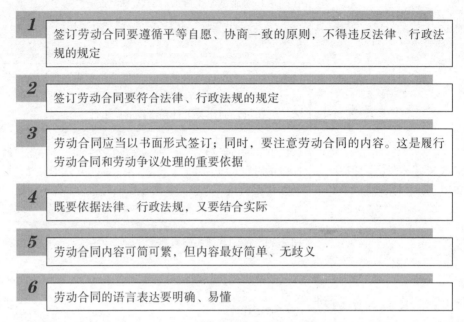

1 签订劳动合同要遵循平等自愿、协商一致的原则，不得违反法律、行政法规的规定

2 签订劳动合同要符合法律、行政法规的规定

3 劳动合同应当以书面形式签订；同时，要注意劳动合同的内容。这是履行劳动合同和劳动争议处理的重要依据

4 既要依据法律、行政法规，又要结合实际

5 劳动合同内容可简可繁，但内容最好简单、无歧义

6 劳动合同的语言表达要明确、易懂

图 2-15　劳动合同签订的注意事项

（二）员工抱怨管理

1.员工抱怨的大致内容

员工可能会对很多事情产生抱怨，但从总体上讲，可以分为四类，如图2-16所示。

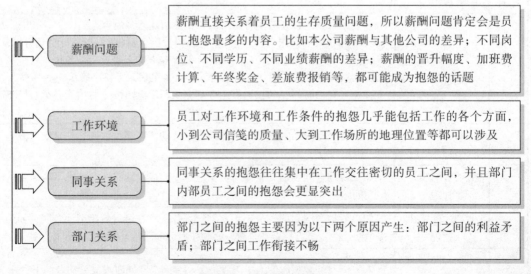

| 薪酬问题 | 薪酬直接关系着员工的生存质量问题，所以薪酬问题肯定会是员工抱怨最多的内容。比如本公司薪酬与其他公司的差异；不同岗位、不同学历、不同业绩薪酬的差异；薪酬的晋升幅度、加班费计算、年终奖金、差旅费报销等，都可能成为抱怨的话题 |

工作环境　员工对工作环境和工作条件的抱怨几乎能包括工作的各个方面，小到公司信笺的质量、大到工作场所的地理位置等都可以涉及

同事关系　同事关系的抱怨往往集中在工作交往密切的员工之间，并且部门内部员工之间的抱怨会更显突出

部门关系　部门之间的抱怨主要因为以下两个原因产生：部门之间的利益矛盾；部门之间工作衔接不畅

图 2-16　员工抱怨的类别

2.员工抱怨的处理办法

（1）乐于接受抱怨。抱怨无非是一种发泄，抱怨者需要听众，而这些听众往往是其最信任的那部分人。当你发现你的下属在抱怨时，你可以找一个单独的环境，让其无所顾忌地进行抱怨，你所需做的就是认真倾听。

（2）尽量了解起因。任何抱怨都有起因，除了从抱怨者口中了解事件的原委以外，管理者还应该听听其他员工的意见。如果是因为同事关系或部门关系之间产生的抱怨，一定要认真听取双方当事人的意见，不要偏袒任何一方。

（3）平等沟通。管理者首先要认真听取抱怨者的抱怨和意见，其次对抱怨者提出的问题做认真、耐心的解答，并且对员工不合理的抱怨进行友善的批评，这样做就基本可以解决问题。

如果是因为公司的管理或某些员工的工作出现了问题。对抱怨者首先还是要平等地进行沟通，先使其平静下来，阻止住抱怨情绪的扩散，然后采取有效的措施。

（4）处理果断。处理抱怨时，应采取民主、公开、公正的原则。对公司的各项管理规范首先要让当事人参加讨论，共同制定，对制定好的规范要向所有员工公开，并深入人心，只有这样才能保证管理的公正性。如果是员工失职，要及时对当事人采取处罚措施，尽量做到公正严明。

（三）纪律处分管理

1.纪律处分的相关内容

一般来说，企业员工如触犯下列任意一项，将受到纪律处分。

（1）伪造或涂改企业的报告、记录。

（2）接受贿赂。

（3）未经企业书面允许，盗取企业财务记录或其他物品。

（4）干扰企业的财务工作。

（5）与同事聚众赌博或使用侮辱性语言。

（6）试图强迫同事加入任何组织或社团。

（7）违反企业安全条例或从事危害安全的活动。

（8）未经批准而随意缺勤。

（9）无故旷工。

（10）出借工作证。

（11）故意疏忽或拒绝管理人员的合法管理。

（12）拒绝保安人员合理、合法的命令或检查。

（13）未经主管人员批准为其他机构、企业或私人工作。

（14）在工作时间内干私活。

（15）从事与企业利益冲突的工作。

（16）经董事会决定认为可采取纪律处分的其他任何情形。

2.纪律处分的种类

企业对员工的纪律处分，主要有如图2-17所示的三种类型。

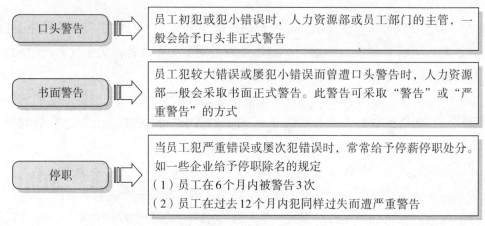

图2-17　纪律处分的种类

2-10　员工职业规划

（一）员工职业规划的组织管理

企业对员工职业规划的组织管理，主要包括以下内容。

（1）人力资源部负责日常运作，建立员工职业发展档案，并负责保管与及时更新。

（2）员工的上级管理人员担任或指定其他人员，担任员工的职业发展辅导人。

（3）人力资源部应同员工的职业发展辅导人一起为员工建立职业发展档案。

（4）人力资源部每年制订培训计划及科目时，应从员工需求角度出发，确定相应培训内容。

（5）人力资源部每年应同员工职业发展辅导人一起对员工职业发展档案检查评估一次，了解以下两点。

①企业在过去一年中是否为员工提供学习培训和晋升机会。

②员工个人一年中考核情况和晋升情况，并提出员工下阶段发展建议，指导员工对职业发展规划做出修正。

（6）员工职业发展辅导人每年必须在本年度工作结束、考核结果确定后，与被辅导员工就个人工作表现和未来发展进行谈话，肯定其成绩和进步，指出其存在的问题，确定下一步目标与方向。

（7）实行新员工与上级管理人员谈话制度。新员工入职后三个月内，由员工的上级管理人员负责与其谈话，并帮助新员工根据自己的情况，如职业兴趣、资质、技能、个人背景分析考虑个人的发展方向，大致明确其职业发展意向。

（8）企业要建立不同的发展通道。通过纵向上的职务晋升、横向上的通道转换和向核心岗位的水平移动，为员工提供多重职业发展通道，使员工的职业生涯发展最大限度地与企业的发展保持一致。

（二）员工职业规划的实施原则

企业在对员工职业进行规划组织管理时，应遵从如图2-18所示原则。

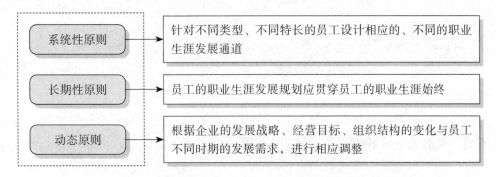

图2-18 员工职业规划的实施原则

第3章 人力资源部部门架构

本章阅读索引：

·人力资源部的核心职能   ·人力资源部的职责
·人力资源部的角色定位   ·人力资源部的组织架构

企业是由不同部门组建的，每个部门都是企业的重要组成部分。但是如果部门架构设计不当，很容易造成各种问题，例如人浮于事或者人手紧缺等。因此，每个企业都应当根据自己的具体情况，来选择最合适的部门架构。行政部是企业的行政管理部门，设置合适的架构才能使部门始终保持高效运转，为企业提供良好的行政支持。

3-01 人力资源部的核心职能

人力资源部是企业人力资源的管理部门，选拔、配置、开发、考核和培养公司所需的各类人才，通过建设人力资源平台（结合职位、工作、人三者关系），来建立各操作系统，如招聘录用、绩效管理、报酬奖励、培训发展等，也就是建立制度，提供作为"技术资源"的职能系统。充分调动员工的积极性，激发员工的潜能，确保人力资源能满足企业的持续长久发展。

3-02 人力资源部的角色定位

人力资源部的角色定位来源于人力资源管理的目标。人力资源管理的目标有策略、经营、员工三个层次，包括帮助树立企业长远竞争优势，以达成使命愿景；推动企业的中短期业务目标的实现；实现员工的职业发展。为达成这些目标，人力资源部必须扮演好以下几个角色。

（一）企业战略规划的参与者

人力资源部首先要真正了解企业以及企业在行业中之所以能够生存和发展的关键因素，与最高管理层一起规划、确定企业的使命和远景，进一步了解企业未来的人才需求。

（二）企业变革的推动者

企业在激烈的竞争格局下要获得成功，必须在"没有变坏之前"实施变革。人力资源部应该是带动企业变革的先锋，运用目标与绩效管理、薪酬重设计等，引导文化改革、流程再造等。

（三）业务部门的人力资源顾问

人力资源部是与业务部门协同进行人力资源管理的，能够帮助业务部门提升绩效，比如对业务部门进行人力资源诊断，提出改善建议，或者与业务部门一同开发有效的培训方式，帮助业务部门解决作业瓶颈、提升绩效。

（四）员工的代言者

在人力资源战略和政策的制定与执行中，人力资源部要始终秉承促进企业和员工双赢的立场，做企业和员工之间的桥梁，更要做好员工意见的代言人。

（五）人力资源业务专家

人力资源部必须了解国家有关人力资源的法规政策、薪资福利政策、绩效管理等，更重要的是要理解各个人力资源管理模块之间的逻辑性。

3-03 人力资源部的职责

人力资源部的职责如表3-1所示。

表3-1 人力资源部的职责

序号	职责类别	具体工作
1	人力资源规划	（1）调研现有的各种人力资源供应与空缺情况 （2）分析人力资源流动情况 （3）预测和规划未来人力资源的供给情况 （4）预测和规划未来人力资源的需求趋势 （5）制定有关解决人力资源需求及过剩的措施
2	制度建设与管理	（1）制定公司中长期人才战略规划 （2）制定公司人力资源管理制度，人力资源管理权限与工作流程，组织、协调、监督制度和流程的落实 （3）核定公司年度人员需求计划、制订各部门年度人员编制计划 （4）定期进行市场薪酬水平调研，提供决策参考依据 （5）指导、协助员工做好职业生涯规划

续表

序号	职责类别	具体工作
3	组织结构设计	（1）根据企业布局进行机构规划和人才储备工作 （2）负责各分支机构的设置、合并、更名、撤销和管理工作 （3）制定企业、部门和人员定员、定岗、定责工作 （4）公司及各分支机构高级管理人员的考察、聘任、考核、交流与解聘管理 （5）监督、检查和指导企业各部门及各分支机构的人力资源工作
4	人员招聘选拔	（1）人员增补的审核，制订招聘计划 （2）确定人员招聘类别、招聘数量、招聘渠道等 （3）发布招聘广告 （4）收集、筛选应聘信息 （5）组织面试、甄选和录用 （6）评价招聘结果，改进招聘工作
5	薪酬管理	（1）制定公司的薪酬、福利方案，经审批后组织实施 （2）核算员工工资，计算员工社会保险缴纳标准、公积金缴纳标准，缴纳社会保险 （3）审核新进人员定薪、员工的调薪
6	培训发展管理	（1）公司年度培训计划的制订与实施 （2）监督、指导各部门的教育培训工作 （3）管理公司员工因公出国培训、学历教育和继续教育 （4）制定公司年度教育培训经费的预算并进行管理和使用 （5）开发人力资源的培训课程
7	绩效管理	（1）组织建立绩效管理体系，制定相关方案 （2）监督、指导企业各部门及各分支机构进行绩效考核 （3）做好考核结果的汇总、审核和归档管理等工作 （4）分析和解决企业达成绩效的人力障碍
8	其他工作	（1）制定公司员工手册 （2）定期进行员工满意度调查，开发沟通渠道 （3）协调有关政府部门、保险监管机关及业内单位关系 （4）联系高校、咨询机构，收集汇总并提供最新人力资源管理信息 （5）公司人力资源管理信息系统建设与维护

3-04 人力资源部的组织架构

（一）大型企业人力资源部常见架构

大型企业人力资源部常见架构如图3-1所示。

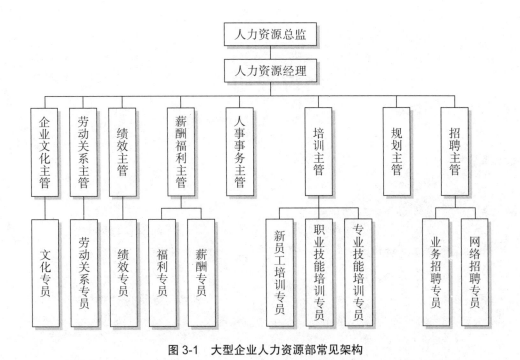

图 3-1　大型企业人力资源部常见架构

---

① 大型企业生产规模大，员工多，人力资源管理的事务比较多，因此部门划分会很细

② 同时有的大型企业下面设有分公司，分公司下又设有人力资源部

（二）中小型企业人力资源部常见架构

中小型企业人力资源部常见架构如图3-2所示。

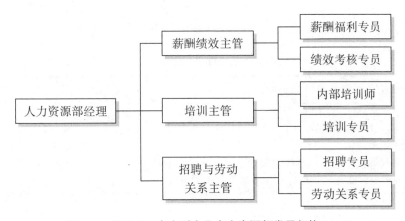

图 3-2　中小型企业人力资源部常见架构

---

① 根据《中小企业划型标准规定》，对中小企业的划型规定如下：从业人员1000人以下或营业收入40000万元以下的为中小微型企业，也就是通常所说的中小型企业。本书内容主要针对中小型企业

② 中小型企业的业务往往比较单一，人力资源部的结构也较为简单，人力资源部层级也较少，因此比较易于管理，同时内部沟通也较为便捷

第4章 人力资源部岗位说明

本章阅读索引：

- 人力资源部经理岗位说明
- 招聘与劳动关系主管岗位说明
- 招聘专员岗位说明
- 劳动关系专员岗位说明
- 培训主管岗位说明

- 培训专员岗位说明
- 内部培训师岗位说明
- 绩效与薪酬福利主管岗位说明
- 绩效专员岗位说明
- 薪酬福利专员岗位说明

对企业来说，每个岗位都代表着一份工作。只有对岗位进行最准确的说明才能为招聘人员提供最佳的参考意见，也才能使在该岗位任职的员工充分了解并圆满完成该岗位的工作内容。不同行业的人力资源部门岗位设置可能有所不同，但一些核心岗位是必须配备的，如人力资源部经理、招聘专员等，本书对其岗位进行详细说明。

4-01 人力资源部经理岗位说明

人力资源部经理岗位说明可使用以下说明书。

人力资源部经理岗位说明书

岗位名称	人力资源部经理	岗位代码		所属部门	人力资源部
职系		职等职级		直属上级	总经理
1.岗位设置目的 　根据公司战略发展目标，在总经理的领导下组织制定、编制公司人力资源规划，协调各部门人力资源工作，为公司经营业务和管理的有序开展提供人力资源方面的保障及支持					
2.岗位职责 　（1）组织编制和落实公司人力资源规划，为重大人力资源决策提供建议和信息支持，实现公司人力资源和业务发展之间的供需平衡 　（2）根据公司发展规划，提出公司机构设置和岗位职责设计方案，对公司组织机构设计提出改进方案 　（3）执行人力资源管理的流程和各项制度并组织落实，根据公司发展实际，不断修正和完善人力资源管理流程及管理制度					

（4）根据公司各部门人员需求情况提出人员调配方案，经主管领导审批后实施，促进人员的优化配置

（5）根究公司发展战略，制定员工培养规划，针对各类岗位员工设计培训方案并组织实施，辅导员工建立职业规划

（6）根据公司发展战略，组织做好公司人才库建设及人才储备管理工作，保证公司所需要的人才及时到位

（7）计划和审核公司年度人力资源管理成本，编制年度薪酬、福利计划，审核各职能部门的奖金及提成分配方案

（8）组织本部门内部的组织管理和团队建设工作

（9）负责下属员工的培训、职业规划设计和培训工作

（10）完成上级交办的其他事项

3. 工作关系

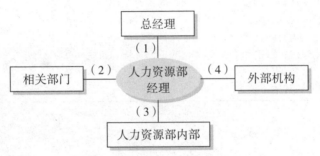

（1）向总经理提供人力资源决策建议，并落实其工作安排

（2）与生产部、销售部、财务部等相关部门就人力资源需求、绩效考核等进行沟通，满足各部门的人力资源需求，并监督其人员使用状况

（3）指导部门内部员工做好各自工作

（4）与外部机构做好联系，督促部门员工与社会保障局办理好员工的社会保险

4. 任职要求

（1）教育背景：本科以上学历，工商管理、行政管理、人力资源管理等专业

（2）经验：有5年以上人力资源管理经验，具备现代公司管理相关实践经验

（3）专业知识：熟悉人力资源规划、岗位设置、招聘、培训等专业知识

（4）能力与技能：具备极强的领导及管理能力，善于沟通，具备出色的组织协调能力及分析，具有优秀的文字表达能力，有较强的计划和控制能力

5. 工作条件

（1）工作场所：人力资源部办公室

（2）工作时间：固定（五天八小时工作制）

（3）使用设备：计算机、电话、传真机等

4-02　招聘与劳动关系主管岗位说明

招聘与劳动关系主管岗位说明可使用以下说明书。

招聘与劳动关系主管岗位说明书

岗位名称	招聘与劳动关系主管	岗位代码		所属部门	人力资源部
职系		职等职级		直属上级	人力资源部经理

1.岗位设置目的

在人力资源部经理领导下制定并组织实施公司招聘选拔、员工关系统筹工作

2.岗位职责

（1）协助人力资源部经理编写招聘岗位说明书并根据公司职位调整需要进行相应的变更

（2）完善招聘管理制度、招聘流程、员工关系沟通制度与沟通渠道

（3）根据现有编制及公司业务发展需求协调、统计各部门招聘需求并编制招聘计划

（4）负责建立后备人才选拔方案和人才储备机制；拓展公司招聘渠道并与外部招聘机构保持良好的合作关系，满足公司用人需求

（5）负责招聘费用的有效控制

（6）负责办理员工入离职、内部调动、劳动合同签订工作

（7）开展员工满意度调查，追踪满意度情况，并采取措施确保持续改善

（8）对员工工作动态进行跟踪辅导，使员工保持良好的职业心态

（9）参与公司文化建设，营造符合公司文化的工作环境和氛围

（10）处理员工冲突，解决员工投诉和劳资纠纷

（11）完成上级交办的其他事项

3.工作关系

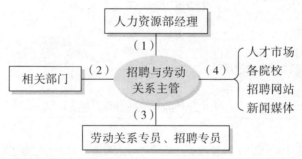

（1）接受人力资源部经理的直接领导，向其汇报相关工作

（2）收集公司各部门的招聘需求，并向其提供招聘信息，同时协助其做好员工关系管理

（3）指导劳动关系专员处理好员工关系相关事务，指导招聘专员落实具体招聘工作，并听取其汇报

（4）与提供人力资源的人才市场、各院校、招聘网站等保持联系，与新闻媒体做好招聘广告投放业务安排

4.任职要求

（1）教育背景：本科或以上学历，人力资源、行政管理、劳动经济等相关专业

（2）经验：2年以上相关工作经验，熟悉招聘与员工关系管理

（3）专业知识：熟悉招聘和劳动关系管理相关知识

（4）能力与技能：具备极强的领导及管理能力，善于沟通，具备出色的组织协调及分析能力，具有优秀的文字表达能力，有较强的计划和控制能力

5.工作条件

（1）工作场所：人力资源部办公室

（2）工作时间：固定（五天八小时工作制）

（3）使用设备：计算机、电话、计算器等

4-03　招聘专员岗位说明

招聘专员岗位说明可使用以下说明书。

招聘专员岗位说明书

岗位名称	招聘专员	岗位代码		所属部门	人力资源部
职系		职等职级		直属上级	招聘与劳动关系主管

1.岗位设置目的

　　全面负责公司招聘工作的具体落实，执行招聘与劳动关系主管制订的招聘计划，安排好员工面试和入职管理工作

2.岗位职责

　　（1）根据公司人力资源规划，协助招聘与劳动关系主管建立并完善公司各种员工招聘制度及政策，并根据需要进行及时调整、修改

　　（2）根据公司人力资源规划和各部门的人力资源需求计划，协助招聘与劳动关系主管制订员工招聘计划

　　（3）组织进行简历甄别、筛选、专业知识测评；组织人员初试、复试和终试，确定合适人选，报上级领导审批；及时完成招聘数据统计、招聘数据分析与招聘工作总结

　　（4）定期或不定期地进行人力资源内外部状况分析及员工需求调查，并进行员工需求分析

　　（5）利用公司各种有利资源，组织开拓和完善各种人力资源招聘渠道，发布招聘信息

　　（6）根据公司人力资源规划的定编定岗状况，进行工作分析，编制并及时更新职位说明书

　　（7）完成上级交办的其他事项

3.工作关系

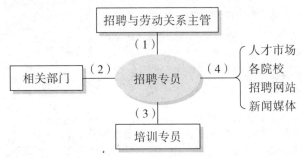

　　（1）接受招聘与劳动关系主管的直接领导，向其汇报招聘工作的具体进展状况

　　（2）与公司各部门具体沟通招聘事宜，组织其参与招聘面试工作，沟通招聘的意见和建议

　　（3）与培训专员沟通新员工的培训安排

　　（4）积极联系人才市场、各院校、招聘网站、新闻媒体等外部招聘机构，发布招聘信息

4.任职要求

　　（1）教育背景：本科或以上学历，人力资源、行政管理、劳动经济等相关专业

　　（2）经验：1年以上招聘工作经验

　　（3）专业知识：熟悉员工招聘知识，熟悉招聘具体流程

　　（4）能力与技能：有一定的组织能力及较强的决断能力，善于沟通，能协调处理好各相关部门之间的招聘联系

5.工作条件

　　（1）工作场所：人力资源部办公室

　　（2）工作时间：固定（五天八小时工作制）

　　（3）使用设备：计算机、电话、计算器等

4-04 劳动关系专员岗位说明

劳动关系专员岗位说明可使用以下说明书。

劳动关系专员岗位说明书

岗位名称	劳动关系专员	岗位代码		所属部门	人力资源部
职系		职等职级		直属上级	招聘与劳动关系主管

1.岗位设置目的

在招聘与劳动关系主管领导下负责对公司所有员工劳动关系的管理，做好员工的日常关系管理

2.岗位职责

（1）协助招聘与劳动关系主管管理和优化公司的员工关系管理体系，建立和谐、愉快、健康的劳资关系

（2）组织开展员工满意度调查，分析、反馈调查结果

（3）负责分析离职面谈记录和离职数据

（4）处理员工冲突，解决员工投诉和劳资纠纷

（5）落实员工奖励、激励和惩罚措施，并监督实施

（6）参与公司文化建设工作，营造符合公司文化的员工工作环境和氛围

（7）员工职业发展辅导，促进工保持良好的职业心态

（8）负责员工档案管理

（9）完成上级交办的其他事项

3.工作关系

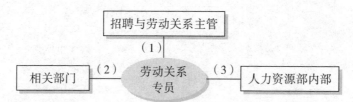

（1）接受招聘与劳动关系主管的直接领导，向其汇报员工关系现状及进展

（2）与各部门协调解决员工冲突、离职面谈、职业发展规划等工作

（3）与人力资源部内部各部门做好所有员工相关信息的沟通协调工作，并做好档案管理

4.任职要求

（1）教育背景：本科或以上学历，人力资源、行政管理、劳动经济等相关专业

（2）经验：2年以上人力资源部管理工作经验

（3）专业知识：熟悉劳动法律法规，具备较强的劳动争议处理经验，了解人力资源管理知识，熟悉公司人力资源管理的各项规章制度

（4）能力与技能：亲和力强，积极主动，有大局观，具有强烈的责任心和事业心，优秀的沟通能力和谈判能力、团队协作能力

5.工作条件

（1）工作场所：人力资源部办公室

（2）工作时间：固定（五天八小时工作制）

（3）使用设备：计算机、电话、计算器等

4-05 培训主管岗位说明

培训主管岗位说明可使用以下说明书。

培训主管岗位说明书

岗位名称	培训主管	岗位代码		所属部门	人力资源部
职系		职等职级		直属上级	人力资源部经理

1.岗位设置目的

根据公司战略发展目标，建立并完善公司培训管理体系，编制员工培训计划并负责组织实施，挖掘员工潜能，提高员工综合素质

2.岗位职责

（1）组织进行员工培训需求分析与调研，并根据公司发展需要与人力资源规划组织制订培训计划

（2）根据公司发展要求，针对各类岗位设计培训方案，负责培训经费的预算、管理、控制，审核预算支出和培训的具体实施

（3）负责培训机构、培训讲师、培训场地的选择与培训效果的评估、反馈

（4）根据公司战略发展要求在规定的时间内对公司后备人才进行培训考核

（5）对员工进行职业规划辅导，使员工清晰了解自己在公司的发展方向

（6）负责组织公司员工职称评定、执业资格、专业技术考试信息的收集与发布工作

（7）完成上级交办的其他事项

3.工作关系

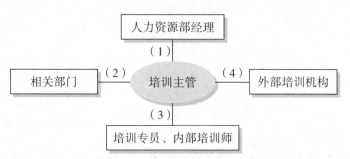

（1）接受人力资源部经理的直接指导，向其汇报培训工作状况

（2）与各部门协调、制订培训计划相关事宜，落实计划，安排工作

（3）指导培训专员、内部培训师开展具体培训工作

（4）与外部培训机构保持联系，定期与其协商培训工作

4.任职要求

（1）教育背景：本科或以上学历，人力资源、行政管理、劳动经济等相关专业

（2）经验：2年以上相关工作经验，熟悉员工培训管理

（3）专业知识：熟悉各类培训知识、培训技巧

（4）能力与技能：具有独立负责员工培训开发、策划、执行等的能力，具有一定的管理才能，有较强的讲解和授课能力，具有亲和力，有较强的沟通及说服能力

5.工作条件

（1）工作场所：人力资源部办公室

（2）工作时间：固定（五天八小时工作制）

（3）使用设备：计算机、电话等

4-06　培训专员岗位说明

培训专员岗位说明可使用以下说明书。

培训专员岗位说明书

岗位名称	培训专员	岗位代码		所属部门	人力资源部
职系		职等职级		直属上级	培训主管

1.岗位设置目的
　　在培训主管的领导下，根据公司发展对人才的需求，做好丰富员工专业知识、增强员工业务技能、改善员工工作态度的工作，使员工的素质水平进一步符合公司的要求

2.岗位职责
　　（1）负责新员工常规入职培训及档案建立
　　（2）负责培训用具、教具等物资的整理与保管
　　（3）负责完成培训档案包括教材、试卷、照片等资料的整理、保管、归档
　　（4）负责培训前期准备工作，包括培训场地的准备、签到表、培训意见反馈表、培训记录、培训学员通知等
　　（5）负责培训需求调查，根据计划完成各岗位、各部门的培训需求的调查与统计工作
　　（6）充分利用各类资源，与外部培训讲师联系，为公司培训业务服务
　　（7）完成上级交办的其他事项

3.工作关系

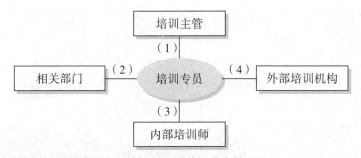

　　（1）协助培训主管制订培训计划，向其汇报培训计划落实情况
　　（2）与各部门就具体培训工作的开展进行沟通协调，安排好培训时间、地点和人员等，并向其调查培训需求
　　（3）协助内部培训师开发培训课程，在需要开展培训工作时通知其进行培训
　　（4）安排外部培训机构开展培训工作

4.任职要求
　　（1）教育背景：本科或以上学历，工商管理类、人力资源类或其他相关专业大专以上学历
　　（2）经验：1年以上相关工作经验
　　（3）专业知识：熟悉行业培训知识，熟悉人力资源管理相关工作
　　（4）能力与技能：具有较强的沟通能力，能很好地与相关人员沟通，具有很强的内部、外部公共关系协调能力；贯彻执行各类培训计划，完成预订目标能力

5.工作条件
　　（1）工作场所：人力资源部办公室
　　（2）工作时间：固定（五天八小时工作制）
　　（3）使用设备：计算机、电话等

4-07 内部培训师岗位说明

内部培训师岗位说明可使用以下说明书。

内部培训师岗位说明书

岗位名称	内部培训师	岗位代码		所属部门	人力资源部
职系		职等职级		直属上级	培训主管

1.岗位设置目的

全面负责公司内部培训课程的开发与更新，以及培训的考核管理

2.岗位职责

（1）负责参与公司年度培训效果工作总结，对培训方法、课程内容等提出改进建议，协助总经办培训负责人完善公司培训体系

（2）负责授课时对课堂纪律及受训学员的培训考核管理，对受训学员培训效果进行检验，包括学员的考勤、培训测试、评卷、评估

（3）负责编写或提供教材教案，并根据需要随时进行更新

（4）了解学员需求，参与培训授课，编制培训讲义，做好备课工作，丰富课程内容，设计课程结构，做好现场把控，根据课程反馈不断完善培训课程

（5）做好培训记录并跟进培训后的效果反馈；分析、总结培训工作，提出培训管理与课程完善合理化建议；对培训效果进行评估，并提交分析报告

（6）完成上级交办的其他事项

3.工作关系

（1）协助培训主管开发培训课程，向其汇报培训课程开发状况

（2）为各部门员工提供具体的培训业务，听取其对培训课程的意见和建议

（3）接受培训专员的培训工作安排

4.任职要求

（1）教育背景：本科或以上学历，物流管理、公司管理或微观经济管理相关专业

（2）经验：2年以上培训课程开发经验、授课经验

（3）专业知识：熟悉员工培训课程建设、方式方法及操作流程；能根据需求情况制订培训计划，并设计培训课程和编写教材；熟练运用PowerPoint等办公软件

（4）能力与技能：具有较强的沟通能力，能很好地与相关人员沟通，贯彻执行各种计划，完成预定目标能力

5.工作条件

（1）工作场所：人力资源部办公室

（2）工作时间：固定（五天八小时工作制）

（3）使用设备：计算机、电话、投影仪及其他各项培训设备等

4-08　绩效与薪酬福利主管岗位说明

绩效与薪酬福利主管岗位说明可使用以下说明书。

绩效与薪酬福利主管岗位说明书

岗位名称	绩效与薪酬福利主管	岗位代码		所属部门	人力资源部
职系		职等职级		直属上级	人力资源部经理

1.岗位设置目的

　　组织实施公司绩效评价制度及员工绩效考评工作，确保绩效考评办法的完善和评估工作的及时开展，负责公司员工的奖惩管理

2.岗位职责

　　（1）负责制定绩效考核指标、考核标准、考核计划等绩效考核体系
　　（2）负责与各部门进行绩效考核沟通工作
　　（3）指导各部门开展绩效评估工作
　　（4）监督各部门考核制度的执行情况，协助解决考核过程中出现的问题
　　（5）组织实施绩效评价面谈
　　（6）根据绩效考核情况和公司规定对相关员工实施奖惩
　　（7）检查绩效评价制度的实施效果，发现问题并提供解决方案
　　（8）根据绩效考评情况，协助培训部门开发下季度/年度培训计划
　　（9）设计、完善公司薪酬体系
　　（10）负责公司劳动工资计划预算编制、预算执行
　　（11）负责全公司社会保险缴纳及管理
　　（12）薪酬福利相关政策及流程实施跟进处理，审核各类薪资建议，确保其符合公司的相关规定
　　（13）完成上级交办的其他事项

3.工作关系

　　（1）接受人力资源部经理的直接指导，向其汇报绩效与薪酬福利管理工作状况
　　（2）与各部门协商、沟通，做好绩效考核的安排工作，并与员工就薪酬福利的管理进行沟通协调
　　（3）指导绩效专员、薪酬福利专员做好各自的工作

4.任职要求

　　（1）教育背景：本科或以上学历，人力资源、行政管理、劳动经济等相关专业
　　（2）经验：3年以上绩效与薪酬福利工作经验
　　（3）专业知识：熟悉绩效管理各方面内容，了解薪酬体系建设、福利设置等知识
　　（4）能力与技能：了解最新的人力资源管理理念和方法，具有一定的领导管理才能，了解一定的激励艺术，具有较出色的口头与书面表达能力

5.工作条件

　　（1）工作场所：人力资源部办公室
　　（2）工作时间：固定（五天八小时工作制）
　　（3）使用设备：电脑、计算机、计算器等

4-09　绩效专员岗位说明

绩效专员岗位说明可使用以下说明书。

绩效专员岗位说明书

岗位名称	绩效专员	岗位代码		所属部门	人力资源部
职系		职等职级		直属上级	绩效与薪酬福利主管

1.岗位设置目的

　　在公司业务发展战略及管理原则的指导下，协助绩效与薪酬福利主管不断完善绩效管理制度，科学评估员工价值，激励员工，促进各方面业务的提升

2.岗位职责

　　（1）负责月度考核表的及时收集、数据统计、评分审核及考核等异常情况的反馈、协调处理

　　（2）协助绩效与薪酬福利主管修订、完善绩效考核制度、程序、表格，提出相关建议

　　（3）负责月度员工转正信息及时传达、转正表的下发、收集；及时更新档案信息，作为薪资核算依据

　　（4）协助收集奖惩、晋级、降职等信息，提供考核依据

　　（5）协助收集人员变动等信息，提供考核依据

　　（6）逐步建立各部门KPI（关键业绩指标）信息库，不断更新和探讨适合公司业务战略的考绩指标

　　（7）协助绩效与薪酬福利主管建立并不断维护内部的绩效沟通及申诉渠道，确保员工的建议、想法能得到及时的反馈

　　（8）根据绩效实施的进展情况，定期向绩效与薪酬福利主管提供绩效评估结果反馈

　　（9）协助各部门绩效考评的结果反馈处理，跟踪被考核人改进计划的落实情况

　　（11）完成上级交办的其他事项

3.工作关系

　　（1）协助绩效与薪酬福利主管开展员工绩效管理工作，向其汇报绩效考核结果

　　（2）与各部门做好联系，负责绩效考核的具体落实工作，并核算考核结果

　　（3）向薪酬福利专员提供绩效考核结果信息，作为计算绩效薪资的依据，向培训专员、内部培训师提供绩效考核结果信息，作为开展培训工作的依据

4.任职要求

　　（1）教育背景：本科或以上学历，人力资源、行政管理、劳动经济等相关专业

　　（2）经验：2年以上绩效管理工作经验

　　（3）专业知识：熟悉各类绩效考核方法以及考核成绩核算要点

　　（4）能力与技能：有一定的组织能力及较强的决断能力，善于沟通，能协调处理好与各相关部门之间的关系

5.工作条件

　　（1）工作场所：人力资源部办公室

　　（2）工作时间：固定（五天八小时工作制）

　　（3）使用设备：计算机、电话、计算器等

4-10 薪酬福利专员岗位说明

薪酬福利专员岗位说明可使用以下说明书。

薪酬福利专员岗位说明书

岗位名称	薪酬福利专员	岗位代码		所属部门	人力资源部
职系		职等职级		直属上级	

1.岗位设置目的

　　全面负责公司薪酬福利的管理，向员工发放薪酬福利

2.岗位职责

　　（1）在绩效与薪酬福利主管的领导下，收集行业薪酬福利状况的数据并进行分析

　　（2）根据薪酬调查分析的结果并结合公司的实际情况，起草公司的薪酬福利制度

　　（3）协助绩效与薪酬福利主管进行公司薪酬福利总额预算、核定、申报工作，实现人工成本合理化

　　（4）编制员工工资报表，报送财务部，保证员工工资的按时发放

　　（5）负责员工各项福利保险的统计、制表、缴费、基数核定等工作

　　（6）解决与薪资管理相关的日常管理问题，向绩效与薪酬福利主管提供合理有效的建议

　　（7）核算一线员工计件工资表，提交薪酬福利主管审核

　　（8）对员工薪酬动态进行记录和分析

　　（9）完成上级交办的其他事项

3.工作关系

　　（1）协助绩效与薪酬福利主管开展员工绩效管理工作，向其汇报员工薪酬福利发放状况

　　（2）与各部门做好联系工作，监督其薪酬福利执行情况同时向财务部出具工资报表，为员工发放工资

　　（3）从绩效专员处获得员工绩效考核结果，作为发放薪酬福利的依据

4.任职要求

　　（1）教育背景：本科或以上学历，人力资源、行政管理、劳动经济等相关专业

　　（2）经验：2年以上薪酬福利管理工作经验

　　（3）专业知识：熟悉薪酬福利相关知识

　　（4）能力与技能：有一定的组织能力及较强的决断能力，善于沟通，能协调处理好于各相关部门之间的关系

5.工作条件

　　（1）工作场所：人力资源部办公室

　　（2）工作时间：固定（五天八小时工作制）

　　（3）使用设备：计算机、电话、计算器等

第 2 部分

人力资源管理制度

　　没有完善的管理制度，任何先进的方法和手段都不能充分发挥作用。为了保障人力资源管理系统的有效运转，企业必须建立一整套人力资源管理制度，作为人力资源工作的章程和准则，使人力资源管理规范化。

　　本部分共分为11章，如下所示：

　　·人力资源管理制度概述

　　·人力资源规划管理制度

　　·组织设计与定岗定编制度

　　·招聘与录用管理制度

　　·员工考勤管理制度

　　·员工异动管理制度

　　·员工培训与开发管理制度

　　·薪酬管理制度

　　·绩效考核与激励管理制度

　　·员工关系管理制度

　　·员工职业规划制度

第5章 人力资源管理制度概述

本章阅读索引：

- 管理制度的内容构成
- 管理制度的文件样式
- 管理制度的实施要领
- 人力资源管理模块及制度概览

"一切按制度办事"是企业制度化管理的根本宗旨。企业通过制度规范员工的行为，员工依据制度处理各种事务，而不是以往的察言观色和见风使舵，使企业的运行逐步规范化和标准化。一个具体的、专业性的企业管理制度一般是由一些与此专业或职能相关的规范性的标准、流程或程序，和规则性的控制、检查、奖惩等因素组合而成。在很多场合或环境里，制度即规范或工作程序。

5-01 管理制度的内容构成

从一个具体的企业管理制度的内涵及其表现形式来看，企业管理制度主要由以下内容组成。

（1）编制目的。

（2）适用范围。

（3）权责。

（4）定义。

（5）作业内容，包括作业流程图及用5WlH（Who——何人，When——何时，Where——何地，What——什么，Why——为什么，How——怎样做）对作业流程图的要项逐一说明。

（6）相关文件。

（7）使用表单。

一般来说，编写管理制度的内容时，应按照如表5-1所示的要领进行。

表5-1 管理制度内容编写要领

序号	项目	编写要求	备注
1	目的	简要叙述编制这份制度的目的	必备项目
2	范围	主要描述这份制度所包含的作业深度和广度	必备项目

续表

序号	项目	编写要求	备注
3	权责	列举本制度和涉及的主要部门或人员的职责及权限	可有可无
4	定义	列举本制度内容中提到的一些专业名称、英文缩写或非公认的特殊事项	可有可无
5	管理规定	这是整个文件的核心部分。用5W1H的方式依顺序详细说明每一步骤涉及的组织、人员及活动等的要求、措施、方法	必备项目
6	相关文件	将管理规定中提及的或引用的文件或资料一一列举	可有可无
7	使用表单	将管理规定中提及的或引用的记录一一列举，用以证明相关活动是否被有效实施	可有可无

5-02 管理制度的文件样式

严格来说，制度并没有标准、规范的格式，但大多数企业都采用目前比较流行的、便于企业进行质量审核的文件样式，如表5-2所示。

表5-2 制度样式

××公司标准文件		××有限公司 ×××管理制度/工作程序	文件编号××-××-××	
版次	A/0		页次	第×页
1.目的 2.适用范围 3.权责单位 　3.1部门 　　　负责×× 　3.2部门 　　　负责×× 　　　…… 4.定义 5.管理规定/程序内容 　5.1 　5.1.1 　5.1.2 　5.2 　…				

6.相关文件					
××文件					
7.使用表单					
××表					
拟定		审核		审批	

5-03 管理制度的实施要领

企业管理制度的执行，是企业管理的实践者。它们既有联系又有区别：制度是文件，是命令；执行是落实，是实践；制度是执行的基础，执行是制度的实践，没有制度就没有执行；没有执行，制度也只是一个空壳。所以要想贯彻落实企业管理制度还需做到以下几个方面。

（一）需要加强企业管理制度和执行所设的内容在员工中的透明度

员工是企业管理制度落实到位的主要对象。如果员工连遵守什么、怎样遵守都不明白或不完全明白，就是没有目的或目的（目标）不明确，后果将导致公司制定的管理制度"流产"。企业管理制度是员工在工作中不可或缺的一部分，制度遵守得好坏，取决于员工的工作态度和责任心。如果员工把平时的工作表现和制度执行的好坏程度分开来衡量自己是不恰当的。因为制度和工作在性质上不可分，是相互联系和依存的。制度遵守得好，工作起来就好，就顺心，没有压力；反过来，工作上的每一次过失和失误，大多是不遵守制度、遵守制度不彻底而引起的。因此，遵守企业管理制度虽然提倡自觉性，但同时不能忽略强制性，对少数员工实行罚款、辞退、开除等执行措施是很有必要的。

（二）企业管理人员在制度和执行上应做到"自扫门前雪"

管理人员有宣贯公司管理制度的义务和责任，制度的拟定者和执行者都应把心态放正，不要掺杂个人感情在制度中，同时要杜绝一问三不知。在企业管理制度的执行上对执行者要做到相互监督、落实。

企业管理制度执行本身就具有强制性的特征。没有过硬的强化手段，有些刚建立的企业管理制度就是一纸空文。一般地讲，制度的制定，来自基层，也适应于基层，为基层服务。因此，建立持久的强化执行方案是完成管理制度最有效的方法。当一种企业管理制度，经过一定阶段强化执行后，它就逐渐形成了一种习惯，甚至可以成为一种好的企业传统发扬下去。

企业管理人员应有好的决心，才有好的制度执行力。优秀的领导应从宏观角度去监督指导企业管理制度执行的程度，随时检查纠正，调整执行方案和执行方法，不断完善企业管理制度，推动公司制度的执行在干部、员工的行为中的深入度，坚持用诚实可信、勤恳踏实的务实敬业作风去感化和影响自己的下属，为自己的工作服务，为企业服务。

5-04　人力资源管理模块及制度概览

本书为企业的人力资源管理提供了一些实用的制度范本供参考，具体包括如表5-3所示的几个方面。

表5-3　人力资源管理模块及制度概览

序号	管理模块	制度名称
1	人力资源规划管理制度	人力资源规划管理办法
		人力资源规划管理细则
2	组织设计与定岗定编制度	组织架构设计管理办法
		定岗定编制度
		定岗定编和岗位定员管理办法
3	招聘与录用管理制度	员工招聘管理办法
		新员工试用期管理制度
		新员工综合考核管理办法
4	员工考勤管理制度	公司考勤制度
		请假管理办法
		加班、值班管理制度
		公司休假管理程序
5	员工异动管理制度	员工调动管理办法
		员工晋升管理办法
		岗位轮换管理制度
		员工离职管理规定
6	员工培训与开发管理制度	培训需求计划控制规定
		员工培训管理制度
		外派培训管理办法
		新员工试用期指导人管理办法
		技能操作人员培训"师带徒"管理办法
7	薪酬管理制度	薪酬管理制度
		员工福利管理制度
		岗位及薪酬调整制度
8	绩效考核与激励管理制度	绩效管理制度
		企业高管绩效考核办法

续表

序号	ˇ 管理模块	制度名称
8	绩效考核与激励管理制度	中高层人员目标考核与述职报告制度
		员工激励管理办法
9	员工关系管理制度	劳动合同管理制度
		员工关系管理办法
		员工投诉管理办法
		员工沟通管理办法
10	员工职业规划制度	员工职业生涯规划管理制度
		员工职业生涯管理办法

第6章 人力资源规划管理制度

本章阅读索引：

· 人力资源规划管理办法
· 人力资源规划管理细则

6-01　人力资源规划管理办法

××公司标准文件		××有限公司 人力资源规划管理办法	文件编号××-××-××	
版次	A/0		页次	第×页

1.目的

为了规范公司的人力资源规划工作，有效制定岗位编制、人员配置、教育培训、薪酬分配、职业发展、人力资源投资方面的人力资源管理方案的全局性的计划，以确保公司在需要的时间和需要的岗位上获得各种各样适合的人才，以保证公司战略发展目标的实现，制定本管理办法。

2.适用范围

公司高层领导、人力资源部、各部门主要负责人。

3.规划的职责

3.1　综合部

综合部是人力资源规划的归口管理部门，其他职能部门具体负责本部门的人力资源规划工作。

3.2　综合部的职责

3.2.1　负责制定、修改人力资源规划制度，负责人力资源规划的总体编制制度工作。

3.2.2　负责公司人力资源规划所需数据的收集确认。

3.2.3　负责开发人力资源规划工具和方法，并且对公司各部门提供人力资源规划指导。

3.2.4　年初编制《公司年度人力资源规划书》报各部门负责人审核、总经理审批。

3.2.5　将审批通过的《公司年度人力资源规划书》作为重要机密文件存档。

3.3　各职能部门的职责

3.3.1　需要人力资源规划专员提供真实详细的历史和预测数据。

3.3.2 及时配合人力资源部完成本部门需求的申报工作。

3.4 公司高层的职责

负责人力资源规划工作的总体指导、监督、决策。

4.管理规定

4.1 规划的原则

公司人力资源规划工作须遵循以下四点原则。

4.1.1 动态原则。

（1）人力资源规划应根据公司内外部环境的变化而经常调整。

（2）人力资源规划具体执行中的灵活性。

（3）人力资源具体规划措施的灵活性及规划操作的动态监控。

4.1.2 适应原则。

（1）内外部环境适应。人力资源规划应充分考虑公司内外部环境因素以及这些因素的变化趋势。

（2）战略目标适应。人力资源规划应当与公司的战略发展目标相适应，确保两者相互协调。

4.1.3 保障原则。

（1）人力资源规划工作应有效保证对公司人力资源的提供。

（2）人力资源规划应能够保证公司和员工共同发展。

4.1.4 系统原则。

人力资源规划要反映出人力资源的结构，使各类不同人才恰当地结合起来，优势互补，实现组织的系统性功能。

4.2 规划的内容

4.2.1 总体规划。

总体规划包括人力资源总体目标和配套政策。

4.2.2 专项业务计划。

（1）人员配备计划。中、长期内不同职务、部门或工作类型的人员的分布状况。

（2）人员补充计划。包括需补充人员的岗位、数量及要求等。

（3）人员使用计划。包括人员升职政策、升职时间、轮换工作的岗位情况、人员情况、轮换时间。

（4）培训开发计划。包括培训对象、目的、内容、时间、地点、讲师等。

（5）绩效与薪酬福利计划。个人及部门的绩效标准、衡量方法、薪酬结构、工资总额、工资关系、福利以及绩效与薪酬的对应关系等。

（6）职业计划。骨干人员的使用和培养方案。

（7）离职计划。因各种原因离职的人员情况及其所在岗位情况。

（8）劳动关系计划。减少和预防劳动争议，改进劳动关系的目标和措施。

4.3 规划的程序

公司人力资源规划程序为：人力资源规划环境分析→人力资源需求预测→人力资源供给预测→人力资源供需平衡决策→人力资源各项计划讨论确定→编制人力资源规划书并组织实施。

4.3.1 人力资源规划环境分析。

（1）收集整理数据。公司综合管理部门正式制定人力资源规划前，必须向各职能部门索要各类数据（如下表所示）。人力资源规划专员负责从数据中提炼出所有与人力资源规划有关的数据信息，并且整理编报，为有效的人力资源规划提供基本数据。

整理数据的类别与项目

序号	数据类别	具体数据
1	需要向各部门收集的数据资料	（1）公司整体战略规划数据 （2）企业组织的结构数据 （3）财务规划数据 （4）市场营销规划数据 （5）生产规划数据 （6）新项目部规划数据 （7）各部门年度规划数据信息
2	人力资源部门须整理的相关资料	（1）人力资源政策数据 （2）公司文化特征数据 （3）公司行为模式数据 （4）薪酬福利水平数据 （5）培训开发水平数据 （6）绩效考核数据 （7）公司人力资源人事信息数据 （8）公司人力资源部职能开发数据

（2）综合部在获取以上数据的基础上，组织内部讨论，将人力资源规划分为环境层次、数量层次、部门层次，每一个层次设定一个标准，再由这些不同的标准衍生出不同的人力资源规划活动计划。

（3）综合部应制订《年度人力资源规划工作进度计划》，报请各职能部门负责人、人力资源负责人、公司总经理审批后，向公司全体员工公布。

（4）综合部根据公司经营战略计划和目标要求以及《年度人力资源规划工作进度计划》，下发人力资源职能水平调查表、各部门人力资源需求申请表，在限定工作日内由各部门职员填写后收回。

（5）综合部在收集完毕所有数据之后，安排专职人员对以上数据进行描述、统计并分析，制作《年度人力资源规划环境分析报告》，由审核小组完成环境分析的审核工作。

公司人力资源环境分析审核小组成员由公司各部门负责人、综合部人力资源环境分析专员、综合部负责人构成。

（6）综合部应将审核无误的《年度人力资源规划环境分析报告》报请公司高级管理层审核批准后方可使用。

（7）在人力资源环境分析进行期间，各职能部门应该根据部门的业务需要和实际情况，在人力资源规划活动中及时全面地向综合部提出与人力资源有关的信息数据。人力资源环境分析工作人员应该认真吸收接纳各职能部门传递的环境信息。

4.3.2 人力资源需求预测。

（1）《年度人力资源规划环境分析报告》经公司高级管理层批准后，由综合部人力资源规划专员根据公司人力资源的需求和提供的情况，结合公司战略发展方向、公司年度计划、各部门经营计划，运用各种预测工具，对公司整体人力资源的需求情况进行科学的趋势预测与分析。

（2）人力资源需求预测有以下几种常用方法。

①管理人员判断法。

②经验预测法。

③德尔菲法。

④趋势分析法。

（3）人力资源需求预测的步骤如下图所示。

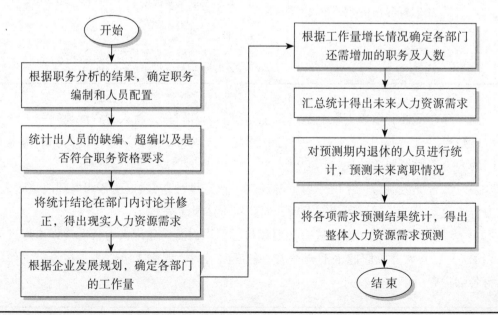

（4）综合部人力资源规划专员对公司人力资源情况进行趋势预测统计分析之后，制作《年度人力资源需求趋势预测报告》，报请公司领导审核、批准。

4.3.3　人力资源供给预测。

（1）人力资源供给预测的主要内容包括内部人员拥有量预测和外部供给量预测。内部人员拥有量预测，即根据现在人力资源及其未来变动情况，预测出规划期内各时间点上的人员拥有量。外部供给量预测，即确定在规划期内各时间点上可以从企业外部获得的各类人员的数量。由于外部人力资源的供给存在较高的不确定性，所以外部供给量的预测应侧重于关键人员，如各类高级人员、技术骨干人员等。

（2）人力资源供给预测步骤如下图所示。

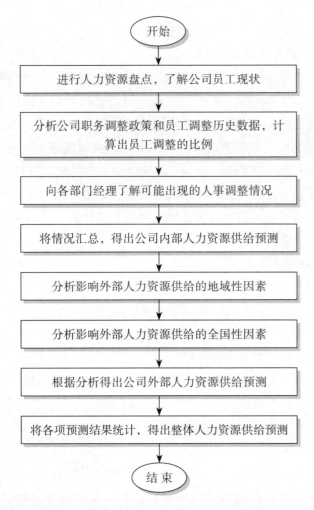

（3）综合部人力资源规划专员对公司人力资源情况可进行趋势预测和分析之后，制作《年度人力资源供给趋势预测报告》，并上报公司领导审核、批准。

4.3.4　人力资源供需平衡决策。

综合部负责人审核、批准《年度人力资源供给趋势预测报告》以及《人力资源规划供给趋势报告》之后，由公司综合部组建"人力资源规划供需平衡决策工作组"。

（1）人力资源规划供需平衡决策工作成员由公司高层、各职能部门负责人、人力资源部相关人员构成。

（2）人力资源规划供需平衡决策工作组的会议包括人力资源规划环境分析会、人力资源规划供需预测报告会和公司人力资源规划供需决策会。

4.3.5 人力资源各项计划讨论确定。

（1）综合部在公司人力资源规划供需平衡决策工作组定下工作日程后，指定专门人员完成会议决策信息整理工作，并且制订《年度人力资源规划书制定时间安排计划》。

（2）综合部召开制定人力资源规划的专项工作会议。

4.3.6 编制人力资源规划书并组织实施。

（1）综合部指派专人汇总全部人力资源规划的具体项目计划，编制《年度人力资源规划书》，报经人力资源部全体员工核对，报经公司各职能部门负责人审议评定，交由公司综合部负责人审核通过，报请公司总经理批准。

（2）人力资源部负责组织实施《公司年度人力资源规划书》内部员工沟通活动，保障全体员工知晓人力资源规划的内容，以期保障人力资源规划实施的顺利进行。

（3）人力资源部负责将《公司年度人力资源规划书》作为重要机密文档存档。严格控制节约程序并将《公司年度人力资源规划书》的管理纳入公司有关商业机密和经营管理重要文件的管理制度。

4.4 人力资源规划工作评估

4.4.1 评估标准。

人力资源规划工作评估可从以下三个方面进行。

（1）管理层在人力资源费用变得难以控制或过度支出之前，是否采取措施来防止各种失衡，并由此使劳动力成本得以降低。

（2）公司是否可以有充裕的时间来发现人才。因为好的人力资源规划，可以在公司实际雇佣员工前，已经预计或确定了各种人员的需求。

（3）管理层的培训工作是否可以得到更好的规划。

4.4.2 评估方法。

（1）目标对照审核法，即以原定的目标为标准进行逐项的审核评估。

（2）资料分析法，即广泛地收集并分析研究有关的数据，如管理人员、专业人员、行政人员、招商人员之间的比例关系，或在某一时期内各种人员的变动情况，如员工的离职、旷工、迟到、薪酬与福利、工伤与抱怨等方面的情况等。

拟定		审核		审批	

6-02 人力资源规划管理细则

××公司标准文件		××有限公司 人力资源规划管理细则	文件编号××-××-××	
版次	A/0		页次	第×页

1.目的

为了规范公司的人力资源规划工作，科学地预测、分析公司在环境变化中人力资源的供给和需求情况，制定必要的政策与措施，以确保公司在需要的时间和需要的岗位上获得各种需要的人才，从而保证公司战略发展目标的实现，制定本管理细则。

2.适用范围

本管理细则适用于本公司。

3.权责部门

（1）人力资源部是公司人力资源规划的归口管理部门，职能部门和各业务单位具体负责本部门的人力资源规划工作。

（2）人力资源部的责任如下。

①负责公司人力资源规划的总体编制工作。

②负责公司人力资源规划的组织工作。

③负责制定公司人力资源规划的工作程序。

④负责确定公司人力资源规划的预测方法。

⑤负责公司人力资源规划所需数据的收集和确认。

⑥负责对公司各部门的人力资源规划提供帮助和指导。

（3）职能部门和各业务单位的责任如下。

①在人力资源部的指导下负责本部门的人力资源规划编制工作。

②负责向人力资源部提供本部门初步的人力资源规划。

③向人力资源部提供进行人力资源规划所需的历史和预测数据。

4.管理规定

4.1 基本原则

人力资源规划应该遵循以下原则。

4.1.1 人力资源保障原则：人力资源规划工作应有效保证对公司人力资源的供给。

4.1.2 与内外部环境相适应原则：人力资源规划应充分考虑公司内外部环境因素以及这些因素的变化趋势。

4.1.3 与公司战略目标相适应原则：人力资源规划应与公司战略发展目标相适应，确保两者相互协调。

4.1.4 系统性原则：人力资源规划要反映出人力资源的结构，使各类不同人才恰当地结合起来，优势互补，实现组织的系统性功能。

4.1.5 企业和员工共同发展的原则：人力资源规划应能够保证公司和员工共同发展。

4.2 人力资源规划程序

一个典型的人力资源规划包括以下程序。

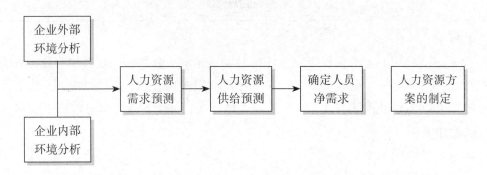

4.3 人力资源需求预测

4.3.1 基本规定。

（1）人力资源需求预测是指为实现公司既定目标，根据公司的发展战略和发展规划，对预测期内所需员工种类和数量的估算。

（2）人力资源需求预测分为现实人力资源需求预测、未来人力资源需求预测和未来人力资源流失预测。现实人力资源需求预测是指根据公司目前的职务编制水平，对人力资源现状和人员配置情况进行盘点和评估，在此基础上，确定现实的人力资源需求。未来人力资源需求预测是指根据公司的发展战略和业务发展规划对预测期内公司所需人员数量、种类和条件所做的预测。未来人力资源流失预测是在综合考虑公司人员离职情况的基础上对预测期内的人员流失情况做出预测。

（3）人力资源需求预测是一项系统工作，职能部门和各业务单位必须在人力资源部的组织下积极参与。

（4）人力资源需求预测涉及多种因素，各部门在预测中应灵活采用定性预测方法和定量预测方法，并在实际执行中对预测结果不断进行修正。

4.3.2 现实人力资源需求预测。

（1）公司现实人力资源需求按以下步骤进行。

第一步：根据工作分析的结果，确定目前的职务编制水平和人员配置。

第二步：进行人力资源盘点，统计出人员的超编、缺编以及是否符合职务资格要求。

第三步：人力资源部将上述统计结论与各部门管理者进行讨论，对统计结果进行修正。

第四步：该统计结论为现实的人力资源需求。

（2）人力资源部应以公司目前的工作分析作为职务说明书的编制依据，并将相应的职务说明书作为确定各岗位工作职责和任职资格的标准。

（3）人力资源部应在每年的年中和年终对公司人力资源状况进行盘点，对照现实职务编制状况，统计出人员的超编和缺编情况。同时，根据职务说明书确定的岗位任职资格要求和历次绩效考核结果，统计出不符合职务资格要求的人数。

（4）人力资源部将上述结果进行汇总，填写《现实人力资源需求预测表》，即为初步的现实人力资源需求预测。

（5）人力资源部将初步的现实人力资源需求预测结果与各部门管理人员进行讨论，根据实际情况做进一步修正。

（6）修正后的结论即为现实人力资源需求预测。人力资源部应根据最后的统计结论重新填写《现实人力资源需求预测表》。

4.3.3 未来人力资源需求预测。

（1）公司未来人力资源需求预测采取自上而下预测和自下而上预测相结合的方式来进行。

（2）公司未来人力资源需求预测按以下步骤进行。

第一步：对可能影响人力资源需求的管理和技术因素进行预测。

第二步：根据企业的发展战略和业务发展规划，确定预测期内每年的新业务投资情况、发展水平以及主业的产量、经营额等因素。

第三步：根据历史数据，初步确定预测期内总体人员需求以及职能部门、下属公司、业务部门人员需求。

第四步：各部门根据增加的工作量并综合考虑管理和技术等因素的变化，确定需要增加的岗位及人数。

第五步：将上述两个步骤所得的统计结论进行平衡和修正，即得到未来人力资源需求预测。

（3）人力资源部在进行未来人力资源需求预测时，需首先对以下问题进行了解并做出分析。

①行业的发展趋势是什么？这种趋势对公司的人力资源政策会产生哪些影响？

②公司的竞争环境是否会发生大的变化？这种变化会对公司造成哪些影响？

③公司的主要竞争对手是否会改变竞争手段？这种改变会对公司的人力资源政策造成哪些影响？

④公司的竞争优势在哪里？这种竞争优势如何才能得以保持？

⑤公司的发展战略是否会做出调整？这种调整会对公司的人力资源政策产生什么样的影响？

⑥公司的组织结构和运作模式是否会做出大的调整？这种调整是否会增加或减少目前岗位？是否会对公司的人力资源需求产生影响？将产生什么样的影响？

⑦公司未来人力资源的年龄结构、学历结构、知识结构是否能满足公司的发展需

求？如不能，应如何做？

⑧行业技术和新工艺是否会取得重大突破？这种突破会对公司产生什么样的影响？

（4）人力资源部在进行未来人力资源需求预测时，应根据公司战略发展规划，了解预测期内每年的业务数据。

①每年预计接到的销售订单。

②生产量。

（5）人力资源部应首先采取回归分析法，对预测期内每年的人员需求总数进行初步预测。回归方程如下。

$$Y=\beta_0+X_1$$

式中　Y——每年人员需求总数；

　　　β_0——常数；

　　　X_1——每年预计订单数量。

人力资源部可以根据情况变化对回归方程的自变量即人力资源需求影响因素的选择做出适当调整。

（6）人力资源部对预测期内每年的人员需求总数做出初步预测后，应根据过去三年的历史数据，计算出职能部门、业务部门之间的人员比例，并据此确定各单位在预测期内每年的初步人员需求数量。

（7）人力资源部应组织各业务单元对本业务单元具体人员需求做出预测，根据增加的工作量并综合考虑管理和技术等因素的变化，确定需增加的岗位和人数。

（8）各业务单元在进行本单位的未来人力资源需求预测时，应在人力资源部的组织和监督下，采取德尔菲法进行。所谓德尔菲法，又称专家会议预测法，是以书面形式背对背地分几轮征求和汇总专家意见，依靠专家个人经验、知识和综合分析能力进行预测的一种方法。

（9）采取德尔菲法进行人力资源预测需按以下步骤进行。

步骤一：预测准备工作，包括以下内容。

①由人力资源部确定预测课题及各预测项目。

②在人力资源部成立预测工作的临时机构。

③在各部门成立专家小组，专家小组应由9～13人组成，应包括人力资源方面的专家和本部门内专家。

步骤二：进行专家预测，包括以下内容。

①预测临时机构把有关背景材料交给各位专家。

②要求各专家在各自的领域内，根据人力资源部提供的背景资料，结合自己对本部门的发展预测，对本部门内将要增加或减少的岗位和人数进行预测。

步骤三：临时性预测机构进行收集反馈，包括以下内容。

①收集各预测专家的预测结果。

②预测机构对各专家意见进行统计分析，综合第一次预测结果。

③把综合结果反馈给各专家，再要求其做出第二轮预测。

步骤四：得出预测结果。

（10）除上述提到的回归分析法和经验估计法外，人力资源部和预测专家在进行人力资源需求预测时，还可以采取以下方法。

①比率分析法：这是进行人力资源需求预测时比较常用的一种方法，主要是通过某些原因性因素和关键员工数量之间的比例关系，来确定未来员工的数量。比如通过营业额和经营人员之间的比例关系，来确定公司未来经营人员的数量。

②生产函数模型法：主要是运用一些特定的生产函数对未来人力资源需求进行预测的方法，项目组推荐使用下列两种生产函数模型法。

a.简单模型：假设人力资源需求和企业的产出水平成比例关系，其公式如下。

$$M_t = M_0 \frac{Y_t}{Y_0}$$

式中　Y_0——现有产出水平；

　　Y_t——未来时间 t 时的产出水平；

　M_0——现有条件和产出水平对应的人员数；

　M_t——未来时间 t 时的人员需求数。

b.复杂模型：是由人力资源需求的当前值和以往值以及产出水平的变化而确定的模型，其公式如下。

$$M_t = \frac{M_0}{Y_0} Y_t + \left(\frac{M_0}{Y_0} - \frac{M_{-1}}{Y_{-1}} \right) Y_t$$

式中　M_{-1}——前一期的劳动力人数；

　　Y_{-1}——前一期的产出水平。

③劳动定额法：是根据劳动者在单位时间内应完成的工作量和公司计划的工作任务总量推测出所需的人员总数，其公式如下。

$$N = \frac{W}{Q}(1+R)$$

式中　N——人力资源需求量；

　　W——计划内任务完成量；

　　Q——企业现行定额；

　　R——计划期内生产率变动系数。

（11）未来人力资源需求预测完成后，人力资源部应根据预测结果填写《未来人力资源需求预测表》。

4.3.4　未来人力资源流失预测。

（1）人力资源部在进行未来人力资源流失预测时，应按以下步骤进行。

步骤一：根据现有人员的统计数据，对预测期内退休的人员进行统计。

步骤二：根据历史数据，对未来可能发生的离职情况进行预测。

步骤三：将上述两项预测数据进行汇总，得出未来流失人力资源预测。

（2）完成未来人力资源流失预测后，人力资源部应将相关预测结果填入《未来人力资源流失预测表》。

4.3.5 整体人力资源需求预测。

（1）人力资源部应根据现实人力资源需求、未来人力资源需求和未来流失人力资源预测，汇总得出公司整体人力资源需求预测。

（2）人力资源部应将公司整体人力资源需求预测结果填入《整体人力资源需求预测表》。

4.4 人力资源供给预测

4.4.1 基本规定。

（1）所谓人力资源供给预测是指公司为实现其既定目标，对未来一段时间内公司内部和外部各类人力资源补充来源情况的预测。

（2）供给预测包括内部人力资源供给预测和外部人力资源供给预测。内部人力资源供给预测是对内部人员拥有量的预测，其任务是根据现有人力资源及其未来变动情况，预测出规划期内各时间点上的人员拥有量。外部人力资源供给预测的任务是确定在规划期内各时间点上可以从公司外部获得的各类人员的数量。

（3）人力资源部在进行人力资源供给预测时，应把工作重点放在内部人员拥有量的预测上。外部供给量的预测应侧重于关键人员，主要是高级管理人员和高级技术人员的供给预测。

（4）人力资源供给预测是动态的，人力资源部应根据公司内外部环境的变化不断做出调整。

4.4.2 内部人力资源供给预测。

（1）人力资源部在进行内部人力资源供给预测时应按以下步骤进行。

步骤一：对企业现有人力资源进行盘点，了解企业员工现状。

步骤二：分析公司的职务调整政策和历史员工调整数据，统计出员工调整的比例，包括各职系中各职等的晋升比例、离职比例等。

步骤三：向各部门了解可能出现的人事调整情况。

步骤四：根据以上情况，采用不同预测方法，得出内部人力资源供给预测结果。

（2）人力资源部应首先采用现状核查法，全面了解现实内部人力资源的供给情况。现状核查法是对公司现有人力资源的质量、数量、结构和在各职位上的分布状态进行的核查，以便掌握现有人力资源情况。人力资源部应对公司各职系中各职等的人数有清楚的了解，并在每月根据人员变动情况进行调整。

（3）人力资源部应为每位员工建立《技能清单》，以便能动态掌握公司每一岗位的人员供给情况。

（4）人力资源部应对公司内部人员供给情况进行动态管理。

4.4.3　外部人力资源供给预测。

（1）在进行外部人力资源供给预测时，人力资源部应首先对影响外部人力资源供给的地域性因素进行分析，主要内容如下。

①公司所在地的人力资源整体现状。

②公司所在地有效的人力资源供给现状。

③公司所在地对人才的吸引程度。

④公司薪酬对所在地人才的吸引程度。

⑤公司能够提供的各种福利对当地人才的吸引程度。

⑥公司本身对人才的吸引程度。

（2）在进行外部人力资源供给预测时，人力资源部应同时对影响外部人力资源供给的全国性因素进行分析，主要内容如下。

①全国相关专业的大学生毕业人数及分配情况。

②国家在就业方面的政策和法规。

③该行业全国范围内的人才供需情况。

④全国范围内从业人员的薪酬水平和差异。

（3）人力资源部应根据以上分析得出公司外部人力资源供给预测结果。

4.5　人力资源净需求的确定

4.5.1　人力资源部应通过公司人力资源需求的预测数和在同期公司内部可供给的人力资源预测数的对比分析，测算出各类人员的净需求数。

4.5.2　人力资源部应通过《人力资源净需求评估表》从整体上把握公司在预测期内每年的人力资源净需求情况。

4.5.3　人力资源部要对预测期内每年的人力资源净需求进行结构分析，明确人力资源净需求的岗位、人数和相应标准。预测结果填入各类别的《人力资源净需求表》。

4.6　人力资源规划方案的制定

4.6.1　公司人力资源规划方案包括人力资源总体规划方案和各项业务计划。人力资源总体规划方案是有关计划期内人力资源开发利用的总目标、总政策、实施步骤及总的预算安排。各项业务计划是指人力资源各功能模块的计划方案，主要包括以下内容。

（1）人员配备计划：是关于公司中长期内不同职务、部门或工作类型的人员分布状况的计划方案。

（2）人员补充计划：是关于公司需要补充人员的岗位、数量、对人员的要求、补充渠道、补充方法和相关预算的计划方案。

（3）培训开发计划：是指有关培训对象、目的、内容、时间、地点、培训师资、预算等内容的计划方案。

（4）绩效与薪酬福利计划：是指有关个人及部门的绩效标准、衡量方法、薪酬结构、工资总额、工资关系、福利项目以及绩效与薪酬的对应关系等内容的计划方案。

4.6.2 公司根据预测期内人员净需求预测结果的不同而采取不同的政策和措施。

4.6.3 当人员净需求为正，即公司未来某一时期在某些岗位上人员短缺时，将选择以下一些政策和措施加以解决。

（1）制定招聘政策，从外部进行招聘。

（2）如果工作为阶段性任务，雇用全日制或非全日制临时工。

（3）改进技术或进行超前生产。

（4）重新设计工作，比如扩大工作范围以提高员工的工作效率。

（5）延长员工劳动时间或增加工作负荷量，给予超时间和超工作负荷的奖励。

（6）进行平行性岗位调动，适当进行岗位培训。

（7）组织员工进行培训，对受过培训的员工根据情况择优提升补缺并相应提高其工作待遇。

4.6.4 当人员净需求为负，即公司未来某一时期在某些岗位上人员过剩时，将选择以下一些政策和措施加以解决。

（1）永久性裁员或辞退员工。

（2）对部门进行精简。

（3）进行提前退休。

（4）减少工作时间，并随之减少工资。

（5）由两个或两个以上员工分担一个工作岗位，并相应减少工资。

4.6.5 人力资源部应根据公司选择的解决政策和措施，制定具体的人力资源规划方案，包括总体人力资源规划方案和各业务计划方案。

4.6.6 人力资源规划方案的编写按以下步骤进行。

步骤一：编写人员配置计划。描述公司未来的岗位设置、需要人员数量、质量以及职位空缺等。

步骤二：预测人员需求。根据本管理办法规定的程序和方法，得出公司的净人力资源需求，确定人员需求的岗位、数量和标准。

步骤三：人员补充计划的编写。根据公司确定的政策和措施，选择人员补充的方式和渠道，并据此制订人员招聘计划、人员晋升计划和人员内部调整计划。

步骤四：人员培训计划的编写。在选择人员补充方式的基础上，为了使员工适应工作岗位的需要，制订相应的培训计划，包括培训政策、培训需求、培训内容、培训形式和培训考核内容等。

步骤五：编写人力资源费用预算。主要包括招聘费用、培训费用、调配费用、奖励费用以及其他非员工直接待遇但与人力资源开发利用有关的费用。

步骤六：关键任务的风险分析及对策。对人力资源管理中可能出现的风险比如招聘失败、新政策引起员工不满等风险因素进行分析，通过风险识别、风险估计、风险监控等一系列活动来防范风险的发生。

4.6.7 人力资源规划方案制定后，人力资源部应同各部门进行沟通，并对其做相应修改。

4.6.8 人力资源规划方案应经公司总裁批准后方可施行。

拟定		审核		审批	

第7章 组织设计与定岗定编制度

本章阅读索引：

- 组织架构设计管理办法
- 定岗定编制度
- 定岗定编和岗位定员管理办法

7-01 组织架构设计管理办法

××公司标准文件		××有限公司 组织架构设计管理办法	文件编号××-××-××	
版次	A/0		页次	第×页

1.目的

为了规范本公司各部门组织架构的设置、调整、部门定编、岗位设定，以提高人力资源使用效率，确保公司经营目标的实现，特制定本规定。

2.适用范围

适用于本公司所有的组织架构、岗位和定编工作。

3.管理规定

3.1 组织架构设置与调整

3.1.1 人力资源部及行政部根据公司的经营目标和发展战略，定期组织与各部门的沟通、检讨，制定出公司总体组织架构初案，经人力资源及行政经理审核，营运总监批准后公布。组织架构的设置到部级单位。

3.1.2 各部门根据部门职能和工作任务，设置相关的组织架构，部门组织架构图必须体现具体的岗位及人员定编数，经人力资源及行政部审核、营运总监批准后人力资源及行政部备案实施。

3.1.3 在工作过程中由于职能调整，需要对组织架构进行变更时，采取以下措施。

（1）部级单位的调整、变更，必须由相应的职能模块提出申请报告，由人力资源部及行政部审核，经营运总监批准后实施。

（2）组级单位的调整、变更，由部门提出申请，人力资源部审核，经主管领导批准后实施。

3.1.4 所有组级以上单位的组织架构调整、职能变更，在人力资源部备案后，统一由人力资源部发通知公示并及时调整相应的组织架构。

3.2 部门定编

3.2.1 部门根据组织架构的设置，依照工作需要设定岗位，根据岗位的任务量化指标、岗位要求与人员的合理搭配，进行岗位定编工作。人员定编必须遵循以下原则。

（1）任务与目标原则：因事建机构、因事设职务、因事配人员。

（2）集权与分权原则：实行统一领导、分级管理以提高工作效率。

（3）管理幅度适当原则：管理幅度要有利于工作效率和管理控制效果。

（4）业务均衡原则：机构内业务量要饱满，同时各岗位工作量要均衡，不可有的量大而有的量少，以免影响工作人员积极性。

（5）分工与协作原则：机构的设置要从工作内容考虑，便于业务上相互联系和协作配合。

3.2.2 部门根据上述原则，设定部门组织架构、岗位、人员定编，经人力资源部审核，营运总监批准后执行。人力资源部严格按照部门定岗、定编与现有人员的匹配进行计划招聘，没有定编和人员定岗的原则上不进行人员招聘。

3.2.3 人力资源部定期与部门进行人员定编状况的检讨，所有的定编变更必须由部门提出申请，主管领导审核，人力资源总监审核后报事业部总经理批准后实施。

3.3 岗位管理

3.3.1 部门组织架构设定后，部门根据组织架构和定岗情况，按人力资源部的岗位说明书模板编写岗位说明书。

3.3.2 人力资源部根据岗位说明书，依据人力资源职级设定，定出岗位所在的职级。

3.3.3 由于职能或组织架构变化导致岗位变更时，由部门提出申请，部门经理审核，人力资源部复核报营运总监批准后实施，同时人力资源部更改岗位说明书。

3.4 监督与考核

3.4.1 各职能模块和部门必须严格按照本规定执行，人力资源部实施监督与考核。

3.4.2 对没有定编、定岗或超编的人员，人力资源部将进行调整或辞退。

附：部门组织架构图及定编模板

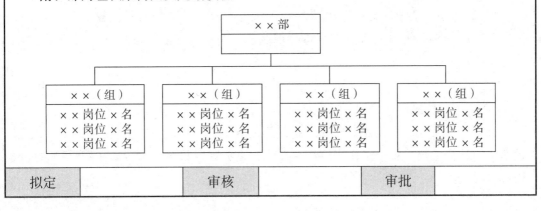

7-02 定岗定编制度

××公司标准文件		××有限公司 **定岗定编制度**	文件编号××-××-××	
版次	A/0		页次	第×页

1.目的

为了有效控制公司人员总量，科学地核定各子企业及集团公司各部门岗位、人员编制标准，从而有效地挖掘员工的工作潜力，提高用人效率，降低人工成本，特制定本制度。

2.适用范围

适用于集团公司各部门及各子企业。

3.权责部门

（1）集团公司人力资源部负责制定定岗定编制度，并统一领导实施。

①解释、修订、监督执行本制度。

②负责集团公司各科室的岗位设置及人员定编。

③负责整个集团公司所有岗位的岗位设置和人员定编的表格等资料的收缴存档工作。

④有权对各子企业的岗位设置和人员定编进行检查、审核、提出修改意见。

（2）子企业综合管理部。

①负责本公司所有部门和车间的岗位设置及人员定编管理。

②负责本公司科室的岗位设置及人员定编。

③对车间的岗位设置及人员定编进行检查及提出修改意见。

④对本公司所有部门车间的岗位设置及人员定编表格等资料的收缴。

（3）部门车间：负责本部门车间的岗位设置及人员定编管理。

4.管理规定

4.1 定岗定编的要求

4.1.1 定岗确定各部门的岗位设置，定编确定人员的编制，即定员。

4.1.2 定岗、定编的标准与公司的经营状况、公司发展相联系，各子企业及集团公司各部门的编制总量由人工成本进行控制，定岗、定编的标准根据公司经营状况、发展需要及时进行修订。

4.2 定岗

4.2.1 定岗的原则。

设置多少岗位，设置什么样的岗位，都是由企业的总任务决定的，因事设岗是设置岗位的基本原则。每个工作岗位都存在于为完成特定目标而设置的组织结构系统的构架之内。

4.2.2　工作岗位的设计。

工作岗位的设计应当满足企业劳动分工与协作的需要；企业应不断提高生产效率，满足增加产出的需要；劳动者应在安全、健康的条件下从事劳动活动以满足生理上、心理上的需要。工作岗位设计原则如下。

（1）明确任务目标的原则。

（2）合理分工协作的原则。

（3）责权利相对应的原则。

4.2.3　岗位设置的内容及表现形式。

（1）岗位设置的内容如下。

①岗位名称。

②岗位职责。

③岗位关系。

④岗位权限。

⑤岗位人员所需具备的资历、知识和专业技能。

⑥岗位的劳动条件和环境等。

（2）岗位设置的内容应以表格形式呈现，需填写《岗位职责书》。

4.2.4　岗位设置的要求。

（1）岗位的工作量应该饱满，有限的劳动时间应当得到充分利用。

（2）岗位工作扩大化与丰富化。扩大化使岗位工作范围、责任增加，改变了员工对工作感受到单调、乏味的状况，从而有利于提高劳动效率。丰富化是在岗位现有的工作的基础上，通过充实工作内容，增加岗位的技术和技能的含量，使岗位的工作更加多样化、充实化，消除因从事单调工作而产生的枯燥情绪，从心理上满足员工的合理要求。

4.3　定员

4.3.1　定员的原则。

（1）必须以企业生产经营目标为依据。

（2）定员必须以精简、高效、节约为目标。

（3）各类人员的比例关系要协调。

（4）要做到人尽其才，人事相宜。

（5）要创造一个贯彻执行定员标准的良好环境。

（6）定员标准应适时修订。

4.3.2　定员的方法。

（1）核定用人数量的方法有很多，例如按劳动效率定员、按设备定员、按岗位定员、按比例定员、按组织机构定员、按职责范围定员和按业务分工定员等。

（2）集团公司科室及各子企业按各自部门的情况，合理采用定员方法进行定员。

4.3.3 定员的标准。

（1）根据生产规模、加工方法、工艺流程、设备类型和性能、岗位工作内容、职责范围等生产技术、劳动组织条件，明确规定出各类人员的数量和比例，并提出各个工序、设备或工作岗位具体的用人标准。

（2）定员标准应科学、先进、合理。

4.4 定岗定编计划确立

4.4.1 集团公司科室人员的岗位名称与人数的计划，由该部门经理提出、公司人力资源部经理审核、主管人事副总经理核准、总经理办公会议审定、董事长批准。

4.4.2 子企业科室及车间的岗位名称与人数的计划，由该企业的总经理提出、经公司人力资源部审核、主管人事副总经理核准、总经理办公会议审定、董事长批准。

4.4.3 定岗定编计划须以表格形式，按部门分类汇总至人力资源部，由人力资源部存档保存。

4.5 岗位及定员变更

4.5.1 岗位与定员情况发生变更时，须填写《定岗定编计划变更审批表》，并说明理由。在填写此表格时，必须随表附上变更前的《定岗定编计划表》。

4.5.2 变更内容分为增加、减少、更改三种情况，审批权限如下。

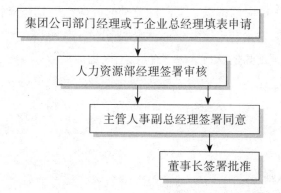

4.6 其他

4.6.1 岗位编号应按规律有序排列，并与部门编号相衔接，由各科室及各子企业统一编制，最终汇总于人力资源部并输入ERP系统。

例如，部门：集团公司人力资源部，部门编号为Z001。岗位名称：人力资源部部长，岗位编号为Z00101。

4.6.2 岗位名称应规范，不得随意改动，如有改动，应填写《定岗定编计划变更审批表》。

4.6.3《定岗定编计划表》应在每年的12月10日前上报人力资源部。

拟定		审核		审批	

7-03　定岗定编和岗位定员管理办法

××公司标准文件	××有限公司	文件编号××-××-××	
版次	A/0	定岗定编和岗位定员管理办法	页次	第×页

1.目的

本办法规定了公司定岗定编、岗位定员的制定等管理程序。

2.适用范围

适用于公司各部门、各单位。

3.术语与定义

（1）定岗定编是指在一定时期内根据公司既定的发展战略和生产规模，对公司的岗位设置和岗位编制进行明确。

（2）岗位定员是采取一定的程序和科学的方法，对确定的岗位进行各类人员的数量及素质配备。

4.管理职能

（1）人力资源部负责公司机构的设立、调整。

（2）人力资源部是公司定岗定编归口管理部门，负责按机构的设置及职责权限提出定岗定编及定员方案。

（3）各事业部（单位）负责提出本单位定岗定编设置建议和岗位定员方案，并按要求提供相关资料。

5.管理规定

5.1 定岗定编和岗位定员的原则

5.1.1 任务目标原则，以战略为导向，强调岗位与组织的有机衔接；以企业的战略为导向，以现状为基础，强调岗位对未来的适应。在进行岗位定员编制时，应明确该组织的发展方向和任务目标，以事为中心，因事设岗，因岗配人。

5.1.2 命令统一原则，在进行岗位定员编制时，应以有利于组织实现统一领导和指挥为原则，建立起严格的责任制，避免职能重叠和无人负责现象，保证全部活动的正常进行。

5.1.3 权责对等原则，在进行岗位设计时，应责任明确，权责恰当，利益合理。

5.1.4 精干高效原则，队伍精干是提高效能的前提。在进行岗位编制时，应遵循精干高效原则，做到人人有事干，事事有人管，保质保量，负荷饱满。

5.2 岗位分类

5.2.1 生产操作人员：是指按生产工艺过程直接操纵机器和工具，使产品对象表面及结构发生重量、质量、形状大小、物理、化学性质等变化的全部生产人员。

5.2.2 技术管理人员：是指从事具有一定技术含量岗位工作的人员，如质量控制、标准化、材料定额、工时定额、翻译、计算机系统管理、职业卫生防护、安全环境管理等。

5.2.3 技术序列人员：是指专职从事产品设计、工艺分析等工作的人员。

5.2.4 管理人员：是指各级职能机构中从事行政、生产、经营管理和党群工作的人员。

5.2.5 辅助生产人员：是指为保证生产操作人员不间断地、顺利地完成产品生产任务提供直接服务的人员，包括动力生产、设备维修、工具制修、仓库保管、运输等人员。

5.2.6 服务人员：是指为上述人员进行正常生产、工作提供各种服务的人员，包括保洁员、服务员等。

5.3 定岗定编

5.3.1 定岗定编的工作流程。

根据本单位（部门）职能和业务工作流程，分析现有岗位设计，提出本单位（部门）的主要职能分工和修订后的岗位设置。

第一步：对本单位（部门）的职能进行划块，将职能分为几个大的主要部分。

第二步：根据各个主要职能块，明确各个职能块内岗位存在的必要性并设定岗位。

第三步：根据职能块的工作量确定岗位编制，填写《岗位设置花名册》。

第四步：描述从业人员任职资格，保证岗位之间分工清晰、职能明确，确保部门职能不遗不漏。

第五步：根据修订后的岗位设置，按照对岗不对人的原则，在部门领导与岗位任职者充分沟通的基础上形成新的岗位说明书（初稿）。

第六步：成立岗位分析评议项目小组。岗位分析评议项目小组成员包括外聘专家（1～2人）、人力资源部领导（1～2人）、该岗位所在部门领导（1～2人）、岗位分析专员及相关工作人员。岗位分析评议项目小组设正副组长，分别由外聘专家和人力资源部领导担任，副组长主持小组工作。

第七步：岗位分析评议项目小组经过对岗位及其岗位说明书初稿的分析评议，确定正式岗位说明书，任职者签字确认。

5.3.2 定岗定编的确定。

人力资源部根据组织机构设置、职责分工界定和核定的岗位工资水平制定各序列（包括技术管理序列、专业技术序列、管理序列、辅助服务序列）岗位、档级总体设置方案，提交公司总经理审批或总经理办公会通过后下达。

5.4 岗位定员。

5.4.1 岗位定员编制方法。

定员编制采用效率定员法，岗位定员法，设备岗位定员法、工作岗位定员法、比例定员法，按组织机构、职责范围和业务分工定员法。

（1）效率定员法，凡是能够计算工作量、能够实行劳动定额的人员，均应按效率定员的方法进行劳动能力平衡，一般用于直接生产人员和部分辅助生产人员。

（2）岗位定员法，分为设备岗位定员法和工作岗位定员法。

（3）设备岗位定员法，主要是指看管设备的岗位，根据其生产过程、班制负荷程度、岗位区域条件和能否实行交叉作业等，在明确岗位责任制的基础上确定定员的方法。

（4）工作岗位定员法，指在一定的工作岗位上，既没有固定设备，也不能实行定额和制定人工指标的人员。

（5）比例定员法，按企业职工总数（或一定范围人员的总数）的一定比例确定某一类人员数量的方法。

（6）按组织机构、职责范围和业务分工定员法，这种方法主要适用于管理人员和工程技术人员的定员。

5.4.2　岗位定员的管理。

（1）任何部门需增加岗位或定员，必须向人力资源部提交相应报告，并提交《岗位设置花名册》和《岗位说明书》（管理、技术、辅助、服务人员）或填写《劳动能力平衡表》（直接生产人员）。经人力资源部核定通过后，方可进行定员变动，未经批准，不得擅自超定员配置。

（2）局部职能调整或岗位整合，导致岗位设置发生变化，由人力资源部组织相关部门制定方案，报公司领导批准后生效。

（3）所设岗位工作量不饱满的，应主动提出岗位调整意见，报人力资源部核定后方可进行岗位调整。

拟定		审核		审批	

第8章 招聘与录用管理制度

本章阅读索引：

· 员工招聘管理办法
· 新员工试用期管理制度
· 新员工综合考核管理办法

8-01 员工招聘管理办法

××公司标准文件		××有限公司 员工招聘管理办法	文件编号××-××-××	
版次	A/0		页次	第×页

1.目的

为优化公司人力资源配置，为公司持续稳定发展提供人力资源保障，同时明确和规范公司的招聘原则及操作流程，并保证在此前提下，最大限度地节约招聘成本，特制定本管理办法。

2.适用范围

本管理办法适用于公司所有职位的招聘。

3.责任部门

（1）人力资源部是公司招聘工作的主管部门，其职责如下。

①制订公司年度招聘计划，并在实际执行中加以调整。

②根据公司组织结构，定岗、定编和定员方案对各部门的人员招聘需求进行控制，审核各部门招聘需求是否满足组织结构定岗、定员和定编方案。如果属于方案外的招聘，则提请各级领导审批后执行。

③指导用人部门撰写拟招聘职位的职位描述和任职资格。

④决定获取应聘者的渠道和方法，与潜在的应聘者联络，收集简历和应聘材料。

⑤设计人员面试选拔方法，并指导用人部门主管使用这些方法。

⑥主持实施面试选拔程序，为用人部门的录用提供建议，为应聘者核定工资。

⑦向未被录取的应聘者表示感谢并委婉的拒绝。

（2）用人部门应参与到本部门人员的招聘活动中，其主要承担以下责任。

①各部门的人员招聘必须由人力资源部组织完成。

②各部门负责人根据业务计划提出招聘需求。

③草拟招聘职位的职位描述和任职资格。

④参与对应聘者的面试选拔过程，并对其专业技术水平等进行判断。

⑤做出应聘者的最终录用决策。

4.管理规定

4.1 招聘原则和标准

4.1.1 公司的招聘应遵循以下原则。

（1）机会均等的原则：在公司出现职位需求时，公司员工享有和外部应征者一样的应征机会。

（2）全面考察和重点考察相结合的原则：招聘需由用人部门和人力资源部门从知识、能力、技能、品德、经验、健康状况、岗位胜任力等方面共同进行考查，同时重点考察与公司战略、业务和文化密切相关的技能、素质及品性。

（3）公平竞争与择优录用原则：所有应聘人员处于公平竞争地位，同时根据面试评估结果择优录用。

（4）人岗匹配原则：所录用的人员能力须与职位需求保持一致，达到人岗匹配的目的。

4.1.2 可录用人员的基本标准如下。

（1）已满18周岁。

（2）若招聘人员为专职人员，要求同其他单位无劳动关系。

（3）若招聘人员为兼职人员，无要求与其他单位订立劳动关系的限制。

（4）能适应公司的管理方式，认同并接受公司的企业文化。

（5）应具备良好的职业操守，无不良记录，身体健康。

4.2 招聘流程

招聘工作应包含以下流程：提出招聘需求→选择招聘渠道和方法→获得应聘者并进行简历筛选→对应聘者进行面试选拔→讨论并做出初步录用决定→正式录用、签订劳动协议、转移档案。

4.3 招聘计划

4.3.1 招聘需求预测。

（1）公司各部门在如下情况可以提出用人需求。

①缺员的补充：因员工异动如员工调动、退休、晋升等原因，按规定编制需要补充。

②突发的人员需求：因不可预料的业务、工作变化而急需引进特殊技能人员。

③扩大编制：因公司业务发展壮大，需扩大现有人员规模及编制。

④储备人才：为了促进公司目标的实现，而需储备一定数量的各类专门人才，如

大学毕业生、专门技术人才等。

（2）公司各部门每年根据公司发展战略和年度经营目标编制年度计划时，应同时制定本部门年度人员需求预测，填写《人员需求预测表》，如果有招聘需求，同时拟定拟招聘岗位的职责和任职资格描述，一起报送公司人力资源部。

（3）人力资源部综合考虑公司发展、组织机构调整、员工内部流动、员工流失、竞争对手的人才政策等因素，对各部门人力资源需求预测进行综合平衡，制定公司年度人力资源需求预测。

4.3.2 制订招聘计划。

（1）人力资源部根据人员需求和供给预测制订年度招聘计划和具体行动计划，主要内容如下。

①拟招聘岗位名称、工作职责、任职资格（年龄、性别、学历、工作经验等）、拟招聘人数。

②拟招聘采用的渠道和方式。

③拟对应聘者的面试内容及参与实施部门。

④拟招聘结束时间和新员工到岗时间。

⑤招聘预算，包括招聘广告费、交通费、场地费、住宿费、出差津贴及其他费用。

（2）公司年度招聘计划应上报各级领导，批准后方可实行。

（3）年度计划内的招聘由人力资源部直接组织实施。

（4）在计划执行过程中，如果有计划外的人员需求或因员工离职需补充人员，用人部门需按上述程序提出用人需求申请，填写《员工招聘需求申请流程》，经各层级审批后由人力资源部组织实施。

4.4 招聘渠道和方法

4.4.1 内部招聘。

（1）内部招聘是指根据机会均等的原则，公司内部员工在得知招聘信息后，按规定程序应征，公司在内部员工中选拔人员的过程。

（2）当公司出现职位空缺时，应首先在公司内部进行招聘。

（3）公司在内部招聘的实施方法上主要选择内部晋升和内部公开招聘。

（4）内部晋升是指建立在系统的岗位管理和员工职业生涯设计基础上的内部职位空缺补充办法。

（5）内部公开招聘是指当公司出现职位空缺时，公司内部人员均可参加应征，并通过一定的程序和方法，按照择优录取的原则确定最终人选的招聘方式。

（6）人力资源部应通过以下方式将内部招聘信息传达给公司每位员工。

①在公司官网上公布招聘信息。

②通过钉钉等内部网站专门下发内部招聘通知。

4.4.2　外部招聘。

（1）外部招聘是指在出现职位空缺时，公司从社会公开选拔人员的过程。

（2）公司外部招聘主要选择以下渠道进行。

①媒体招聘：通过大众媒体、专业刊物广告、专业人才网站发布招聘信息进行招聘。

②招聘会招聘：通过参加各地人才招聘会招聘。

③校园招聘：每年春季公司将招聘信息及时发往有关学校毕业生就业办公室，并有选择地参加专业对口的院校人才交流会。

④委托猎头招聘：公司所需的高级管理和技术职位可委托猎头招聘。

（3）招募信息的发布：因招聘岗位、数量、任职资格要求、招募对象的来源与范围的不同，同时受新员工到位时间和招聘预算的限制，人力资源部应选择不同的信息发布时间、方式、渠道和范围。

①信息发布形式：公司应根据需要采取招聘现场海报、公司形象宣传资料、媒体广告等一种形式或多种组合发布信息。

②信息发布范围：由招募对象的范围决定，公司应根据招聘岗位的要求与特点，向特定的人员发布招聘信息。

③信息发布时间：在条件允许的情况下，招聘信息应尽早发布。

4.5　应聘人选获取

4.5.1　内部公开招聘应聘者的获取。

（1）公司现有员工报名参加内部招聘需符合以下基本条件。

①在现有岗位上工作满一年以上。

②年度绩效考核应在优良以上，公司不鼓励绩效差的员工内部流动。

（2）公司员工报名参加内部招聘，应填写《员工资料表》，并和自己的部门主管做正式沟通，经部门主管签批后交人力资源部。

（3）收到应聘资料后，人力资源部负责对其进行整理、分类和初步的筛选，然后交用人部门，同用人部门一起根据招聘岗位的要求对收集到的应聘者个人资料进行审查，审查内容包括年龄、学历、工作经历、专业技能、语言能力等，将不符合要求的资料剔出，确定应聘者名单。

4.5.2　公开招聘应聘者的获取。

（1）应聘者在获取招聘信息后，可以通过以下三种方式进行申请。

①通过招聘网站申请信函提出申请。

②直接填写《员工资料表》提出申请。

③通过邮件提出申请。

（2）应聘者需同时向人力资源部门提供以下个人资料。

①应聘申请表（函），且注明应聘职位。

②个人简历，注明联系方式、学历、工作经验、技能、成果、个人兴趣爱好、品格等信息。

③各种学历、技能、成果（包括奖励）证明（复印件）。

④身份证（复印件）。

（3）公司人力资源部在收到应聘资料后，按4.5.1规定的程序进行初步筛选，获取应聘者名单。

（4）在选择外部招聘应聘者时，应考查外部招聘应聘者所在单位、组织的文化和公司文化的吻合程度。对文化特性，比如协作精神、团队精神等，和公司吻合程度高的单位或组织，可以适当加大招聘比例。

4.6 应聘人选测评

4.6.1 测评体系的建立。

（1）人力资源部负责建立涵盖测评方式、测评指标、测评内容和测评小组的人才测评体系，并在实际工作中不断加以丰富和完善。

（2）测评方式包括面试、笔试和情境测试。

①面试是指经过精心设计，在特定场景下，以面对面的交谈与观察为手段，由表及里对应聘者有关素质进行测评的方式。

②笔试是指通过书面形式以若干题目对应聘者的能力和人格进行测评的方式。

③情境测试是指将应聘者置于特定的情境中，由测评者观察其在此情境下的反映，从而判断其个性特点的方式。

（3）测评程序应该包括成立测评小组→确定测评内容→笔试→面试→情境测试→综合评价→确定初步录用人。

①其中对高级管理人员的测评应包括情境测试的内容。

②人力资源部在具体的测评过程中，可以根据岗位的不同，与用人部门一起确定具体的测评程序，灵活地加以运用。

（4）人力资源部应根据拟招聘岗位的工作职责和任职资格要求，设计出该岗位的素质特征，并应着眼于能够产生绩效的素质特征，建立该岗位的测评指标体系。测评指标体系一般应包括以下内容。

①身体素质：包含健康、体力、精力、机体灵敏性和感知能力。

②技能素质：包含专业能力、非专业能力和社会智能素质。

③品德素质：包含职业道德、社会道德和政治道德。

④心理素质：包含价值观、兴趣、追求、气质和性格等。

（5）公司通过面试对应聘者的如下素质进行测评。

①个人信息：指应聘者的主要背景情况。

②举止仪表：指应聘者的体形、气色、外貌、穿着、举止及精神状态。

③专业知识技能：从专业角度了解应聘者掌握专业知识的深度和广度、技能的高低等。

④客户服务意识和团队协作能力：从过去从事的工作和其他经历体现主动工作的客户服务意识和团队合作，共同实现目标的协作能力。

⑤工作经历：包含过去工作单位、担任的职务、工作业绩、薪酬情况和离职原因。

⑥语言表达能力：包括对逻辑性、体态语言和说话内容方式配合的协调性、感染力、影响力、清晰度、准确性等内容的考查。

⑦应变和反应能力，工作态度和工作动机，人际交往能力，控制能力和情绪稳定性。

⑧综合分析能力和组织协调能力：主要考查应聘者能否抓住问题本质、说理透彻、分析全面。

⑨应聘者的其他兴趣和爱好。

（6）公司通过笔试对应聘者的如下素质进行测评。

①专业能力：主要从拟招聘岗位的任职资格要求出发考察应聘者的专业能力。

②非专业能力：主要考察应聘者的逻辑推理能力、思维能力、创造力、数字反应能力、空间想象能力和观察能力。

③社会能力：主要考察应聘者的人际交往能力、社会适应能力、团队合作精神和谈判能力。

（7）情境测试主要用来观察和评价应聘者在该模拟工作情境下的心理和能力，以确定其是否适宜担任某项拟任的工作，预测其能力、潜力和工作绩效的前景，同时发现其欠缺之处，以确定培养、使用的方法和内容。

（8）公司应建立测评小组，负责对应聘者的测评。测评小组主要由人力资源部招聘负责人、用人部门负责人组成，也可聘请外部专家参加。对于重要管理岗位和技术岗位的招聘，应有人力行政中心总监及其他相关中心负责人或高层领导参加。测评小组一般由3～5人组成。

4.6.2 笔试程序。

（1）笔试程序应该包括确定笔试时间和地点→通知应聘者→设计笔试内容→进行笔试→评定笔试结果。

（2）人力资源部应首先确定笔试时间和地点，然后及时通知应聘者。除非在特殊情况下，否则笔试时间和地点不得更改。

（3）招聘负责人应认真回顾拟招聘岗位的工作描述和任职资格，明确各项胜任特征的行为指标，并在此基础上确定笔试内容，并严格做好对笔试内容的保密工作。

（4）笔试时，招聘负责人需提前到达考场，并在笔试过程中对有关问题给予必要的解释和说明。

（5）笔试结束后，招聘负责人要对应聘者的笔试情况给予评定，并确定笔试的最终排名。

4.6.3 面试程序。

（1）面试程序为确定面试时间和地点→通知应聘者→组成面试测评小组→准备面试问题→进行面试→评定面试结果。

（2）在确定应聘者名单后，人力资源部应选定面试时间和地点，并通知应聘者。为了维护公司形象，面试时间和地点一旦确定，除非在万不得已的情况下，不得任意更改。

（3）人力资源部应依据4.6.1（8）的规定组织成立面试测评小组，并明确其主要职责和任务。

（4）面试测评小组应在面试前认真回顾拟招聘岗位的工作描述和任职资格，明确各项胜任特征的行为指标，并在此基础上确定面试问题。

（5）面试测评小组应在面试前认真阅读应聘者的简历等资料，掌握应聘者的基本情况，以便在面试中能灵活地提出有针对性的问题。

（6）面试开始时，测评小组成员应提前到场做好准备。面试人员需对有关要点做好记录，对应聘者的评价需同时填写在《面试评价表》中。

（7）面试结束后，面试人员应在《面试评价表》上填写综合评语和录用意见，签名后交人力资源部。

小组成员应就面试情况进行综合讨论，确定应聘者面试的最终排名。

4.6.4 情境测试程序。

（1）情境测试主要适用于高级管理人才的招聘，其程序参照笔试的程序进行。

（2）测评小组应根据拟招聘岗位的不同，设计出不同的测试题目，题目一般分为以下几类：无领导小组讨论、文件框（也称为文件处理练习）、模拟面谈、演讲、书面案例分析、角色扮演。

（3）测试过程中，测评小组成员应该对参与测试的每位应聘者的表现进行观察，对其做出综合评价，并记录在《情境测试评价表》上，测试结束后交人力资源部。

（4）测试结束后，小组成员应就测试情况进行综合讨论，确定应聘者情境测试的最终排名。

4.6.5 测评结果的确定。

（1）测评程序结束后，测评成员应通过应聘者在笔试、面试和情境测试中的表现进行定量及定性分析。

①定量分析是指针对应聘者在笔试、面试和情境测试中的排名或得分确定最终排名的分析方式，在操作中有如下要点：分析可以采取排名权重法，即对每一名次赋予一定的分值，将应聘者在笔试、面试和情境测试中的排名得分累加即得到这位应聘者的最后分数；分析也可采取得分累加法，即将每位应聘者在笔试、面试和情境测试中

的得分累加，得到这位应聘者的最终分数；视岗位任职资格要求不同，笔试、面试和情境测试的得分在最终定量分析中所占的权重可以有所不同，具体比重由测评小组在测评前确定。

②定性分析是指针对应聘者在笔试、面试和情境测试中的表现进行综合素质及胜任力定性分析。

（2）在定量分析和定性分析的基础上，测评小组应对参加最后一道选拔程序的每一位应聘者进行综合评价，出具《应聘者综合评价报告》，提出初步录用意见，签署意见后，按以下审批权限提交审批。

授权类别	提出	审核	复核	审批	备案
中心负责人级别	人力行政总监		副总经理	总经理	人力资源部
部门经理负责人级别	中心负责人		人力行政总监	总经理	人力资源部
中心助理/主管级别	直属上级	中心负责人	人力行政总监	副总经理	人力资源部
职员级别	直属上级	中心负责人	人力行政总监	副总经理	人力资源部

4.7 员工录用

4.7.1 录用通知。

（1）招聘专员于1周内向面试合格人员发送录用通知书，并告知报到时间和所需准备的资料等。

（2）所准备资料包括身份证、学历证及其他有效证件原件等，交人力资源部审查其真实有效性，并出具与原单位解除/终止劳动关系证明。

4.7.2 办理入职手续。

（1）所有招聘录用的新员工正式上班当日须先向人力资源部报到，并以报到的日期作为起薪日。

（2）人力资源部在新员工入职当天发放《新员工入职手册》、员工工作牌及有关制度文件。

（3）员工入职一个月内，人力资源部应代表公司与员工签订劳动合同，劳动合同一式两份，一份人力资源部存档，一份交新员工自留。

4.7.3 内部录用手续。

（1）招聘专员于1周内向内部招聘合格者发送录用通知书。

（2）人力资源部须为内部录用转岗员工办理转岗、调薪等人事手续办理。

（3）内部录用员工正式转岗当日须到新部门报到，并以到新部门的报到日作为调薪日。

4.8 招聘评估与档案管理

4.8.1 招聘效果评估。招聘工作结束后，人力资源部须对招聘效果进行认真分析，总结经验并寻找改进措施。对招聘工作从以下几个方面进行评估。

序号	评估项目	计算方式	说明
1	招聘数量	录用人数/计划招聘人数×100%	该指标反映了在数量上完成任务情况
2	招聘质量	结构到位率；人员转正率	该指标反映了在质量上完成任务情况
3	招聘成本	录用人数/招聘总成本	该指标反映了单位招聘成本的效果
4	应聘比例	应聘人数/计划招聘人数×100%	该指标反映了招聘信息的发布效果
5	时间评估	到岗所用时间/用人部门期望时间	该指标反映招聘时间满足用人部门需求的能力

4.8.2 招聘档案管理。

（1）内部人才库：人力资源部负责建立内部人才资料库，人才资料包括以下内容。

①当次招聘的第2～3名候选人相关资料。

②公司面试合格但个人放弃应聘机会的人员相关资料。

③不符合目前岗位要求，但可预计到近期有对应需求的人员资料。

④同行业优秀人才相关信息。

（2）招聘资料：人力资源部招聘负责人须在2个工作日内将招聘资料归档，包括以下内容。

①年度及月度招聘计划。

②招聘职位的描述和任职资格，笔试题，面试题等。

③新增应聘人员登记表。

④招聘信息发布资料及其他具备存档价值的招聘资料。

拟定		审核		审批	

8-02　新员工试用期管理制度

××公司标准文件		××有限公司 新员工试用期管理制度	文件编号××-××-××	
版次	A/0		页次	第×页

1.目的

为了规范新员工的试用期管理，特制定本制度。

2.适用范围

适用公司对所有新入职员工的管理。

3.权责

人力资源部负责新员工的试用期管理。

4.管理规定

4.1 入职适应

新员工入职手续办理成功后，进入5个工作日的适应期（含职前培训期，不含节假日）。在此期间如本人提出辞职或由于不适合岗位要求而给予辞退的，企业不给予计薪。

4.2 试用期限

4.2.1 适应期合格者进入试用期，员工试用期一般为3个月（从入职第一天开始）。

4.2.2 有突出表现者可申请提前转正，试用期最少1个月。

4.2.3 试用期结束，不能达到工作要求，部门负责人有权延长其试用期，但最长不得超过6个月。

4.2.4 特殊人才经部门执行总经理级以上领导批准方可免予试用期。

4.3 试用期劳动合同

新员工适应期合格当日，在双方协商一致的情况下，签订试用期劳动合同，共同遵守合同所列的条款。

4.4 试用期跟进

4.4.1 沟通跟进。

试用期间，人力资源部和部门主管要与新入职的员工进行沟通，及时了解新员工在企业中工作的感想，存在的困难，需要寻求的帮助、支持和思想动态等情况。

4.4.2 跟进的时间和依据。

人力资源部须对新进人员进行跟进，跟进时间分别在新员工入职的一周、两周、一个月，由新员工和部门主管填写《新员工跟进表》，该表作为新员工转正考核的依据之一。下属机构四级管理级以上的新员工跟进情况须上报总部人力资源部。

4.5 试用期责任事项

试用期责任事项如下表所示。

序号	新员工		人力资源部		部门主管	
	事项	时限	事项	时限	事项	时限
1	参加职前培训	根据安排	企业文化介绍	入职前三天	业务培训	根据实际情况
2	阅读《员工手册》	入职一周	制度考核	入职十天内	—	—
3	编写工作日志	每个工作日	工作日志检查	每下周一	工作日志汇总检查	每周六
4	描述工作职责	入职一周内	工作职责描述检查	入职十天内	目标分解、工作分配、工作指导	入职一周内

续表

序号	新员工		人力资源部		部门主管	
	事项	时限	事项	时限	事项	时限
5	填写《新员工跟进表》	入职一周、半个月	新员工跟进	入职一周、半个月、两个月	试用期考核	入职一个月、两个月
6	对企业各方面提出意见与建议	入职十五天内	意见收集汇总上报	每个月	—	—
7	提出问题	平常	新员工沟通	平常	新员工沟通	平常

4.6 试用期离职

4.6.1 辞退。

试用期间新员工若有严重违规行为或能力明显不足，应立即停止试用，由其部门负责人填写《员工离职申请表》，陈述事实与理由，报送所在企业人力资源部审核；审核通过后，由人力资源部向被拟辞退员工发出《离职通知书》，同时其部门负责人和人力资源部分别与其做沟通，然后通知本人办理离职手续（详见员工离职管理制度相关规定）。

4.6.2 辞职。

（1）辞职员工要求。

试用期间新员工若要辞职，提前三天向部门负责人提出辞职申请，填写《员工离职申请表》，陈述原因，报人力资源部。

（2）人力资源部的责任。

人力资源部与其部门负责人应分别与其做沟通，了解员工真正离职的原因。了解其在生活和工作中存在的困难并给予帮助与支持，竭力挽留员工的流失。若沟通无效，报企业权限领导审批后办理离职手续（详见员工离职管理制度相关规定）。

4.7 试用期变更

（1）凡需缩短或延长试用期限，其部门负责人应详述原因及理由。

（2）总部全体员工和下属机构四级管理（含）以上人员和特殊技术人员的试用期变更，须经总部人力资源部和执行总经理审核后办理手续。

（3）下属机构其他新人员报所在企业人力资源部审核即可。

拟定		审核		审批	

8-03　新员工综合考核管理办法

××公司标准文件		××有限公司 新员工综合考核管理办法	文件编号××-××-××	
版次	A/0		页次	第×页

1.目的

为了完善现有的考评体系，明确公司的价值导向，不断增强公司的整体核心竞争力；通过对试用期员工的考核沟通，帮助他们尽快了解公司，明确岗位需求，融入公司文化，并为决定新员工的去留及转正定级提供依据，特制定本办法。

2.适用范围

本办法适用于公司入职的所有新员工（职员类，副理以下员工），包括内部异动员工（副理以下员工）。

3.定义

试用期是指在劳动合同期限内所规定的一个阶段的试用时间。在此期间用人单位进一步考察被录用的员工是否真正符合聘用条件，能否适应公司要求及工作需要。同样，员工也可进一步了解用人单位的工作条件是否符合招聘时所提供的情况，自己能否适合或胜任所承担的工作，从而决定是否继续保持劳动关系。公司新员工试用期一般为2～3个月，最长不超过6个月。

4.管理规定

4.1　新员工考核内容

4.1.1　试用期新员工月度考核要素分为工作态度、作业能力、工作绩效三大项。

（1）工作态度：包括责任心、合作性、主动性、纪律性、自我提高的热情、基本行为准则等内容。

（2）作业能力：主要指业务能力，含学习接受能力、解决问题能力、应用创造力、协调能力等岗位必需的能力。

（3）工作绩效：新员工是否能按时、保质保量地完成所布置的工作或学习任务，并达成每月的改进目标。

4.1.2　期终评议结合岗位标准，全面考评员工试用期间的任职资格：品德、素质、能力（应知应会）、绩效、经验。

4.1.3　新员工在辅导期内的考核以其每月个人业绩承诺为主。

4.2　导师制

4.2.1　员工导师、员工所属部门负责人和员工共同承担考核责任，原则上导师为考核评价者，对考核结果的公正、合理性负责；员工的主管为考核责任者，对考核结果负有监督、指导责任。

4.2.2　考核评价者或考核责任人必须就考核结果向被考核者进行正式的面对面的

反馈沟通，内容包括肯定成绩、指出不足及改进措施，共同制定下一步学习和工作目标或改进计划。反馈是双向的，考核者应注意留出充足的时间让被考核者发表意见。考核者与被考核者都负有对考核结果进行反馈、沟通的责任。

4.2.3 导师任职要求。

（1）部门业务骨干或主管，和新员工有相关专业知识背景，业务联系紧密，工作接触多。

（2）对公司有较深刻的认识，责任心强，心态好，思想作风正派，乐于助人。

（3）有较强的沟通能力，善于引导与激励。

4.2.4 导师职责。

（1）对新员工进行业务指导并传授工作经验、工作方法，提高新员工的工作技能。

（2）主动了解并帮助新员工解决工作、学习、生活等方面的困难，使之尽快安定思想，融入工作群体。

（3）对需进行转正答辩的新员工进行辅导，帮助其通过答辩。

4.2.5 导师制实施过程与方法。

（1）确定导师：新员工进入部门前，由人力资源部和部门负责人按导师资格要求确定导师人选。为保证效果，一位导师所带新员工不应超过三名。

（2）制订出新员工培养目标和月度工作计划：导师被确认后，应尽快与新员工见面，并与部门负责人协商，三天内以月度个人绩效计划的形式制订出（可以细化到周）新员工培养目标（计划）；在第一个月内应使新员工明晰其工作定位及职责。

（3）进行辅导和沟通：导师在辅导期内对新员工进行指导，至少每周应正式沟通一次，其他可在工作之余进行非正式沟通，对沟通的情况、反映的问题要有相应的记录。

（4）总结与考核：每个计划月度末，导师和新员工要对计划实施情况进行总结（填写"试用期员工月度总结及考核表"），导师和部门负责人要对新员工进行月度考核，考核责任人必须就考核结果向被考核者进行正式的面对面反馈沟通，内容包括肯定成绩、指出不足及改进措施，并共同制订下月度考核计划。

（5）人力资源部每半年评选一次优秀员工导师，并颁发奖励。

（6）导师对新员工辅导的工作量、效果等将作为个人绩效评价的参考依据之一。

（7）辅导期结束后，导师和人力资源部要在之后四个月的跟踪期内对新员工的工作情况进行跟踪检查。

4.3 新员工转正实施细则

4.3.1 考核的准备及结果应用。

（1）考核信息准备。

员工导师、主管综合各方面收集到的考核信息，客观公正地评价员工，信息来源一般有以下几种。

① 主管记录员工工作过程中的关键行为或事件。

② 员工的历次培训记录。

③ 员工定期工作总结及日常汇报材料。

④ 同一团队成员的评价意见或证明材料。

⑤ 相关部门或个人的反馈意见或证明材料。

⑥ 主管与员工沟通过程中积累的有关信息。

（2）考核结果。

无论是月度考核、期终评议还是综合评定，其考核结果都包括评语和等级（A、B、C、D）两部分。

考核等级（A、B、C、D）的定义如下。

A：杰出。相对于试用期员工而言，各方面都表现突出，尤其是工作绩效方面，远远超出对试用期员工的要求。

B：良好。各方面超过对试用期员工的目标要求。

C：合格。达到或基本达到对试用期员工的基本要求。

D：不合格。达不到对试用期员工的基本要求。

（3）月度考核与期终评议的关系。

综合月度考核和期终评议结果决定员工的转正（提前转正、正常转正、延期转正）、定级与辞退。

① 试用期员工连续两月得"D"者，原则上取消试用资格，不再参加期终评议。

② 其他情况原则上要求参加试用期结束时的期终评议。根据期终评议和月度考核两方面成绩决定其转正定级。

（4）转正。

试用期员工的转正除规定的提前转正、提前辞退外，其他主要看其综合评定结果。

① 综合评定为"D"者，原则上取消试用资格，公司不再聘用。

② 综合评定为"C"者，根据实际情况，给予正常转正或延期转正。延期转正者根据时限内的工作表现进行重新评价，评价内容及程序同上述相关条例。

③ 综合评定为A、B者，公司给予正常转正。

4.3.2　考核的申请。

（1）申请时先由本人填写"新员工转正申请表"，就其在试用期内的业绩、工作技能的提高、劳动态度等方面进行总结，并可就个人特长及团队建设发表看法。上述内容将作为答辩时的主要陈述，新员工据此回答评委的提问。员工导师应根据新员工的工作计划和总结，指导新员工填写申请表。

（2）新员工将填写完整的"新员工转正申请表"，交由其员工导师和直接主管签写意见报交人力资源部，由人力资源部组织答辩会。

4.3.3 答辩。

人力资源部协同业务部门成立新员工转正答辩评审委员会，每次答辩会的评审小组，由该员工所在部门的两名成员，以及人力资源部人员组成，其中部门主管必须参加。

（1）参加答辩会人员：申请转正的新员工、员工导师、评审小组成员。

（2）整个答辩过程包括新员工陈述和评委提问两部分（评委提问的对象主要是新员工本人，但可以根据情况询问该新员工的员工导师）。

4.3.4 转正申报。

（1）新员工通过答辩后，由其所在部门会同人力资源部，根据该员工在试用期的考评及答辩结果，上报人力资源管理部审批。

（2）对试用期内表现较差，或未通过答辩，不符合转正条件的新员工，应适当延长其试用期。

拟定		审核		审批	

第**9**章　员工考勤管理制度

本章阅读索引:

- ·公司考勤制度
- ·请假管理办法
- ·加班、值班管理制度
- ·公司休假管理程序

9-01　公司考勤制度

××公司标准文件		××有限公司 公司考勤制度	文件编号×× - ×× - × ×	
版次	A/0		页次	第×页

1.目的

为了加强劳动纪律和工作秩序,特制定本制度。

2.适用范围

适用于本公司的考勤管理。

3.管理规定

3.1　公司作息

公司上班时间为8:00 ~ 12:00, 13:00 ~ 17:00。

3.2　工作制

3.2.1　公司(总部)一般实行每天8小时标准工作日制度。实行每周5天标准工作周制度,周工作小时为40小时。

3.2.2　其他工作时间制度。

(1)缩短工作时间。主要针对特别繁重和过度紧张劳动、夜班工作、哺乳期的女职工。

(2)计件工作时间。按计件定额工作。

(3)不定时工作时间。主要为公司领导、外勤、部分值班人员、推销员、司机、装卸工等,因工作性质需机动作业的工作岗位。

(4)综合计算工作时间。工作性质为连续作业和受季节影响的岗位。按标准工作日换算为以周、月、季、年等周期计算的工作时间。

3.2.3　遵照国家双休日及法定节假日制度。

（1）每周公休日2天。

（2）法定节假日：

①元旦，放假1天。

②春节，放假3天。

③国际劳动节，放假1天。

④国庆节，放假2天。

⑤法律、法规规定的其他节假日，如妇女节、青年节、建军节、少数民族节日等。

3.3 考勤范围

3.3.1 公司除高级职员（总经理、副总经理）外，均需在考勤之列。

3.3.2 特殊员工不考勤须经总经理批准。

3.4 考勤办法

3.4.1 在有条件的情况下，采用考勤机打卡制度。未采用考勤机的，可填写员工考勤表。

3.4.2 任何员工不得委托或代理他人打卡或签到。

3.4.3 员工忘记打卡或签到时，须说明情况，并留存说明记录。

3.4.4 考勤设置种类。

（1）迟到。比预订上班时间晚到。

（2）早退。比预订下班时间早走。

（3）旷工。无故缺勤。

（4）请假。可细分为几种假。

（5）出差。

（6）外勤。全天在外办事。

（7）调休。

3.4.5 员工须出示各类与考勤有关的证明材料。

3.4.6 考勤统计及评价。

3.4.7 行政主管负责每月填写月度考勤统计表。

3.4.8 公司通过打分法综合评价每个员工的出勤情况。

3.4.9 考勤计分办法。

（1）迟到。迟到10分钟扣2分；迟到10～30分钟扣5分；迟到30～60分钟扣10分；迟到60分钟以上扣20分。

（2）早退。早退10分钟扣2分；早退10～30分钟扣5分；早退30～60分钟扣10分；早退60分钟以上扣20分。

（3）旷工。旷工一次扣20分。

（4）请假超期。一天扣20分。

3.4.10　以100分为基数扣除，考勤成绩分为五级。

（1）优：90分以上。

（2）良：80～90分。

（3）中：70～79分。

（4）及格：60～69分。

（5）差：60分以下。

3.4.11　公司依据员工考勤成绩决定员工的考勤奖励、处罚。

拟定		审核		审批	

9-02　请假管理办法

××公司标准文件		××有限公司 请假管理办法	文件编号××-××-××	
版次	A/0		页次	第×页

1.目的

为规范公司考勤制度，统一公司请假政策，特制定本办法。

2.适用范围

适用于企业的请假管理。

3.管理规定

3.1　请假程序

3.1.1　员工填写请假单，注明请假种类、假期、时间、事由、交接事项，经各级领导审批，并报人力资源部备案。

3.1.2　较长假期须交接手头工作，确保工作连续性。

3.1.3　超假期应及时通告请示有关领导审批。

3.1.4　假满回公司销假，通报人力资源部，并交接工作。

3.2　请假规定

3.2.1　事先无法办理请假手续，须以电话向主管报知，并于事后补办手续；否则以旷工论处。

3.2.2　未办手续擅自离开岗位，或假期届满仍未销假、续假者，均以旷工论处，并扣减月工资。

3.2.3　如因私人原因请假，应优先使用个人工休或年假，其不够部分再行办理请假。

3.2.4　请假以小时为最小单位，补修以半天（4小时）以上计算。

3.2.5　假期计算。

（1）员工请假假期连续在5天或5天以下的，其间的公休日或法定假日均不计算在内。

（2）员工请假假期连续在5天以上的，其间公休日或法定假日均计算在内。

3.2.6 员工的病事假不得以加班抵充。

3.2.7 员工1年内病事假累计超过1个月，不享受当年年假；凡安排疗养或休养的员工，其天数不足年假时，可以补足；凡脱产、半脱产学习的员工，不享受当年年假。

3.2.8 公司中高级职员请假，均须在总经理室备案或审批，并记录请假人联络办法，以备紧急联络、维持正常工作秩序。

拟定		审核		审批	

9-03 加班、值班管理制度

××公司标准文件		××有限公司 加班、值班管理制度	文件编号×× – ×× – ××	
版次	A/0		页次	第×页

1.目的

为明确和规范加班、值班审批程序，有效控制加班，特制定本制度。

2.适用范围

本制度适用于公司全体员工。

3.管理规定

3.1 原则

公司提倡高效率工作，鼓励员工在工作时间内完成工作任务，但对于因工作需要的加班，公司支付相应加班费。各部门应合理安排工作时间，减少不必要的加班，提高工作效率，切实保护员工的身体健康。

3.2 加班

3.2.1 定义：指在日常班次内已保质保量完成定额工作之后，为完成领导安排的额外性工作或超前性工作而延长工作时间，或在节假日、公司规定的休息日仍照常工作的情况。如遇以下情况，可组织加班。

（1）法定节假日、公休日为保护公司的连续运营时。

（2）为保证设备正常运行进行抢修时。

（3）为保证公司的正常运营而处理发生的紧急情况时。

注：属于本职工作范围内的当天工作任务，当日没有完成而延长工作时间的不属于加班。

3.2.2 申报：员工因工作需要确需加班，须在实际加班前一天下午5点前填写《加班申请单》并提交部门经理，经部门经理批准后方可加班，加班人员必须按时打卡。

如遇特殊情况，来不及提前办理审批手续的，应事先经公司领导口头批准，实施后的第二天履行审批手续；未经批准自行安排的加班，不计入加班，也不计入存休。

3.2.3　审核：各部门每月初对员工上月的加班情况进行审核，根据相关规定及考勤机记录填写员工的实际加班时数，报部门经理批准，月初5日内报送人力资源部审核。

3.2.4　加班工资的支付。

（1）公司可在加班后安排调休，若公司不能安排调休，则按规定支付加班工资。

（2）加班费计算标准如下。

$$正常工作日加班薪资 = 正常工作日薪资 \times 150\%$$
$$公休日加班薪资 = 正常工作日薪资 \times 200\%$$
$$法定节假日值班薪资 = 正常工作日薪资 \times 200\%$$
$$法定节假日加班薪资 = 正常工作日薪资 \times 300\%$$
$$正常工作日薪资 = 月工资收入 \div 21.75 天$$
$$正常工作日小时薪资 = 正常工作日薪资 \div 8 小时$$

3.2.5　调休：员工调休须提前填报《调休申请单》，经部门经理和考勤主管批准同意后，报人力资源部审批，方可调休。

3.2.6　原则上同一年度累计调休不超过六天，一次调休不超过两天。

3.2.7　调休在加班年度内有效，且调休不能与春节假期合并使用。

3.3　值班

3.3.1　定义：指在正常班次之外为保证业务工作的正常进行和突发事件的及时处理，由部门安排需延长工作时间或在节假日、公司规定的休息日仍照常工作的情况。

3.3.2　申报：各部门如需安排值班，由部门经理批准通知相关值班人员，并做好值班记录。

3.3.3　审核：每月初由各部门根据值班记录统计值班时数，经部门经理批准后，连同当月考勤报表报给考勤人员。

3.3.4　服务部门周六上午9:00—12:00值班，值班人员值班期间发放值班工资。

注：员工在加班（值班）过程中产生的餐费由个人承担。

拟定		审核		审批	

9-04　公司休假管理程序

××公司标准文件		××有限公司 **公司休假管理程序**	文件编号××-××-××	
版次	A/0		页次	第×页

1.目的

为确保公司对员工休假进行有秩序的管理，特制定本程序。

2.适用范围

适用于公司对所有员工的休假进行管理的相关事宜。

3.管理规定

3.1 病假

3.1.1 员工休病假，超过1天要出具医院开具的假条。

3.1.2 员工休病假的时限，应以假条上的时间为准，遇节假日不顺延。

3.1.3 员工转正开始，员工每年可享受5天带薪病假。

3.1.4 员工带薪病假休满后的规定如下。

（1）如果因病仍不能上班，则应申请进入医疗期，公司将根据病情决定是否批准其进入医疗期，员工只有在患难以治愈的病或非常严重的慢性病时方可进入医疗期。

（2）进入医疗期的，其待遇按公司医疗期制度执行。不批准进入医疗期的，员工又确实不能上班，按无薪病假待遇。

（3）员工连续休经公司批准的无薪病超过15天后，公司按照国家有关规定，每月发给全市最低工资60%的基本生活费，按其基本生活费的标准缴纳养老保险，并按规定报销医药费，其他待遇不再享受。待合同期满，不再续定劳动合同。

3.1.5 员工无论休何种病假，必须按时递交有效的医生诊断证明，请部门经理批准，否则按旷工处理。

3.2 年假

3.2.1 公司规定员工的年假为12天/年。

3.2.2 上班满6个月可开始休假（满一个月则享有一天年假）。

3.2.3 年假遇节假日顺延。

3.2.4 员工休年假必须考虑有关客户的要求及所在部门的工作安排，休年假必须提前2周申请，并经主管同意。

3.2.5 公司希望员工利用年假的机会使身心得到调整。人力资源部将在每个自然年度开始时，通知每位员工应享受的年假。该年假的有效期为1年，不再累计。

3.2.6 员工如愿意放弃年休假，年假期间的工资按日工的基本工资的2倍计算。

3.3 工伤假

3.3.1 员工在工作期间发生工伤事故，直接主管应立即到现场调查受伤情况，并立即做出处理，并报告至CEO和人力资源部。

3.3.2 公司根据医生的诊断确定是否需要给予工伤假。

3.3.3 员工休工伤假享受全薪。

3.3.4 员工休工伤假期间，应按照公司的要求定期到指定医院进行检查。

3.4 婚假

3.4.1 女职工年满23岁前结婚，有薪婚假3天。

3.4.2 女职工年满23岁后结婚，有薪婚假10天。

3.4.3 男职工年满25岁前结婚，有薪婚假3天。

3.4.4 男职工年满25岁后结婚，有薪婚假10天。

3.4.5 男、女职工婚前体检可享受半天全薪假。

3.5 产假

3.5.1 产假所涉及的假期，均应包含节假日，即遇节假日不顺延。

3.5.2 员工妊娠期间每月可享受半天全薪假以供月检。

3.5.3 员工生育可享受90天全薪产假。

3.5.4 年龄24周岁以上生育第一胎者，可延长一个月带薪产假。

3.5.5 如遇难产，可凭医院证明增加有薪产假15天。

3.5.6 多胞胎生育的，每多生一个婴儿，增加产假15天。

3.5.7 男员工可以在妻子生育后享有一天陪产假。

3.5.8 女员工生育后的第一次流产，公司将依据医生的诊断证明给予15天带薪假，以后的流产全部按无薪病假计算。

3.6 丧假

3.6.1 父母、养父母、继父母、配偶父母、配偶或子女死亡：8天。

3.6.2 祖父母、兄弟、姊妹死亡：4天。

3.7 倒休假

3.7.1 员工在休息日加班后，经部门经理批准，可以享受因休息日加班产生的倒休假。

3.7.2 员工休倒休假时，须考虑部门工作的安排，并应提前两周申请，经主管同意。

3.7.3 员工休倒休假时，应在请假单后附有部门经理批准倒休的加班申请单。

3.7.4 倒休假只限当年有效。

3.8 公共假日

员工享受下列法定公共假日。

3.8.1 劳动节：1天。

3.8.2 新年：1天。

3.8.3 春节：3天。

3.8.4 国庆节：3天。

3.8.5 清明节：1天。

3.8.6 端午节：1天。

3.8.7 中秋节：1天。

3.8.8 女员工可在妇女节享有半天公休（遇休息日不顺延）。如国家政策有调整，则遵循国家政策。

3.9 事假

3.9.1 事假是无薪假，公司根据工作安排决定是否批准员工休无薪假。

3.9.2 事假最长不超过2周。

3.10 请假批准权限

直接主管在一个月内对同一员工批准假期时限为5天，5天以上由部门经理批准。

3.11 请假程序

员工填写请假单，报主管、经理批准后，送至人力资源部。

拟定		审核		审批	

第10章 员工异动管理制度

本章阅读索引：

- 员工调动管理办法
- 员工晋升管理办法
- 岗位轮换管理制度
- 员工离职管理规定

10-01 员工调动管理办法

××公司标准文件		××有限公司 员工调动管理办法	文件编号××-××-××	
版次	A/0		页次	第×页

1.目的

为使公司员工工作调动、自我申报及员工外派支援事宜有所依循，特制定本办法。

2.适用范围

适用于公司员工工作调动、自我申报及外派支援作业的管理。

3.作业内容

3.1 员工工作调动

3.1.1 调动员工工作的原则。

（1）应集团或公司整体组织发展需求。

（2）为配合生产经营需要，调动员工工作。

（3）为历练员工，提高员工的业务素质和工作能力，调动员工工作。

（4）调入单位需有组织空缺。

（5）调动的员工需符合岗位求及人才规格。

3.1.2 员工工作调动的种类。

（1）部门内调动。

（2）跨部门调动。

（3）跨关系企业调动。

3.1.3 员工工作调动的审批程序。

（1）部门内调动的程序。

公司以部门为单位的内部人员调动，由单位权责主管核准后自行办理；另告知人力资源部门。

（2）跨部门调动。

①遇5人以上情况时由申请单位填写《人力资源异动申请表》附专案报告，说明调动人数、原因、生效日期，并随附调动人员名单，送交人力资源单位会签后，依核决权限呈送权责主管核准后实施。

②遇5人以下调动情况，可分别填写《人力资源异动申请表》，依上述程序呈报。

（3）跨关系企业调动。

由申请单位填写《人力资源异动申请表》，附专案说明，由双方管理单位及权责主管会签后执行。

3.1.4 员工工作调动作业的实施。

（1）经核准的员工工作调动资料应及时送交人力资源单位。

（2）人力资源单位依核准的调动资料做好下列事宜。

①及时调整相关资料。

②科级及六职等以上人员以部为单位内部调动及跨部门调动时，由管理处发布人力资源异动公告。

③办理跨部门调动员工的人力资源档案及请假卡调转事宜。

3.1.5 员工工作调动的工作交接。

调动工作的人员，须于人力资源异动命令生效前，按规定将工作交接完毕。单位直接主管要认真做好监督管理，调动工作的人员须完整地做好工作交接后，方可在调动生效日接受新的工作。

3.1.6 员工跨公司调动的相关事宜。

（1）自员工跨公司调动生效日起，异动员工与原公司签订的劳动合同即行终止，并与调入公司重新签订劳动合同，集团内年资合并计算。

（2）异动员工的工资由调入公司依当地物价水平等相关资料重新调整核发。

（3）异动员工异地调动到调入公司报到的交通费及路途膳杂费按员工《出差管理办法》规定办理，并由调入公司报销。

（4）其他相关福利依调入公司现状办理。

3.2 员工外派支援

员工经指定外派者需至少服务半年以上且表现绩优，如不符合，则需专案呈核。外派支援种类分为短期外派支援和长期外派支援两种。

3.2.1 短期外派支援：外派支援在半年以内者。其规定如下。

（1）外派支援费用的处理。

（2）支援人员的薪资依支援公司标准不变。

（3）外派国内支援人员在支援期间超时加班按支援公司加班规定办理，外派国外支援人员依相关规定支领日支费者，以任务完成为目标，不得申报加班费用。

（4）由支援公司支付的上述费用，由受援公司负担，并以财务转账形式处理。

3.2.2　长期外派支援。

长期外派支援：外派支援在六个月以上者，以调动方式处理。

3.3　自我申报

3.3.1　员工在同一职位期满两年以上，因个人工作需求、兴趣及志向，或因公司需要申请调职，可提出自我申报。

3.3.2　员工从人力资源单位领取自我申报表并填写完毕，呈权责主管核准，交人力资源单位参照实际状况汇办。

拟定		审核		审批	

10-02　员工晋升管理办法

××公司标准文件		××有限公司 **员工晋升管理办法**	文件编号××-××-××	
版次	A/0		页次	第×页

1.目的

为激励员工士气及肯定表现绩优的员工，并使员工晋升管理规范化，以有效达成组织培养人才的目的，特制定本办法。

2.适用范围

适用于本公司所有员工的晋升作业。

3.权责

3.1　人力资源部职责

3.1.1　人力资源部负责全公司组织的架构、人员编制的汇总、监督管理，包括各部门人员编制数量的增、减、补，人员编制名称、职级设定的监督管理。

3.1.2　负责公司各类人员晋升管理工作的具体组织、实施及协调。

3.1.3　员工晋升作业办理、人员晋升的相关培训及晋升评鉴。

3.2　各部门职责

3.2.1　员工晋升的提报。

3.2.2　各部门负责对公司人员晋升整个过程的配合管理。

3.3　部门经理、总经理职责。

3.3.1　部门经理负责本部门组织架构、人员编制的确认、核实，对晋升人员的相关培训及晋升评鉴。

3.3.2　总经理负责对各部门新增、变更组织架构/人员编制及晋升人员的最终审核。

4.管理规定

4.1 晋升的第一种形式：提名晋升的作业规范

4.1.1 所有人员的晋升每次原则上均以晋升1个级别为限。

4.1.2 实习主管晋升主管职务者应以同级为原则，不得跃级晋升。

4.1.3 员工当年度受警告或记小过（含）以上处分者，分别自惩处生效日起6个月内不得办理晋升。

4.1.4 根据员工绩效考核情况，对表现不佳的员工也可做降级处理。

4.1.5 员工每次晋升到上级别时，薪资的调整方式为：基本工资调整至拟晋升级别标准最低级工资起点，各项福利、津贴调整至拟晋升级别标准。

4.1.6 管理人员在任拟晋升职务试用期间的薪资调整方式为：基本工资调整至拟晋升级别标准低级工资点，各项福利、津贴调整至拟晋升职务级别的标准。若试用不合格，则调回原岗位或由公司另安排，其薪资将随岗位改变。

4.2 员工晋升提拔需符合如下条件

4.2.1 晋升人员学历要求：凡晋升非生产类B级（含）以上人员，学历要求为大专（含）以上。

4.2.2 级别晋升条件表。

级别晋升条件表

晋升职级	原任职级	晋升条件	
		任原职时间	考核成绩
A级	B级	12个月	最近一次工作表现考核成绩：非管理类在85分以上，管理类在95分以上
B级	C级	8个月	
C级	D级	5个月	
D级	E级	3个月	

4.2.3 职位晋升条件表。

职位晋升条件表

晋升职务		原任职务		晋升条件		
等级	职务	等级	职务	任原职时间	教育训练	考核成绩
A	副总经理	A	总监	30个月以上	完成个别培训计划	最近一次工作表现考核成绩：非管理类在85分以上，管理类在95分以上
A	总监	A	经理	24个月以上	完成个别培训计划	
A	经理	B	主管	10个月以上	完成个别培训计划	

续表

晋升职务		原任职务		晋升条件		
等级	职务	等级	职务	任原职时间	教育训练	考核成绩
B	主管/实习主管	C	助理/师傅	8个月以上	完成B级管理人员培训	最近一次工作表现考核成绩：非管理类在85分以上，管理类在95分以上
		C	非主管职			
C	助理/组长	C	班/组长	6个月以上	完成C级管理人员培训	
		D	文员			
D	组长/文员	E	员工	3个月以上	完成组长管理人员培训	

（1）员工晋升组长级（含）以上职务时，须参加人力资源部组织的相应的管理人员培训课程，并考试合格。

（2）晋升主管级（含）以上人员未经过相应的管理人员培训者应以"实习主管"任用。

（3）拟晋升员工工作表现优秀但未达晋升任职时间要求者应以"实习主管"任用。

（4）二次聘用人员如在离开公司后又重新聘用者，提报晋升时其任职时间须以最近入职日期计算。

（5）晋升主管职务者须符合当年度公司组织编制要求，但若有为公司新事业单位储备培养管理人员的任务时，其晋升不在此限，在呈报时须附注相关说明。

（6）晋升为C、D级职位需经本部门经理提名，人力资源部经理面谈审核，报人事总监，总经理批准。

（7）晋升为B级（含）以上职位需经本部门经理/厂长提名，人事总监面谈审核，报总经理批准。

4.3　实习主管职务的实习期限与考评规定

4.3.1　实习主管职务人员自实习职务生效之日起考评期限为3个月。考评期满，经权责经理考核合格且经过相应晋升强化培训者可予以转正。

4.3.2　实习主管职务人员经实习期满后经考评如不能胜任所任职务，经呈报权责经理核准，取消其所实习职务，恢复到原职务、职级及薪资标准。

4.4　晋升作业审核程序规定及需提报的资料（见下表）

晋升职务	晋升审核程序规定				晋升所需提报资料			
	笔试	面谈评鉴	自我工作总结报告	人事异动申请单	晋升人员最近一次考核成绩	工作业绩达成统计资料	组织架构与人员编制	晋升培训情况（试用期后确定是否转正用）
D级文员、班长	√	√		√	√		√	√
C级文员、组长	√	√		√	√		√	√
C级组长	√	√		√	√	√	√	√
B级主管	√	√	√	√	√	√（指车间）	√	√
A级经理	√	√	√	√	√	√（指车间）	√	√
A级总监（含）以上	√	√	√	√	√		√	√

晋升作业审核程序规定及需提报的资料

说明如下。

4.4.1　各部门经理可根据相应组织架构与人员编制空缺状况进行部门晋升人员推荐，并提报拟晋升人员所需晋升资料，由人力资源部首先进行书面审核作业，通过书面审核者按照晋升程序相关规定进入下一程序审核。

4.4.2　晋升人员需先经过笔试，笔试内容主要为《专业技术能力考试题》，笔试合格后再进入面试。面试以《综合素质机构化考试题》为大纲，上级评委参考《专业技术能力考试题》和《综合素质机构化考试题》的分数及提报的一些业绩资料，填写"职员晋升审批表"并给予是否晋升的具体意见。上级评委就评鉴结论、被评鉴人优缺点及改进事项向被评鉴人回馈。

4.4.3　面谈评鉴未通过者，下次晋升同一职位时可重新提报。

4.4.4　晋升组长人员尚需提报本人晋升前半年内每月的业绩达成统计资料。

4.4.5　人事资料更新：人力资源部将"人事异动表"《协议书》存档，并完成组织架构图。

4.5　晋升的第二种形式：内部竞聘作业规范

4.5.1　竞聘目的。

为了达到人尽其才的目的，公司欢迎本公司员工竞聘空缺职位，可根据人力资源部发布的招聘信息，填写"内部竞聘申请表"，在人力资源部办理相关手续。

4.5.2　组织竞聘。

（1）内部竞聘公告：人力资源部发布招聘通知，申请员工填写"内部竞聘申请表"并依表格由相关主管、经理签名确认，方可报名参聘。

（2）初次筛选资料：按竞聘要求初次审定参聘人员与参聘条件的符合性。

（3）组织测评：根据测评时间、组织初次筛选合格人员进行测评。

（4）综合评估、录用：根据晋升办法对测评结果进行综合评定，符合条件的人员予以录用。

（5）结果公布：对录用人员人力资源部以通知形式向全公司通告。

（6）录用人员到职跟踪：人力资源部招聘负责人跟踪已录用人员到职情况，并同相关部门协调、沟通，做好相关交接工作。

（7）人事资料更新：人力资源部人事文员将"人事异动表"《协议书》存档，并完成组织架构图。

4.5.3 竞聘原则。

（1）公平、公正、公开原则。

（2）竞聘人员必须入职达3个月以上。

（3）鼓励人才的适当流动，但必须把握好各部门关键岗位、技术岗位人才的稳定性原则。

（4）采用部门负责人对报名人员签名确认同意，对符合条件人员积极配合参聘的原则。

（5）人力资源部选用内聘之前务必了解公司人力资源状况，依实际人力需求慎重选择。

4.5.4 评鉴规定。

按照4.1"提名晋升的作业规范"办理。

4.6 正式晋升前的职能强化培训

晋升课程安排。

（1）晋升必修课程分三种类型：A级晋升必修课、B级晋升必修课、C级晋升必修课。

（2）所有获得A、B、C级晋升提名的人员，人力资源部将分发一份晋升必修课程表给每个晋升人员。

（3）晋升A、B、C级人员，晋升试用期为3个月，在试用期3个月内必须完成人力资源部规定的晋升必修课程学习。

A、B、C级人员晋升，培训课程表由人力资源部统一计划安排，每月月底会将下一个月培训的具体时间、受训人员、课程内容安排表等提前知会所有参加晋升提名的学员并要求其予以确认，如学员因临时受训时间安排有问题，需提前两天通知人力资源部，以便商议更改课程日程安排。

（4）A、B、C级晋升课程学习，必须在晋升试用期3个月内学完，并接受人力资源部统一命题考试，如在3个月内未学完晋升必修课程，将取消晋升提名的资格。

4.7 晋升人员考试规定

4.7.1 所有接受晋升培训学习的人员，必须参加人力资源部统一命题考试，考试成绩满60分以上（包括60分）为合格分数线。

4.7.2 考试成绩不满60分者，将延长晋升试用期，而且须再任选一门必修课程学习，学习完毕后安排补考，补考成绩如再不满60分者，则取消晋升资格。

4.7.3 考试成绩合格者由部门经理填写转正考核表，人力资源部经理审核，总经理最后批准，签批资料由人力资源部归档，并颁发培训结业证书。

4.7.4 考核转正表、考试合格试卷及人员异动单，由部门经理填写，人力资源部经理审核，副总经理或总经理签批，所有签字生效资料将列入人力资源部存档、备案。

4.7.5 人力资源部根据完整的信息资料出示人事通告，向全公司告知晋升职员的职称及任职到岗生效时间。

拟定		审核		审批	

10-03　岗位轮换管理制度

××公司标准文件		××有限公司 岗位轮换管理制度	文件编号××-××-××	
版次	A/0		页次	第×页

1.目的

为了轮换岗位及人员的选定，以及对轮换计划的制订到实施和轮换结果的考察等岗位轮换管理全过程进行规范，特制定本制度。

2.适用范围

适用于总经理、部门经理级以下员工。

3.管理规定

3.1 岗位选定

3.1.1 由人力资源部定期与各部门沟通，选定出可以轮换和必须轮换的岗位，经人力资源总监审核批准后，做出公示。

3.1.2 轮换岗位分为强制轮换类、建议轮换类和个人意愿轮换类。

3.1.3 岗位轮换分为部门内轮岗和跨部门轮岗。

3.1.4 轮换形式分为短期轮岗和调动性轮岗。

3.2 人员选定

3.2.1 凡任职于必须轮换岗位的工作人员，工作满2年的，必须进行轮岗。由人力资源部根据轮换岗位的工作职责，与各部门协商制定岗位轮换的周期，并根据上述要求筛选出必须轮换的人员名单。

3.2.2 各部门工作人员可以根据自身职业发展的规划，在部门经理同意的前提下，向人力资源部提出轮岗申请，由人力资源部根据岗位与人员的匹配要求，制定出自愿轮岗人员名单，并备案。

3.2.3 人力资源部根据岗位轮换的要求，对轮换人员进行考察、测评，确认其与要轮换岗位的匹配度，最终定出岗位轮换人员名单，报人力资源部经理审核、批准。

3.3 计划与实施

3.3.1 人力资源部根据岗位轮换名单，与轮出和轮入部门协商，定出轮岗计划。

3.3.2 轮岗的实施遵循以下几点原则。

（1）不能对岗位轮出和轮入部门的工作产生较大影响。

（2）有利于参与岗位轮换的人员提高自身综合素质及工作绩效。

3.3.3 岗位轮换计划有短期计划和长期计划，长期岗位轮换计划的实施参考《工作调动管理规定》。短期岗位轮换计划中，其本身工作关系仍在原部门，只是在规定时间内到轮换岗位从事指定的工作。

3.3.4 岗位轮换计划包括轮换的部门、岗位、轮换时间、轮换岗位的职责。所有参加轮换的人员必须填写"岗位轮换人员登记表"，由相关部门协商、审核，报人力资源部批准、备案后，按计划实施。

3.4 监督与考核

3.4.1 人力资源部对所有参与轮岗的人员进行全过程的跟进，轮岗结束后轮岗人员写出工作总结，由轮入部门进行评价。

3.4.2 轮岗过程中表现优秀的人员，公司将会做出适当奖励，考核结果作为工资调级和个人晋升的依据。

3.4.3 短期轮岗结束后，轮岗人员按计划回到原工作岗位。

拟定		审核		审批	

10-04　员工离职管理规定

××公司标准文件		××有限公司 员工离职管理规定	文件编号××-××-××	
版次	A/0		页次	第×页

1.目的

为规范公司员工的离职管理，维护公司和离职员工双方的合法权益，特制定本规定。

2.适用范围

本规定适用于公司全体员工的离职管理。

3.管理规定

3.1 离职与合同的解除、终止

3.1.1 辞职：是指在任职期间内，由员工提出解除劳动合同的行为。

（1）一般员工提前30天以书面形式通知公司，中层以及关键岗位提前60天以书面形式通知公司，可以解除劳动合同。

（2）员工在试用期内提前3天以书面形式通知公司，可以解除劳动合同。

3.1.2 辞退：是指在任职期间内，员工不合格或工作表现、学识、技能等不符合公司要求，或因劳动合同无法继续履行等，公司决定解除与员工劳动合同的行为。

（1）员工在任职期间有下列情形之一的，公司可以即时解除劳动合同。

①在试用期间被证明不符合录用条件的。

②严重违反公司规章制度的。

③严重失职、徇私舞弊，给公司造成重大损害的。

④同时与其他用人单位建立劳动关系，对完成公司的工作任务造成严重影响，或者经公司提出，拒不改正的。

⑤提供虚假信息或实施其他欺诈行为，致使公司错误决定录用的。

⑥被依法追究刑事责任的。

（2）员工在任职期间有下列情形之一的，公司须提前30天以书面形式通知员工本人，可以解除劳动合同。

①员工患病或非因工负伤，经治疗后不能从事原工作，也不能从事公司另行安排的工作的。

②员工不能胜任工作，经过培训或调整工作岗位，仍不能胜任工作的。

③劳动合同订立时所依据的客观情况发生重大变化，致使劳动合同无法履行，经协商未能就变更劳动合同内容达成协议的。

3.1.3 自离：是指在合同期内，员工未经公司批准而擅自离开工作岗位的行为。有下列情况之一者，公司将按员工自动离职处理，并暂时冻结其工资直至办完离职交接手续。

（1）月累计旷工超过3天（含）或年累计旷工超过5天（含）者。

（2）未按正规手续申请离职而自行离开工作岗位者。

（3）已申请离职但未办妥离职交接手续而自行离开公司者。

3.1.4 劳动合同终止

有下列情形之一的，劳动合同终止。

（1）劳动合同期满的。

①公司提出不再续签劳动合同：是指合同期满，公司根据情况不再与员工续签劳动合同，并提前30天通知员工的行为。

②员工提出不再续签劳动合同：是指合同期满，员工不愿与公司续签劳动合同，并提前30天通知公司的行为。

（2）员工达到法定退休年龄或开始享受基本养老保险待遇的。

（3）法律、行政法规规定的其他情形。

3.2　离职的程序

3.2.1　解除或终止劳动合同，劳动合同当事人都应依公司规章制度和劳动合同的规定填写《辞职申请表》。未按规定填写《辞职申请表》的，不视为正式的、有效的书面通知行为。

3.2.2　员工辞职程序。

（1）员工填写的《辞职申请表》应向本部门负责人提交，部门负责人收到申请表后，应进行离职面谈，了解离职原因，如实填写《离职面谈表》并签署意见。

（2）《辞职申请表》经本部门负责人、总监、行政人事部总经理逐级审批通过后，由行政人事部通知辞职员工离开公司的确切日期以及办理工作、财物交接等事宜。

（3）在确定交接事宜完毕后，行政人事部为辞职员工开具《解除/终止劳动合同证明》。

3.2.3　公司辞退程序。

（1）员工有3.1.1或3.1.2规定的情形，部门负责人有提请行政人事部解除该员工劳动合同的建议权，并填写《解除劳动合同情况说明》，经部门总监签字批准后，报行政人事部核查、总经理核准。

（2）行政人事部将《解除劳动合同通知书》送达被解除劳动合同的员工。

（3）被解除劳动合同员工办理好工作、财物交接后，行政人事部为辞退员工开具《解除/终止劳动合同证明》。

3.2.4　自离程序。

（1）用人部门应将每天员工擅自缺勤的异常报告行政人事部。

（2）达到自动离职条件的，公司将《解除劳动合同通知书》送达被解除劳动合同的员工，对于拒绝签收或者联系不上的员工，公司将通过挂号邮递或其他形式（电子邮件、手机短信、微信等员工在公司登记的各种联系方式）予以通知。对公司造成损失的，公司将追究当事人责任。

3.2.5　劳动合同终止程序。

（1）公司不同意与员工续签劳动合同的，给员工发放《终止劳动合同通知书》，对于拒绝签收或者联系不上的员工，公司将通过挂号邮递或其他形式予以通知。

（2）员工不同意续签的，应于下发《续订劳动合同通知书》3天内以书面形式回复行政人事部。

（3）被终止劳动合同员工办理好工作、财物交接后，行政人事部为员工开具《解除/终止劳动合同证明》。

3.3 离职谈话

3.3.1 员工离职时，该部门负责人或直属上级需与离职员工进行谈话，谈话完成下列内容。

（1）了解辞职原因与动机。

（2）审核文件、资料的所有权。

（3）审查其了解公司秘密的程度。

（4）审查其掌管工作的进度和角色。

（5）回答员工可能有的问题。

（6）征求对公司的评价及建议。

3.3.2 员工离职时，行政人事部应与离职员工进行谈话，谈话完成下列内容。

（1）了解辞职原因与动机。

（2）审查其劳动合同及薪资福利状况。

（3）了解员工入职以来的工作业绩。

（4）解答员工可能有的问题。

（5）征求对公司的评价及建议。

3.4 离职交接

3.4.1 在行政人事部通知办理工作、财物交接之日，离职员工应按《离职交接清单》所列项目，逐项办妥公司财物、文件、资料、办公用品等事宜的交接工作。

3.4.2 原工作岗位中由其保管办理的项目、账册以及公司的各项文件和客户资料等，须于离职前移交至直属上级指定的人员或相关部门。

3.4.3《培训协议》中培训违约金由行政人事部核算。

3.4.4 相关接收人须在对应项目栏签字确认，接收人在工作、事务交接时，须认真审查，不当之处须及时更正。如离职人员正式离职后，才发现财物、文件资料亏欠未清的，由接收人与该部门负责人负责追回。

3.4.5 离职员工在交接签署好的《离职交接清单》上，对离职交接内容签名确认后，报行政人事部存档。

3.5 离职结算

3.5.1 结算项目：工资、经济补偿金、违约金、赔偿金、未报销费用等。

3.5.2 结算费用由财务部于员工离职当月实际薪资发放日统一结算。

3.6 社会保险和公积金

3.6.1 公司在员工办理完离职交接手续后，方可对员工的社保和公积金关系进行转移手续。

3.6.2 员工未按照公司规定办理离职手续致使公司不能为其办理相关手续的，由此而产生的责任由员工负责。

3.7　离职分析

3.7.1　人力资源部应将离职员工人事档案与在职员工工人事档案分离。自离职生效之日起，离职员工人事档案保存时间不得少于2年。

3.7.2　人力资源部每月应做一次离职员工分析报告，主要从离职员工结构、离职原因等方面进行分析，并提出改进措施，使员工流失率控制在合理的范围。并遵守公司的规章制度，若有违反将按公司相关制度给予惩戒。

3.7.3　离职人员在离职后被发现由于原工作失误而造成的后续经济损失，相关负责人向人力资源部出具书面证明后，可以在离职后从其个人收入中扣除，并及时电话通知到该离职员工。

3.7.4　管理人员不按规定擅自、随意解除或者终止员工劳动合同造成不利后果的，公司将根据情节轻重给予不同程度的惩戒。

3.7.5　凡自离人员及违反公司规定辞退的人员，公司将不再予以录用。

拟定		审核		审批	

第11章 员工培训与开发管理制度

本章阅读索引：

- 培训需求计划控制规定
- 员工培训管理制度
- 外派培训管理办法
- 新员工试用期指导人管理办法
- 技能操作人员培训"师带徒"管理办法

11-01 培训需求计划控制规定

××公司标准文件		××有限公司 培训需求计划控制规定	文件编号××-××-××	
版次	A/O		页次	第×页

1.控制目标

（1）确保培训计划能够从提高部门与员工的绩效出发，通过培训缩短员工已有能力与公司战略目标所要求的能力之间的差距。

（2）确保培训费用预算的合理性。

2.适用范围

适用于集团培训中心编制集团公司及各下属分公司的年度培训需求计划和培训费用预算。

3.管理规定

3.1 主要控制点

集团公司及分公司各部门经理审核确定本部门培训需求计划及预算。

3.2 特定政策

3.2.1 培训需求仅指与公司主营业务相关的技术类和管理类培训。

3.2.2 培训课程清单由人力资源部审批确认，培训中心负责每季度对其做出必要的调整，并下发至集团公司各相关部门及集团各下属分公司。

3.2.3 各相关部门应在充分调研的基础上，由部门经理牵头，组织综合管理员及所属部门业务骨干参加讨论会，确定部门培训需求。

3.2.4 各部门在提出年度培训需求时，须包括预估的技术类和管理类短期外出培训费用，并作为培训费用的一部分，上报人力资源部审批。学员学业修满后，须持相关证件复印件及财务票据报人力资源部办理相关手续。

3.2.5 由人力资源部提供经理层管理人员的管理类培训需求计划。

3.2.6 质量体系培训需求由质量管理部汇总各部门提出的需求后，上报培训中心，一般情况下，培训中心除了对培训时间做调整外，须严格执行质量体系培训。培训内容由质量管理部确定，具体课程安排由培训中心制定后与质量管理部确认，质量管理部也可以向培训中心提供相关教材。

3.2.7 培训中心要依据国家、省、市经贸委教育工作会议精神，对培训需求计划做及时、合理的调整，并纳入培训课程计划中。

3.3 培训需求计划流程

培训需求计划流程如下表所示。

培训需求计划流程

步骤	涉及部门	步骤说明
1	培训中心培训管理员	每年9月下旬向集团公司、分公司的各相关部门及各下属分公司发送关于编制下一年度培训需求计划的通知
2	相关部门综合管理员	根据部门业务发展计划及员工职业生涯发展计划，结合培训中心提供的培训课程清单，开展培训需求调查。培训需求调查之后，与部门经理共同组织相关业务骨干参加讨论会，确定部门培训需求，在此基础上编写培训需求分析报告和培训需求计划
3	相关部门综合管理员	参照培训课程清单，为培训需求计划拟定预算，对于课程清单上未涉及的部分，将预算部分空出交由培训中心填写，之后将培训需求计划表提交部门经理
4	相关部门经理	依据所掌握的情况对培训需求的必要性、时间安排的合理性、未来培训对象、预算等事项进行审批
5	相关部门综合管理员	若部门经理审批不通过，则按批示修改调整培训需求计划表，如有需要，可与相关部门经理进行讨论
6	相关部门综合管理员	若部门经理审批通过，则将培训需求计划表上报培训中心培训管理员
7	培训中心培训管理员	收集汇总各部门培训需求计划，对培训课程清单中未涉及的新增培训需求进行初步分析，以预估培训中心提供相应课程所需的成本，将各部门培训需求计划提交培训中心主任
8	培训中心主任	审核各部门的培训需求计划，并对新增部分的预估价格的合理性进行审核，之后结合年度经营目标中确定的培训费用预算，对培训需求加以平衡

续表

步骤	涉及部门	步骤说明
9	培训中心主任	若审核不通过，则将无法满足培训需求的原因与部门经理进行沟通，并加以确认
10	培训中心培训管理员	若培训中心主任审核通过，则为新增培训需求部分填写预估的价格后，将培训需求计划重新下发各相关部门
11	相关部门综合管理员	将重新下发的培训需求计划提交主管副总经理审阅，参见人力资源规划流程
12	培训中心培训管理员	根据公司培训需求计划，编制培训课程实施计划，提交培训中心主任
13	培训中心主任	审阅培训课程实施计划是否与培训需求一致
14	培训中心培训管理员	若培训中心主任审批不通过，则根据批示修改培训课程实施计划
15	培训中心培训管理员	若培训中心主任审批通过，则公布培训课程实施计划并抄送一份给人力资源部经理
16	培训中心主任	每季末编制培训实施情况季报表

拟定		审核		审批	

11-02　员工培训管理制度

××公司标准文件		××有限公司 **员工培训管理制度**	文件编号×× - ×× - ××	
版次	A/0		页次	第×页

1.目的

为提高员工的综合素质，适应公司业务发展的需要，形成人力资源储备，为公司人力资源战略规划与发展提供有力的支持，特制定本制度。

2.适用范围

适用于集团公司机关人员，各部门管理人员、特殊工种人员。

3.培训内容、对象、师资与组织者

3.1　培训种类

公司员工的培训体系由两部分组成，即内部培训和外部培训。内部培训指由公司组织师资力量，在公司内部进行的培训，外部培训指经公司同意，员工在公司外部参加的各种培训。

3.2　内部培训

3.2.1　新员工培训。

新员工培训的内容如下。

（1）公司发展的历史、现状、前景。

（2）公司经营业务范围。

（3）公司短、中、长期发展战略。

（4）公司组织结构和规章制度。

（5）公司经营理念和企业文化。

3.2.2　岗位职责及流程培训。

岗位职责及流程培训的内容包括员工所在岗位的职责、权力，业务及管理流程关系，岗位工作关系。

3.2.3　岗位业务技能培训。

岗位业务技能培训包括员工所在岗位开展工作所需的业务知识及技能的培训，如销售部的市场维护、人力资源部的绩效考核等方面的技能培训。

3.3　外部培训

3.3.1　外部培训的内容如下。

（1）管理技能培训，即针对公司的高层、中层、基层管理者开展的管理类知识与技能的培训，例如企业管理、市场营销、人力资源管理等方面的培训。

（2）专业技能培训，即与岗位有关的、公司目前在内部培训中尚未包括的专业知识及技能的培训。

（3）其他教育培训与进修，即与个人能力提升有关的培训。

3.3.2　员工可根据自身需要填写由人力资源部下发的"培训需求调查表"以获得外部培训机会。

3.4　公司可使用的培训师资

公司可使用的培训师资包括公司内部师资和公司外部师资两类。

3.4.1　公司内部培训师资，包括总裁、分管副总裁、人力资源部人员、部长及其他有一定专长、具备一定讲解能力的员工。

3.4.2　公司外部培训师资，指从外部公司聘请的可担任特定内容讲解的专业讲师。

3.5　权责部门

3.5.1　公司整体培训活动由人力资源部负责统筹规划、组织协调、具体实施和控制。

3.5.2　其他部门负责人配合人力资源部进行培训的实施、控制及异常情况的追踪。

4.管理规定

4.1　培训计划的制订

4.1.1　培训计划的制订者。

内部培训计划、外部培训计划均由人力资源部制订。

4.1.2　培训计划的制订时期。

（1）年度培训计划的制订时期。

人力资源部应在每年12月之前向各部门发放"内部培训需求调查表""外部培训需求调查表"，要求各部门在本月最后10个工作日之前将本部门培训需求提交人力资源部。人力资源部汇总各部门培训需求，据此在本月最后5个工作日之前制订公司年度培训计划。

（2）季度培训计划的制订时期。

人力资源部应在每季度第一个月5个工作日之内向各部门发放"培训需求调查表"，要求各部门对在年度培训计划中列明的部分予以确认或提出新的培训需求，各部门应在本月最后10个工作日之前将本部门培训需求提交人力资源部。人力资源部汇总各部门培训需求，据此在本月最后5个工作日之前制订公司季度内部培训计划和季度外部培训计划。

4.1.3　培训计划的组成部分。

（1）培训目标。

（2）培训内容。

（3）培训的组织者。

（4）培训对象。

（5）培训时间。

（6）培训地点。

（7）培训方式。

（8）培训预算。

4.1.4　培训计划的审批。

人力资源部每年年末填写"年度培训计划申请表"，每季度末填写"内部培训计划申请表""外部培训计划申请表"，经分管副总裁审批后，制定与申请表相应的培训实施计划，提交分管副总裁审批。

4.2　内部培训组织程序

4.2.1　内部培训计划包括新员工培训计划、岗位职责及流程培训计划、岗位业务技能培训计划。

4.2.2　新员工培训组织程序。

（1）新员工培训的培训对象为新入职员工，新员工培训旨在使其了解公司的运作过程，适应公司的企业文化和人际关系，熟悉工作环境，从而提高工作绩效。

（2）每季度人力资源部应组织内部培训师资，制订累计不少于2小时的新员工培训计划。新员工培训计划经分管副总审批后执行。

（3）新员工培训的人数一般情况下应在3人（含）以上，若培训员工人数不足3人，则人力资源部应根据实际情况决定是否执行新员工培训计划。

（4）新员工培训一般应安排在新员工入职后一个月内，若新员工由于工作原因无法在规定日期内参加培训，应由新员工所在部门负责人向人力资源部说明情况，确定新员工可参加培训的时间。

（5）人力资源部根据培训计划，填写《新员工培训安排通知单》，发放至各部门负责人，要求各部门负责人安排新员工按照规定的时间和地点准时参加培训。

（6）人力资源部负责培训实施过程的协调、组织和控制工作，并记录每位新员工的表现情况。

（7）人力资源部负责在培训过程中记录培训员工的表现情况，同时为新员工建立培训档案。人力资源部负责将受训员工的培训情况通知所在部门。

（8）未参加新员工培训的员工，不得参加公司组织的其他培训，不得转正。

4.2.3 岗位职责及流程培训程序。

（1）岗位职责及流程培训的对象为新入职的员工、岗位调整的员工及其他需要培训的员工，旨在使员工明确岗位职责和本岗位所处的流程环节。新入职的员工、岗位调整的员工必须参加本项培训。

（2）每季度人力资源部根据岗位所在部门提出的岗位职责及流程培训需求制订累计不少于2小时的培训计划。

（3）岗位职责及流程培训应在员工到岗后一个月内进行，若到岗员工由于工作原因无法在规定日期内参加培训，应由该员工所在部门负责人向人力资源部说明情况，确定新员工可参加培训的时间。

（4）岗位职责及流程培训由人力资源部督促各部长组织师资力量。

（5）人力资源部负责在培训过程中记录培训员工的表现情况，并记入员工培训档案。人力资源部负责将受训员工的培训情况通知所在部门。

4.2.4 岗位业务技能培训。

（1）岗位业务技能培训的组织者为人力资源部，实施者为公司各部门的负责人，培训对象为需要提高业务技能的员工，本项培训旨在提高公司员工的业务知识和技能。

（2）每季度人力资源部根据岗位所在部门提出的岗位业务技能培训需求制订累计不少于2小时的培训计划。

（3）岗位业务技能培训应在员工到岗后一个月内进行，若到岗员工由于工作原因无法在规定日期内参加培训，应由该员工所在部门负责人向人力资源部说明情况，确定新员工可参加培训的时间。

（4）岗位业务技能培训由人力资源部督促各部长组织师资力量。

（5）人力资源部负责在培训过程中记录培训员工的表现情况，并记入员工培训档案。人力资源部负责将受训员工的培训情况通知所在部门。

4.3 外部培训组织程序

4.3.1 外部培训计划由人力资源部组织实施。

4.3.2 员工参加外部培训，需同人力资源部签订外部培训协议。外部培训协议中应明示外部培训应达到的目的、要求、成果、费用承担等项目。

4.3.3 若员工未能达到培训协议的约定，人力资源部对培训期间的费用不予报销，若员工占用工作时间参加外部培训，人力资源部应妥善进行工作安排，考虑是否要求员工承担误工费用。

4.3.4 外部培训的组织过程参见《人力资源管理流程》《人力资源管理流程配套程序》。

4.4 培训管理

4.4.1 培训考勤规定。

（1）学员应按时参加培训，如有事不能参加者，应提出推迟培训申请，由部门负责人审批后交人力资源部存档。

（2）培训期间，迟到、早退、缺勤等情况，参照《员工考勤与假期管理制度》中的处理办法处理。

（3）员工在职培训严格执行考勤制度，无故不参加培训或缺课者，按旷工对待。

4.4.2 培训档案管理。

（1）人力资源部负责将全体员工所有参加培训的名称、表现及成绩等内容，记录汇总成员工培训档案。

（2）员工培训档案由人力资源部保管，允许培训员工本人及其上级领导查阅，对其余人员保密。

4.4.3 培训费用，每年度人力资源部编制培训预算，提交公司总裁审批后执行。人力资源部培训费用从培训预算中按计划列支。

4.5 培训评估

4.5.1 培训评估分培训前和培训效果两个阶段进行。

4.5.2 培训效果评估分反应、学习、行为、结果四个方面进行。

（1）员工参加培训学习的反应及主观感受。

（2）员工参加培训学习，实际学到了什么知识。

（3）员工参加培训学习后，在岗位实际操作中有多大程度的改观。

（4）通过质量、数量、安全、销售额、成本、利润、投资回报率等可以量化的指标来考察，培训产生了什么样的结果。

4.5.3 培训评估的形式可采用自我评估、课程评估、教学评估等。各级培训组织部门对每次培训进行一次培训总结，告知培训评估结果。

拟定		审核		审批	

11-03 外派培训管理办法

××公司标准文件		××有限公司 外派培训管理办法	文件编号××-××-××	
版次	A/O		页次	第×页

1.目的

为规范外派培训管理，保证外派培训质量，特制定本办法。

2.适用范围

适用于对外派培训人员的选择与管理。

3.管理规定

3.1 外派培训人员产生办法

3.1.1 人力资源部根据公司发展需要制订年度外派培训计划。

3.1.2 根据公司工作、生产急需，各部门经理提出外派培训需求，纳入外培计划。

3.1.3 年终被评比为优秀部门经理、优秀员工者。

3.1.4 其他有关政府机关通知外派培训，公司领导根据工作情况决定是否参与。

3.2 外派培训人员资格

3.2.1 必须有一定的授课水平，具备进行再培训的能力。

3.2.2 具备相应的专业水平、文化素养。

3.2.3 培训内容为集团发展和当前生产、工作所必需。

3.2.4 有长期为公司服务的计划。

3.3 审批程序

3.3.1 外派员工统一填写"员工外派培训申请表"，上报人力资源部，经逐级审批通过后方能取得外派培训资格，审批后人力资源部与外派人员签订《培训协议书》，外派人员持此批件申请费用。未经公司同意私自外出参加培训者，培训费用自负，占用工作时间者，按考勤制度处理。

3.3.2 副总裁、总裁助理、分公司总经理外出培训须经总裁批准。

3.3.3 集团各部负责人、分公司副总经理外出培训必须经主管副总裁批准，总裁同意。

3.3.4 其他员工外出培训必须经部门负责人批准，主管副总裁同意。

3.4 外派培训人员履行责任

3.4.1 完成培训任务，自返回公司10个工作日内在相关部门、岗位开展再培训课程。

3.4.2 再培训结束后上交培训资料至档案室。

3.5 费用报销标准

3.5.1 外派培训费用包括培训学费、杂费、交通费、食宿费等各项费用，培训费暂由公司垫付。

3.5.2 自培训结束之日起，每满一年，报销个人外派培训费用的一半；满两年，个人承担部分全部报销；不满一年离职的，不能享受此待遇。

3.6 外派培训考核细则

3.6.1 考核目的。

（1）搜集员工反馈意见，为今后外派培训工作提供指导方向。

（2）考核外派培训员工学习效果，同时为公司培养内部培训师，最大限度地利用培训资源。

3.6.2 考核方式：接受再培训学员民意调查与考核机构考核相结合。

3.6.3 考核机构成员：外派培训人员所属部门负责人、分管副总裁、人资部负责人、培训主管。

3.6.4 考核办法及权数分配。

考核办法及权数分配

考核内容及权数分配		考核等级得分权数		
		优良	一般	差
民意调查（60%）	教授内容	2	1	0
	语言条理	1	0.5	0
	课堂气氛	1	0.5	0
	授课风格	1	0.5	0
	课前准备	1	0.5	0
考核机构（40%）	教授内容	2	1	0
	学员成绩	2	1	0
	课前准备	1	0.5	0

3.6.5 考核结果的计算方法。

（1）外派培训学员考核得分=（民意调查学员的平均分×60%）+（考核机构平均分×40%）。

（2）外派培训学员考核得分≥8分为优良，平均成绩<6分为差，介于两者之间的为一般。

3.6.6 考核实施。

（1）全体受训人员填写"外派培训民意调查表"。

（2）公司再培训课程结束后，对接受再培训学员考试。平均得分≥8分为优良，<6分为差，介于两者之间的为一般。

（3）考核机构成员填写《外派培训人员考核表》。

（4）人力资源部依据两次考核分数，做出最终评分并存档。

3.6.7　考核结果运用。

（1）考核成绩优良的公司最终承担培训学费100%；考核成绩差的，取消今后的外派培训资格。其余报销项参照《外派培训细则》的相关规定。

（2）考核结果存入个人档案，作为提薪的重要依据之一。

拟定		审核		审批	

11-04　新员工试用期指导人管理办法

××公司标准文件		××有限公司 新员工试用期指导人管理办法	文件编号××-××-××	
版次	A/0		页次	第×页

1.目的

为了规范新员工试用期管理，加强对新员工的指导，使其尽快熟悉并融入企业，掌握岗位必需的知识与技能，同时为新员工转正考核提供依据，并确保转正后的新员工符合岗位需求标准，特制定本办法。

2.适用范围

适用于本集团各部门试用期新员工及其指导人。

3.管理规定

3.1　指导人的确定

3.1.1　由各部门主管在人力资源部确定新员工到岗日前2个工作日确定，并将新员工指导人名单报至人力行政中心培训开发部。

3.1.2　在××公司就职9个月以上、业务技能娴熟、工作经验丰富、工作态度端正的员工均可担任新员工职业指导人，但每位职业指导人不能同时指导两名以上的员工。

3.2　指导人的职责

职业指导人主要负责对试用期的员工进行帮扶、指导。

3.2.1　制订月指导工作计划。以确定指导人的日期为准，两个工作日内提交工作计划。下月依此类推。

3.2.2　帮助新员工熟悉工作和生活环境（就餐等）、日常上班的常规流程（打卡等）。

3.2.3　在新员工参加完公司组织的入职培训后对其进行岗前知识技能培训。

3.2.4　帮助新员工熟悉岗位工作内容、掌握工作流程与标准，并对其工作进行相应的指导。

3.2.5　定期与新员工沟通，了解新员工最新动态；正式谈话1次/周，谈话要有书面记录，部门留存一份，提交培训开发部存档一份。提交时间：面谈结束后一个工作日内提交。提交方式：以文本格式提交。

3.2.6 对新员工试用期工作能力、工作态度、业绩进行考核，督促新员工按期上交转正材料。

3.2.7 指导人每月进行一次指导工作总结，并将总结交培训开发部一份存档。提交时间：每月25日下午17：30分之前。提交方式：以电子版格式放至公司临时共享文件夹中培训开发部的文件夹内。三个月指导工作结束，进行一次总的总结并提交至培训开发部，提交时间：第三个月的25日17：30分之前。提交方式：以电子版格式放至公司临时共享文件夹中培训开发部的文件夹内。

3.3 对新员工职业指导人的跟踪与考核

3.3.1 培训开发部负责不定期对指导人工作的跟踪考核。跟踪采取检查记录和抽调员工面谈两种方式。培训开发部的跟踪、访谈要有存档记录。

3.3.2 由培训开发部组织，人力行政中心相关领导和人力资源部相关人员参加，每一个半月进行一次指导人和新员工座谈，新员工和职业指导人分别进行总结。根据个人总结情况，由人力行政中心领导提出改进建议并做出下一步要求。

3.3.3 半年考核一次，由指导人上级主管、被指导员工和培训开发部评分。根据指导效果与考核结果，在半年度评出最佳指导人，给予物质奖励。奖励金额：＿＿元/人。

拟定		审核		审批	

11-05　技能操作人员培训"师带徒"管理办法

××公司标准文件		××有限公司 技能操作人员培训"师带徒"管理办法	文件编号×× - ×× - ××	
版次	A/0		页次	第×页

1.目的

本办法旨在帮助新员工尽快熟悉工作岗位，掌握工作技能，建立人力资源储备库，建设公司人才梯队，同时提高员工对公司的认同度，增强归属感，提高员工队伍稳定性。

2.适用范围

新入职直产员工、质检员、设备维修学徒工及其他上岗实习周期较长、技能操作型岗位的"蓝领"和辅助"蓝领"员工均适用本办法。

3.职责分工

（1）人力资源部负责制订、推动"师带徒"计划并监督实施效果，跟踪被辅导员工学习成长情况及各阶段工作完成情况，组织技能综合考评工作，并评定师傅工作成果。

（2）师傅负责传授专业技能、指导工作方法、端正工作态度；配合人力资源部跟踪被辅导员工成长情况及考评等工作。

（3）技能考评小组负责对被辅导员工进行技能综合考评，鉴定师傅工作成果。考评小组由相关各部负责人、高级技师及相关技术人员等组成。

4.实施细则

4.1 师傅资格

4.1.1 师傅由部门领导初审推荐，人力资源部根据选拔标准及原则审核批准。

4.1.2 具体选拔标准如下。

（1）技术类：在公司任职1年以上，持有国家劳动部颁发的中级以上职业资格证，具有丰富的专业工作经验，被公司评为技术骨干的人才。

（2）操作类：在公司任职半年以上，近3个月内无人为质量问题或人为工作失误，无安全事故，具备多能工技能的一线人员。

4.2 师徒配置

员工分配到相应岗位后，根据其培养方向，由部门负责人为其配置师傅，报人力资源部确认和备案。为营造"师带徒"良好氛围，鼓励班组符合任职资格的员工积极参与"师带徒"活动。在班组师资力量充足的情况下，禁止出现一人连续带徒现象。若师资有限，一名师傅原则上最多可同时配置2名学徒。

4.3 辅导周期

辅导周期自确立师徒关系到完成员工技能鉴定为止，具体时间要求如下。

员工类别	辅导周期/月
直产工人	3
质检员	3
设备维修学徒工	3～6
其他综合技能型岗位	3～6

4.4 辅导要求

师傅自与员工确定师徒关系之日起，认真培养员工岗位技能，传授专业知识，指导工作方法，端正工作态度，全面培养岗位合格人才。为保证辅导效果，师傅须定期填报《学习训练表》，"师带徒"时间在3个月以内的每月填报一份，6个月（含）以上的，每3个月填报一份，于每月30日上报至人力资源部备案。

4.5 考评办法

4.5.1 学员综合考评。

师傅根据《学习训练表》，对新学员工作完成质量、效率、技能提升情况以及工作态度进行评价考核，人力资源部对考核结果进行跟踪确认。"师带徒"期限结束前

10个工作日，学员可申请综合考评。考评由人力资源部组织，技能考评小组实施。主要内容为岗位技能测评，测评方式为现场实操答辩。测评不合格者参加补充培训，经补充培训仍不合格者公司有权解除劳动合同或实习协议。

4.5.2 师傅综合考评。

为了保证"师带徒"工作扎实有效的开展，在学员综合考评后5个工作日内，人力资源部会同相关部门完成对师傅教学成果的综合考评，根据考评得分及对应的考评系数确定师傅实际奖励额度（实际奖励额度=基础奖励×"师带徒"期限×考评系数）。具体考评内容如下。

序号	考核指标	权重/%	考核标准
1	学习记录表的完整、及时性	20	每缺少一项扣10分
2	新员工转正现场实操答辩	70	实际得分=实操成绩×70%
3	学员对师傅综合评价	10	实际得分=综合成绩×10%
4	否决项：质量事故、安全事故、违纪		出现任意一项否决项0分

注：否决项具体解释见4.6.3。

4.6 考评激励

4.6.1 为提高师傅带徒的工作积极性，设置师傅带徒专项奖励。"师带徒"期间每月基础奖励100元。如果师傅或新学员一方工作出现异动，导致学习终止，则视同此次"师带徒"学习任务未完成，师傅奖励津贴不予发放。如新学员辅导期满，考核达标，则根据师傅综合考评系数计发奖励津贴。师傅奖励津贴一般在学员辅导期满完成考核的下一个月，随工资一次性发放。

4.6.2 为提高员工队伍稳定性，加强班组建设，赋有管理职能担任师傅的员工（班组长），奖励津贴在学员入职满6个月后予以发放。在本公司的工龄不足6个月的学徒流失，"师带徒"奖励津贴不予发放。

4.6.3 "师带徒"期间，如学员有下列情况之一的，对师傅实行一票否决，取消其奖励津贴。

（1）发生人为质量事故，包括并不局限于质量管理部发布《质量控制奖励处罚制度》中规定的应受到质量事故处罚的情况。

（2）发生《工伤管理规定》中约定的符合申报工伤的人员伤亡等重大安全事故。

（3）发生违反国家法规或严重违反公司相关管理规定的。

4.6.4 一年之内两次考评系数低于0.9（含）的师傅，将取消师傅资格。

拟定		审核		审批	

第12章 薪酬管理制度

本章阅读索引：

- 薪酬管理制度
- 员工福利管理制度
- 岗位及薪酬调整制度

12-01 薪酬管理制度

××公司标准文件		××有限公司 薪酬管理制度	文件编号××-××-××	
版次	A/0		页次	第×页

1.目的

为规范集团公司薪酬管理，按照集团公司经营理念和管理模式，遵照国家有关劳动人事管理政策和《集团公司人力资源管理总规章》，制定本制度。

2.适用范围

适用于本公司员工薪酬的管理。

3.管理规定

3.1 总的要求

3.1.1 薪酬管理原则。

本公司的薪酬管理制度必须贯彻按劳分配、奖勤罚懒和效率优先兼顾公平三大基本原则以及根据激励、高效、简单、实用原则，在薪酬分配管理中要综合考虑社会物价水平、公司支付能力以及员工所在岗位在公司的相对价值、员工贡献大小等因素。

3.1.2 薪酬增长机制。

3.1.2.1 薪酬总额增长与人工成本控制。

工资增长要坚持国家规定的"两低于原则"，建立与企业经济效益、劳动生产率和劳动力市场相应的工资增长机制。

工资总额的确定要与人工成本的控制紧密相连，加强以人工成本利润率、人工成本率和劳动分配率为主要监控指标的投入产出效益分析，建立人工成本约束机制，有效控制人工成本增长，使企业保持较强的竞争力。

3.1.2.2 员工个体增长机制。

对员工个人工资增长幅度须根据市场价位和员工个人劳动贡献、个人能力的发展来确定，对企业生产经营与发展急需的高级紧缺人才，市场价位又较高的，增薪幅度要大；对本企业工资水平高于市场价位的简单劳动的岗位，增薪幅度要小，甚至不增薪。对贡献大的员工，增薪幅度要大；对贡献小的员工，不增薪或减薪。

3.1.3 根据聘任、管理、考评、薪酬分配一体化的原则，集团公司总部各类人员、各事业部的经理、各分公司、控股子公司的总经理及其他由集团公司直接聘请的员工的薪酬分配统一由集团公司人力资源部管理，并实行统一的岗位绩效等级工资制度。

3.1.4 各控股子公司、事业部聘任的员工的薪酬分配办法由聘任单位在集团公司人力资源部的指导下，根据本制度与本单位的工作实际需要，自行制定，但需报请集团公司人力资源部批准。

3.1.5 薪酬总额管理与控制。

3.1.5.1 集团公司年度薪酬总额计划由集团公司人力资源部根据集团公司主要经济指标完成情况，实施总量控制与管理。

3.1.5.2 集团公司总部与各分公司、各事业部的薪酬总额均要严格执行集团公司年度分解计划。

3.1.5.3 集团公司人力资源部负责各分公司、各事业部的薪酬总额的控制与管理。

3.1.6 薪酬类别如下。

薪酬类别与结构表

序号	类别	结构	适合人群
1	年薪制	基薪+效益收入	集团公司董事长、（副）总经理、控股子公司总经理与部分部门经理
2	岗位绩效工资制	岗位工资的一定比例作绩效考核工资（比例应不小于40%）	签订正式劳动合同、其所在岗位又不宜实行计件和计时工资制的员工
3	简单计件、计时工资制	（1）计件工资额＝计件单价×实际件数（2）计时工资额＝计时单价×实际工作时数	订立非正式劳动合同的临时工、离退休返聘员工及可实行计时、计件工资制岗位的正式员工
4	佣金制	固定工资+绩效工资+提成	营销职位
5	项目工资制	固定工资+绩效工效+项目奖	研发职位

3.2 年薪制

3.2.1 适用范围。

3.2.1.1 集团公司董事长、总经理、副总经理。

3.2.1.2 下属法人企业总经理。

3.2.1.3 董事与部门经理是否适用，由董事会决定。

3.2.2 工资模式。

集团公司经营者与其业绩挂钩，其工资与年经营利润成正比。

年薪=基薪+风险收入

3.2.2.1 基薪（其标准参照岗位绩效工资）按月预发，根据年基薪额的1/12支付。

3.2.2.2 风险收入，在集团公司财务年度经营报表经审计与个人绩效经考评后核算计发。

3.2.3 实行年薪制员工须支付抵押金，若经营业绩不良，则用抵押金充抵。

3.2.4 年薪制考核指标还可与资产增值幅度、技术进步、产品质量、环保、安全等指标挂钩，进行综合评价。

3.2.5 年薪制工资制度（略）。

3.3 佣金制度

3.3.1 适用范围。

集团公司营销部门的员工。

3.3.2 佣金结构。

岗位工资+绩效工资+提成奖金。

3.3.3 佣金制度工资制度（略）。

3.4 项目工资制

3.4.1 适用范围。

集团公司研究开发部门（基础研究、新产品开发、战略发展研究、工程项目、技改项目等）的员工。

3.4.2 项目工资结构。

岗位工资+年功工资+绩效工资+项目奖金。

3.4.3 岗位绩效工资的确定。

研究开发人员的岗位绩效工资按其所参与的项目的重要性和其在项目中的身份来确定，即其所在岗位的岗位绩效工资的一定比例（比例详见下表）

研究开发人员的岗位绩效工资比例表

项目中的身份	重大项目	重点项目	一般项目
项目负责人	1.7	1.3	1.15
子项目负责人	1.4		
项目参与人	1.2	1.1	1.0

3.4.4 项目奖金。

根据对项目的中间成果、年度研发业绩等的鉴定与考评结果，对项目研究开发人员实行一次性奖励。

3.4.5 项目工资制度（略）。

3.5 岗位绩效工资制

3.5.1 适用范围。

集团公司签订正式劳动合同、其所在岗位又不宜实行计件和计时工资制度的所有员工。

3.5.2 工资结构。

工资结构分为基本薪酬与非基本薪酬两大部分。

3.5.2.1 基本薪酬。采用岗位绩效工资制，其构成包括下列三项：年功工资、岗位工资、绩效工资。其中岗位工资与绩效工资也合称为岗位绩效工资。

3.5.2.2 非基本薪酬，即津贴，包括加班津贴、高温津贴、倒班津贴、全勤奖金以及其他经集团公司认定的津贴。

3.5.3 年功工资。

3.5.3.1 按员工为企业服务年限长短确定，鼓励员工长期、稳定地为企业工作。

3.5.3.2 年功工资根据本公司工作的实际年功长短，员工连续工龄每满一年按元计算。

3.5.3.3 年功工资的增加均以满周年后的次月起计算。

3.5.3.4 新进员工1年内不能享受年功工资，满1年后的次月开始享受年功工资，员工1年内实际出勤不满半年的，不计当年工龄，不计发当年年功工资。

3.5.3.5 年满55周岁的所有员工不再计算年功工资。

3.5.4 岗位绩效工资。

3.5.4.1 根据劳动技能、劳动责任、劳动强度、劳动环境确定，具体见集团公司"薪酬等级表"。

3.5.4.2 根据集团公司经营状况变化，可以变更岗位绩效工资标准。

3.5.4.3 员工根据聘用的岗位和等别，核定岗位绩效工资等级，初步确定岗位在同类岗位的下限一等，经1年考核，再调整薪等。

3.5.4.4 根据变岗变薪（级）原则，晋升增薪（等），降级减薪（等）。工资变更从岗位变动的后1个月起调整。

3.5.4.5 除副总经理外的所有副职（含助理职）的岗位绩效工资标准计算公式为

专职副职（含助理职）的岗位绩效工资标准＝正职岗位绩效工资标准 × 0.8

兼职（同时兼职一科长或主管职位）的副职（含助理职）的岗位绩效工资标准＝所兼职主管或科长职位的岗位绩效工资标准 × 1.2（或比照确定其工资序列）

3.5.4.6 年满55周岁的非年薪制员工的岗位绩效工资计算公式为

$$年满55周岁的非年薪制员工的岗位绩效工资＝54周岁时的岗位$$
$$绩效工资年功工资之和 \times 0.6$$

3.5.5 加班津贴。

3.5.5.1 公司因工作上的需要，而要求员工于法定休假日继续完成勤务时，则应依照员工加班时间，采用计时制方式计算应支付的加班津贴。

3.5.5.2 除法定要求支付加班工资的日期在员工加班时应支付加班工资外，其余任何人、任何部门不得以任何理由申报、审批、发放加班津贴。确因工作需要安排加班，在适当的时候安排补休。

3.5.5.3 员工出差期间，遇有法定休假日，不发加班工资，在其回公司后在适当的时候安排补休。

3.5.6 倒班津贴。

公司为倒班员工支付倒班津贴，其标准中班为_____元、夜班为_____元。

3.5.7 全勤奖金。

全勤奖金是为奖励员工在每一全勤奖金计算期间内（一季）的全勤者（无迟到、早退、旷工、私自外出、请假以及经集团公司认定的其他情况，并且绩效考评分平均在80分以上）而设立的奖励项目，其给付标准为每一全勤奖金计算期间（一季）全勤奖金额为_____元。

3.6 简单计时、计件工资制

3.6.1 适用范围。

可以实行简单计时、计件工资制的岗位。

3.6.2 计件工资按月发放，其计算公式为

$$计件工资额＝计件单价 \times 实际件数$$

3.6.3 计时工资实行日工资月发制，其计算公式为

$$计时工资额＝计时单价（日工资单价）\times 实际工作时（日）数$$

3.6.4 人力资源部须会同各业务部门、财务部对这些实行简单计时计件工资的员工的工作业绩（经营成果）、工作态度、各种休假（出勤）、加班情况进行汇总，确定其实发工资额。

3.6.5 计件工资岗位执行计件工资制，其岗位工资将作为加班、休假等计发待遇的基数。

3.6.6 计件工资员工享有的各种补贴、津贴一并在月工资中支付。

3.6.7 简单计时、计件工资办法（略）。

3.7 薪酬调整

3.7.1 薪酬在适当期内应予以调整。薪酬调整分为确定性调薪与临时调薪两类。调

薪原则上每年一次，每年的3月1日为薪酬调整日。但是当物价指数急剧变化（通货膨胀与通货紧缩）以及公司认为有特别的必要时，也可以进行临时性薪酬调整。

3.7.2 确定性调薪也称定期调薪，包括自动调薪和考核调薪两大部分，其规定如下。

3.7.2.1 自动调薪，即员工年功调薪。

3.7.2.2 考核调薪的原则是，对于基本薪酬中的岗位绩效工资，根据人力资源部评估的员工的年度工作业绩、工作能力、工作态度等的考核结果，符合加薪条件的员工给予员工所在岗位的岗位绩效工资的10%×12个月的标准，与年终奖一同一次性给付，不能累积。

3.7.3 新进员工，原则上均自所派任职位的第一薪等起薪，但有下列情形之一者，可以提高其薪等一至二等。

3.7.3.1 其所具工作经验，已超过该等所需专业工作三年以上。

3.7.3.2 其所具能力特别优异，且为本公司很难招聘到的人才。

3.7.4 职位变动时的薪酬调整（横向调整）。

3.7.4.1 由低薪级职位，调任高薪级职位工作，应改支所调任职位对应的薪级，薪等不变。

3.7.4.2 由高薪级职位，调任低薪级职位工作，应改支该低薪级职位对应的薪级，薪等不变。

3.7.5 晋职与降职时的薪酬调整（即纵向调整）。

分为两种情况。

3.7.5.1 同一职级的不同等的晋职与降职，按同一级工资的对应的等做出薪酬调整（即纵向调整）。

3.7.5.2 跨职级晋职或降职，则调整为相应职级的对应职位的薪级的第一等起薪。

3.7.6 临时调薪。

3.7.6.1 当发生下列情况时，应进行临时调薪，其标准由集团公司董事全与工会召开联席会议确定。

（1）公司经营效益发生重大变化。

（2）社会物价水平的提高或降低。

（3）劳动力市场的供求变化与工资行情变化。

（4）其他集团公司认定的情况变化。

3.7.6.2 员工遇有下列情形时，可由其部门经理向人力资源部申请临时调薪（纵向调整），以资鼓励。

（1）有特殊功劳表现。

（2）中途录用的员工、具有优秀的技能与成绩。

（3）为同行业间竞相争取的人才。

（4）其他总经理认可的情况。

3.8　年终奖金

3.8.1　年终奖金每年发放一次。公司根据年度经营业绩，对企业经济效益做出较大贡献的员工给予奖励。

3.8.2　年终奖金兑现的前提。

集团公司净资产收益率等经济效益指标达到了董事会的要求，对于凡没有达到分解指标要求的各部门、事业部、分公司一律不予发放。

3.8.3　年终奖金支付的标准。

3.8.3.1　签订年度经营管理目标责任书的经营管理人员与销售人员按事先约定的标准兑现。

3.8.3.2　其他员工的发放标准：个人本年度平均月工资额×加发月数×员工年度考核系数。

3.8.4　年终奖金计算期间为每年1月1日～12月31日。

3.8.5　年终奖金的发放，与一年第12月岗位绩效工资一同或单独发放，但最迟也应在春节前5天汇到员工工资账户上。

3.8.6　年终奖金领取的资格。

3.8.6.1　在年终奖金计算期间，对于已离职者或于领取当月申请离职者，则取消其年终奖金领取资格。

3.8.6.2　在年终奖金计算期间，实际工作时间不足3个月者，取消其年终奖金领取资格。

3.9　新进员工试用期的薪酬

3.9.1　试用期间的工资为（基本工资＋岗位津贴）的80%。

3.9.2　试用期间被证明不符合岗位要求而终止劳动关系的或试用期间员工自己离职的，不享受试用期间的绩效奖金。

3.9.3　试用期合格并转正的员工，正常享受试用期间的奖金。

3.10　薪酬计算与扣除

3.10.1　员工月度工资（年终奖金）总额的计算与核发程序。

3.10.1.1　人力资源部负责组织相关部门对员工进行月度（年度）考核，确定每位员工的月度（年度）绩效考评系数。

3.10.1.2　相关管理部门提交对员工的其他考核资料（扣罚理由与金额）。

3.10.1.3　人力资源部根据员工个人绩效考评结果、其他考核资料与员工岗位绩效工资（年终奖金）标准，计算出员工个人月度工资（年终奖金）总额并按部门、二级部门、班组制成"工资表"（一式三份），人力资源部将结果交财务部。

3.10.1.4　财务部将其汇入指定金融机构的该员工工资账户上，通过银行代发薪酬。

3.10.1.5 人力资源部下发"工资表"（一式三份）给各部门兼职工资员，"工资表"经员工本人（或代理人）签字（一式三份全部要签字）认可后，一份由部门兼职工资员负责交还给人力资源部存档备查，一份给部门经理长期保存，一份给部门员工相互传阅。

3.10.2 各事业部月度工资（年终奖金）总额的计算与核发程序。

3.10.2.1 由财务部向人力资源部提供各事业部月度（或年度）经济指标数据。

3.10.2.2 其他管理部门提交对各事业部的其他考核数据以及扣罚理由与金额。

3.10.2.3 人力资源部依据汇总资料以及其他相关资料，负责组织相关部门对各事业部进行部门月度（年度）考核，确定每个事业部的月度工资（年终奖金）总数。

3.10.2.4 考核结果和月度工资（年终奖金）总数经集团公司总经理审批后，各事业部造册（"工资表"）分配。

3.10.2.5 各事业部将"工资表"交人力资源部审查允可后，交财务部以汇入指定金融机构的该员工工资账户上，通过银行代发薪酬。

3.10.2.6 各事业部将签字后的一式三份的"工资表"中的第一份交给人力资源部存档。

3.10.3 薪酬的计算方法。

3.10.3.1 月收入的计算方法。

月收入＝岗位工资＋年功工资＋绩效工资 $\times K_1 \times K_2 \times K_3$＋津贴－扣款－代扣

式中　K_1——公司效益系数；

　　　K_2——部门考评系数；

　　　K_3——个人考评系数。

3.10.3.2 年终奖金的计算方法。

年终奖金＝年终奖金标准 $\times K_2 \times K_3$－扣款－代扣

式中　K_1——公司效益系数；

　　　K_2——部门年度考评系数；

　　　K_3——个人年度考评系数。

3.10.4 中途任用、离职或退职的薪酬的计算方法。

在薪酬计算期间，中途任用、离职或退职时的薪酬，按当月员工实际出勤工作日数，按日计算；或以离职、退职前的出勤日数为计算的基准，其计算公式如下。

中途任用、离职或退职的薪酬＝（岗位工资＋年功工资）×
（出勤工作日数/平均每月应出勤日数）

3.10.5 特别休假的薪资计算。

3.10.5.1 产、探、伤假，只支付岗位工资与年功工资。

3.10.5.2 哺乳假，只发放岗位工资和年功工资的70%。

3.10.5.3 年休、婚、丧假，只支付岗位工资与年功工资。

3.10.5.4　病假工资以岗位工资加年功工资为基数。

3.10.5.5　事假免发所有工资，人力资源部有规定的从其规定。

3.10.6　迟到、早退、私自外出、旷工时的扣除。

3.10.6.1　迟到10分钟内扣＿＿＿＿＿元/次，超过10分钟按每分钟＿＿＿＿＿元计算。

3.10.6.2　早退15分钟内扣＿＿＿＿＿元/次，超过15分钟按每分钟＿＿＿＿＿元计算。

3.10.6.3　私自外出30分钟内扣＿＿＿＿＿元/次，超过30分钟按每分钟＿＿＿＿＿元计算。

3.10.6.4　旷工不计发任何工资。

3.10.7　员工奖励的工资加发。

3.10.7.1　嘉奖：每次加发3天工资。

3.10.7.2　记功：每次加发10天工资。

3.10.7.3　大功：每次加发1个月工资。

3.10.7.4　奖金：一次给予若干元奖金。

3.10.8　违纪员工的工资扣发。

3.10.8.1　警告处分一次：每次减发3天工资。

3.10.8.2　记过处分一次：每次减发10天工资。

3.10.8.3　大过处分一次：每次减发一个月工资。

3.10.8.4　降级处分一次：降级使用，相应核减薪资。

3.10.8.5　停职：在停职期间只发最低工资。

3.10.9　薪酬的代扣。

3.10.9.1　下列规定的各项金额须从薪酬中直接代扣。

（1）个人薪酬所得税。

（2）五险一金的费用（个人应负担部分）。

（3）其他代扣（工会会费、个人水电房租等）。

3.10.9.2　各类培训费用依据《集团公司培训管理制度》，决定工资的扣除。

3.11　薪酬支付

3.11.1　薪酬支付时间。

薪酬支付形式采用月薪制。集团公司月薪发放日为每月15日，薪酬支付日若适逢节假日，则提早一日发放。

3.11.2　薪酬支付形式。

3.11.2.1　集团公司所有正式员工（含年薪制员工）的薪酬一律直接汇入指定金融机构的该员工工资账户上，通过银行代发薪酬。对于合同期限在一年及一年以上的非正式员工也应逐步向通过银行代发薪酬的形式过渡。

3.11.2.2　具有独立发薪权限的各事业部、子公司、分公司应逐步向通过银行代发薪酬的形式过渡。

3.11.3 支付责任。

3.11.3.1 薪酬要求支付给员工本人或受其书面委托的本公司员工、本人亲属以及持有员工本人书面委托书的其他有关人员。

3.11.3.2 公司为每个部门的员工设立独立的部门薪酬支付清单（工资表）。薪酬领取人要在"工资表"（一式三份）上签名，"工资表"（一式三份）每月三份发放到部门，其中一份由部门经理长期保存，一份给薪酬领取人传阅，另一份交还给人力资源部存档。

3.11.3.3 薪酬计发人员及其他各类公司人员不得随意打听、传播他人的薪酬收入情况，更不得以此要挟公司为其加薪。违者，按严重违章违规处罚。

3.11.4 代扣缴责任。

3.11.4.1 公司有义务代扣代缴个人所得税及其他法定薪酬代扣缴行为。

3.11.4.2 因员工个人原因给公司造成损失应赔偿的，在本人月薪中扣除全部绩效工资与部分岗位工资。

3.11.5 最低薪酬标准。

3.11.5.1 在员工正常上岗并完成本职工作前提下，其月薪支付不得低于当地政府规定的最低工资标准。

3.11.5.2 如发生非员工个人原因一个月以上停工，公司要保证支付给员工最低工资标准。

拟定		审核		审批	

12-02　员工福利管理制度

××公司标准文件		××有限公司 员工福利管理制度	文件编号××-××-××	
版次	A/0		页次	第×页

1.目的

根据公司企业理念，为了给员工营造一个良好的工作氛围，吸引人才，鼓励员工长期为企业服务以增强企业的凝聚力，促进企业发展，特制定本制度。

2 适用范围

公司全体员工。

3.管理规定

3.1 福利的种类及标准

3.1.1 社会保险。

3.1.1.1 公司按照《中华人民共和国劳动法》及其他相关法律规定为正式员工（包

括合同工和劳务派遣员工）缴纳养老保险、医疗保险、工伤保险、失业保险、生育保险和大病医疗互助补充保险，为实习生购买商业保险。

3.1.1.2 公司与参保员工缴费比例。

（1）基数：各项社会保险费的缴费基数为用人单位职工本人上月工资收入总额，职工本人工资按照国家统计局规定的列入工资总额统计的项目确定。具体内容参见相关保险规定条例。

（2）各项社会保险费的缴费比例

项目	单位缴费比例 /%	个人缴费比例 /%
企业养老	10	8
地方养老	3	
失业保险	0.5	0.5
工伤保险	0.5/1/1.5	个人不缴纳
住院基本医疗	2	个人不缴纳
社区门诊医疗	0.3	0.5

3.1.2 住房公基金。

3.1.2.1 公司按照国家相关法律法规为工作1年以上的正式员工交纳住房公基金。

3.1.2.2 缴费比例：个人10%，公司10%。

3.1.3 各种补助。

3.1.3.1 各种津贴。

项目	金额	备注	费用列支
餐费补贴	＿＿＿元/月	公司按统一标准为员工进行餐费补贴；其中业务人员每人每月增加＿＿＿元补贴。纳入当月工资发放	公司
住房补贴	＿＿＿元/月	公司按统一标准为员工进行住房补贴，纳入当月工资发放	公司
通信补贴	A：实报实销 B：＿＿＿元/月 C：＿＿＿元/月 D：＿＿＿元/月 E：＿＿＿元/月	A类：总经理 B类：副总经理、总工程师、总经理助理 C类：部门经理正值 D类：部门经理副职 E类：特殊岗位职员 通信补贴由财务部门每月根据话费单据报销后发放给员工个人	公司
交通补贴	A：实报实销 B：卧铺标准 C：按当地普通火车坐票标准	外地员工每年可凭票报销两次往返路费，其中包括一次探亲假往返路费 分类补贴标准： A类：总经理	公司

续表

项目	金额	备注	费用列支
交通补贴		B类：副总经理、经理 C类：主管以下职员 交通补贴由财务部参照以上标准凭车票报销	公司
出差补贴	省内：＿＿元/人 省外：＿＿元/人	出差地到达目的地往返时间：≥8小时发放当天出差补贴 发放日期：每次出差结束后2日内，出差人员填写《出差登记表》，经部门经理、分管领导签字确认后报人事部审核，出差补贴金额随当月工资一并发放	公司
吊慰金	＿＿元	父母、配偶或子女	公司
因病住院慰问品	价值元的营养品	由行政部派人带等额的慰问物品前去看望	公司
灾害补助金	①￥＿＿元（财产全部损失的） ②￥＿＿元（财产损失一半以上的） ③￥＿＿元（其他程度的损失的）		公司

3.1.3.2 节日贺礼。

节目	形式和标准	费用列支
春节	组织活动，同时为每位员工发送过年红包，活动费用及红包金额由公司总经理根据当年公司经营状况确定	公司
"三八"国际妇女节	给女员工发放节日礼品，或组织庆祝活动。费用不超过＿＿元/人	公司
端午节 中秋节 元旦	给全体员工发放节日礼品，或组织庆祝活动。费用不超过＿＿元/人	公司

3.1.3.3 其他贺礼（公司列支）。

项目	金额	备注
结婚贺礼	￥＿＿～＿＿元	领取结婚证半年内有效，由管理部发放至员工手上
生育贺礼	￥＿＿元	配偶生育者减半
生日贺礼	＿＿～＿＿元（根据市场物价变化调整）	正式员工生日当天（以员工身份证上的出生日期为准）发放与金额等值的物品

3.1.4 员工教育培训。

为不断提升员工的工作技能和员工自身发展，企业为员工定期或不定期地提供相关培训，具体内容参见公司培训实施要领。

3.1.5　劳动保护。

3.1.5.1　因工作原因需要劳动保护的岗位，公司必须发放在岗人员劳动保护用品。

3.1.5.2　员工在岗时，必须穿戴劳动用品，并不得私自挪作他用。员工辞职或退休离开公司时，须到人力资源部交还劳动保护用品。

3.1.5.3　其他未尽事宜请参见公司《劳动保护用品发放管理规定》。

3.1.6　各种休假。

3.1.6.1　国家法定假日。

项目	放假天数/天	日期
元旦节	1	1月1日
春节	3	农历除夕、初一、初二
清明节	1	4月5日
劳动节	1	5月1日
端午节	1	农历5月5日
国庆节	3	10月1日、2日、3日
中秋节	1	农历8月15日

3.1.6.2　带薪年休假。

（1）公司员工连续工作1年以上者，享受带薪年休假，年休假期间享受与正常工作期间相同的工资收入。

（2）休假数规定如下表。

本公司连续服务时间	可享受带薪年假/天
满1年不满2年的	5
满2年不满3年的	6
满3年不满4年的	7
满4年不满10年的	10
满10年以上的	15

（3）国家法定休假日、休息日不计入年休假的假期。年休假需在1个年度内休完，可集中安排，也可分段安排。如公司因工作需要不能安排员工休年休假的，需经员工本人同意。对员工应休未休的年休假天数，公司按照该员工日工资收入的300%支付年休假工资报酬。

（4）有以下情形者不享受当年的年休假。

①职工请事假累计20天以上且单位按照规定不扣工资的。

②累计工作满1年不满3年的职工，请病假累计15天以上的。

③累计工作满3年不满5年的职工，请病假累计1个月以上的。

④累计工作满5年的职工，请病假累计2个月以上的。

3.1.6.3 特别假日。

（1）婚假：员工结婚假期按照国家有关规定执行，给予3天假期。如需要到外地办理结婚事宜则给予2天路程假。婚假包括公休假和法定假，需在婚后一年内使用完毕，最多可分3次使用。

（2）丧假：员工的父母、配偶、子女和供养的亲属死亡时，可给予连续3天的丧假，需去外地料理的可给予2天路程假；员工的祖父母、外祖父母、兄弟姐妹死亡时，给予丧假1天。

（3）产假：女员工产假为90天，其中产前休假15天。难产的增加15天。多胞胎生育的，每多生育1个婴儿，增加产假15天。晚育的增加产假2个月。男员工可休护理假7日。产假包括双休日和法定假日。

（4）探亲假：工作满1年的外地正式员工可享受探亲假。探亲假为7天（不含往返路途时间、法定假日），因工作需要可分次休假。探亲假需由本人提出申请，公司领导审批同意后方可休假。

员工休婚假、丧假、产假和探亲假期间按正常出勤计发工资。

3.1.7 女职工福利。

3.1.7.1 公司按年以年终福利的形式发放女职工卫生费，标准为____元/人，公司列支。

3.1.7.2 女职工在怀孕期间，按国家有关规定，不安排其从事第三级体力劳动强度的劳动和孕期禁忌从事的劳动，并限制在正常劳动日以外延长劳动时间；对不能胜任原劳动的，应当根据医院的证明，予以减轻劳动量或者安排其他劳动。

3.1.7.3 怀孕7个月以上（含7个月）的女职工，一般不再安排其从事夜班劳动；经部门内协调，可推迟1小时上班，提前1小时下班。

3.1.7.4 怀孕期间的女职工，在劳动时间内进行产前检查，应当算作劳动时间。

3.1.7.5 怀孕期间的女职工，经报管理部备案，可在公司享受____元/餐的工作餐。

3.1.7.6 有不满1周岁婴儿的女职工，工作日内给予其两次哺乳（含人工喂养）时间，每次30分钟。多胞胎生育的，每多哺乳一个婴儿，每次哺乳时间增加30分钟。女职工每班劳动时间内的2次哺乳时间，可以合并使用。哺乳时间和在本单位内哺乳往返途中的时间，算作劳动时间。

3.1.7.7 女职工在哺乳期内，不得安排其从事国家规定的第三级体力劳动强度的劳动和哺乳期禁忌从事的劳动，不得安排加班，一般不得安排其从事夜班劳动。

3.1.8 其他福利。

3.1.8.1 年度体检。

（1）公司每年组织员工进行一次常规体检（血常规、B超、心电图、肝功、"两对半"、胸透、外科普查，已婚妇女增加妇科检查）；特殊岗位按国家相关规定执行。

（2）体检医院为公司指定医疗机构，体检费由公司支付。

（3）对身体检查乙肝"两对半"无抗体的员工由公司支付该项费用为其接种疫苗。

3.1.8.2　集体旅游。公司每年度组织1次全体员工外出旅游活动，由行政部负责组织和安排，公司承担全部费用。

3.2　员工福利管理

3.2.1　管理部于每年年底将福利资金支出情况编制成相关总结报表，并做出次年的福利资金支出预算，报总经办审核。

3.2.2　福利金的收支账务程序比照一般会计制度办理，所有支出都需提交公司总经理审核。

拟定		审核		审批	

12-03　岗位及薪酬调整制度

××公司标准文件		××有限公司 岗位及薪酬调整制度	文件编号××-××-××	
版次	A/0		页次	第×页

1.目的

为促进公司稳定发展，充分调动员工的工作积极性，充分发挥员工的能力，为实现公司的战略目标提供人力资源支持，特制定本制度。

2 适用范围

适用于公司所有正式员工。

本制度包括两部分内容，岗位调动是指员工从某个岗位换到另一个岗位，包括岗位的晋升或降职；薪酬级别调整是指员工的薪酬级别定期或不定期调整。

3.管理规定

3.1　岗位调整程序

3.1.1　岗位调动是指部门由于工作需要，在征得员工同意后，将其调换到另外一个工作岗位的过程。

3.1.2　岗位调动包括相同层级不同岗位调动，以及不同层级岗位调动；也包括岗位在部门内部升迁或下降。

3.1.3　公司岗位调动程序如下。

（1）在公司范围内调换岗位的用人部门必须到人力资源部办理登记手续，由人力资源管理部统一发布岗位需求信息，安排供需双方见面。待聘人员不得私自向人力资源部提出岗位置换申请，用人部门也不得擅自进行招聘活动。

（2）要求岗位调换的部门必须填写《岗位调整申请表》，详述空缺岗位所需特长、专业要求、工作职责，同时提出希望调换的员工姓名，并将此表交人力资源部。

（3）人力资源部收到《岗位调整申请表》后，将进入内部招聘管理流程，具体内容详见《内部招聘管理制度》。

（4）经用人部门考选录用的员工，应尽快办理工作移交和内部调动手续，并在规定的时间内到新部门报到，逾期不办理手续者视为弃权，此次招聘结果无效。

3.1.4 人力资源部于每年年底，在尊重岗位调动员工和用人部门的前提下，统一安排推荐、招聘、竞聘等活动，为供求双方提供交流的机会。

3.2 薪酬级别调整程序

3.2.1 薪酬调整包括薪酬级别的上升或下降，各岗位对应的具体薪酬级别参见《薪酬管理制度》。

3.2.2 薪酬级别调整的依据如下。

（1）员工所具备的知识、技能与岗位要求的差距。

（2）员工资历和经验。

（3）员工工作绩效和品行。

（4）员工发展潜力。

（5）公司要求的其他必备条件。

3.2.3 公司薪酬级别在年度绩效考核完成后进行，具体程序如下。

（1）人力资源部门汇总年度考评成绩。

（2）人力资源部门根据年度考评成绩与经理一同对本部门员工进行是否胜任新岗位的评估；人力资源分管副总裁和人力资源经理对经理级别的员工进行是否胜任新岗位的评估，人力资源分管副总裁和人力资源经理的胜任度由总裁进行评估。

（3）人力资源部门根据评估结果结合《薪酬管理制度》，组织相应部门、人力资源分管副总裁、总裁讨论薪酬调整的可行性分析，并最终制定薪酬调整方案，交公司人力资源分管副总裁及总裁审批。

（4）审批通过的调整方案由人力资源部门分别通知经理和该员工。

（5）部长与被调整的员工就薪酬级别调整事宜进行沟通。被调整的经理级员工由人力资源分管副总裁进行薪酬级别调整沟通。

（6）人力资源部门根据调整方案核定被调整人的新的岗位薪酬级别。

（7）人力资源部门更新员工档案。

3.2.4 薪酬级别调整后，工资及福利依照新的标准确定，被调整对象从调整实施后当月享受调整后的薪酬级别工资和福利，具体标准见《薪酬管理制度》和《福利制度》。

拟定		审核		审批	

第13章 绩效考核与激励管理制度

本章阅读索引：

- 绩效管理制度
- 企业高管绩效考核办法
- 中高层人员目标考核与述职报告制度
- 员工激励管理办法

13-01 绩效管理制度

××公司标准文件		××有限公司 绩效管理制度	文件编号×× - ×× - ××	
版次	A/0		页次	第×页

1. 目的

为了客观评价员工在一定时期内所表现出来的能力、努力程度以及工作实绩；合理配置人员，保障组织的有效运行；给予员工与其贡献相应的激励以及公正合理的待遇，激发员工的工作热情和提高工作效率，特制定本制度。

2. 适用范围

适用于公司各部门、部门经理或总监及经理以下员工的考核。

3. 管理规定

3.1 原则

3.1.1 以绩效为导向原则。

3.1.2 定性与定量考核相结合原则。

3.1.3 公平、公正、公开原则。

3.1.4 多角度考核原则。

3.2 考核体系

3.2.1 考核内容。

（1）部门考核：部门季度考核主要根据各部门签订的绩效合约的指标制定的各部门KPI绩效考核表，由人力资源部经理和总经理进行考评，半年进行一次；部门年度考核结果由季度考核结果汇总综合计算得出。

（2）中层、一般管理人员：工作绩效考核（业绩纬度）来源于部门月度工作计划，每月末各部门需将部门本月工作总结及下月工作计划（一定要明确责任人）报人力资源部和总经办，作为考评依据；部门留存一份，作为工作安排及监督依据。

月工作计划需分解到周工作计划，月工作计划的完成情况是对周工作计划完成情况的汇总。工作职能（态度和能力等纬度）按照绩效考核指标进行。个人绩效考核结果由各部门汇总，在每月7日前以"部门月度绩效考核汇总表"报人力资源部，同时上交个人定期绩效考核。

（3）一般员工：考核月度、年度综合工作表现。

3.2.2 考核指标的管理。

（1）部门经理、一般管理人员的工作计划及总结考核指标由人力资源部负责设计统一格式，各部门负责人每月按照要求组织填写、上报。

（2）部门经理、一般管理人员的工作职能（个人态度与能力等）考核指标由人力资源部负责设计、更新。

（3）一般员工月度绩效考核报表由各人力资源部设计统一格式，各部门相关主管人员或部长按照要求考核并填写。

3.2.3 考核方式。

（1）一般员工的考核实行直接主管（或上一级主管）直接打分，上一级主管审核的方式。

（2）中层、一般管理人员的考核实行直接主管评分方式。

3.3 考核实施

3.3.1 考核机构及职责。

公司成立考核管理委员会（非正式常设机构）作为考核工作领导机构，也是考核申述的最高权力机构。考核小组构成：公司总经理、人力资源部经理、总经理助理、投诉（裁决）部门负责人。

考核机构及职责

组织机构	绩效管理职责
总经理	与中高层领导进行沟通，合理分解公司年度目标，确保目标体系间的逻辑性与科学性；并依此对各部门进行业绩考核与绩效改进
各部门经理	结合各岗位职责，将部门目标分解到相应岗位，并签订绩效合约；考核周期结束时进行绩效考核与绩效改进
人力资源部	是绩效管理的主要机构，负责考核的组织、资料准备、政策解释、协调、员工申诉和总结。负责提供各类绩效管理工具，提出绩效管理方案与建议，协调组织各类绩效管理事务工作，提供各类绩效管理培训；依据绩效结果进行绩效激励
考核管理委员会	考核工作领导机构，是绩效管理政策、制度等的决策机构，也是考核申述的最高权力机构

3.3.2　考核对象与考核周期

考核对象与考核周期

考核对象		考核周期			
		月度考核	季度考核	半年考核	年度考核
部门考核			√		√
个人	部门中层	√	√		√
	一般管理人员、一般员工	√	√		√

3.3.3　考核时间。

月度考核于次月初7日内完成；季度考核与3月、6月、9月、12月月度考核同时进行；年度考核于次年1月15日前完成。

3.3.4　月度考核程序。

（1）人力资源部于每月25～30日之间将各部门所有被考核人的定期考核表发放到各自的手中。同时发放各职位所需的"周边绩效调查表""下属调查表"。

（2）各部门被考核人员于月末根据月度考核表中月度工作总结报告的主要工作事项按照公司规定的统一格式填写部门工作总结及下月工作计划。

（3）每月2日之前各部门被考核人根据上月工作总结进行自评。

（4）每月3日之前人力资源部将已发给各部门的"周边绩效调查表""下属调查表"收回来，同时检查考评结果，再将有考评结果的"周边绩效调查表""下属调查表"发给相应被考核人。

（5）每月4日之前各部门被考核人再根据"周边绩效调查表"的结果计算相应得分填到每月定期考核的"团队合作性、沟通能力及员工满意度"项的自评处；各部门经理或总监再根据"下属调查表"的结果计算相应得分填到每月定期考核表的"部门士气"项的自评处。

（6）每月5日之前各部门被考核人将已自评完毕的定期考核表、上月工作总结和下月工作计划、周边绩效调查表及下属调查表等同时交到直接主管进行考评打分，同时审核其自评的准确性。如果上月被考核人有奖罚事项或关键事项，部门主管可根据月度定期考核表奖罚事项以及关键事项的加减分规则适当地增减分，并最终确定最后得分及奖金等级，同时考核人在相应处签名。

（7）每月6日之前各部门经理将被考核人的考核结果反馈给被考核人，同时进行绩效面谈。同时要求被考核人在定期考核表"被考核人确认"处签名。

（8）每月7日之前各门经理将本部门的月度定期绩效考核表及相应附件统一交到人力资源部。

（9）每月8日之前人力资源部经理负责审核公司所有人员的绩效考核表并签字。

（10）每月9日之前人力资源部经理将审核完毕的全公司被考核人员的绩效考核表交至人事助理处统计分类并与薪资挂勾。

（11）每月6～9日为人力资源部接受被考核者申诉的时限，过期不予受理。

（12）每月15日前人力资源部将各部门所有被考核部门及个人绩效考核结果归档。

3.3.5 季度考核程序。

（1）每逢3月、6月、9月、12月份的考核与本季度考核合并。

（2）考核程序同月度考核程序。

3.3.6 年度考核程序。

（1）每年1月10日前主管副总经理和总经理对各部门上一年度绩效计划完成情况进行考核。

（2）每年1月15日前人力资源部汇总各部门KPI绩效考核表得分，汇总计算个人月度考核得分得出个人年度绩效分数。

（3）每年1月20日前将公司各部门、员工的绩效得分情况及综合考核结果予以公布，考核结果存档应用。

3.4 考核结果的使用

3.4.1 年度考核结果等级分布。

员工考核各等级与考核得分对应表如下。

员工考核各等级与考核得分对应表

评分等级	A（优秀）	B（良好）	C（中等）	D（需要改进）	E（不令人满意）
综合考核分值/分	90～100	89～80	79～70	69～60	<60
绩效工资系数	1.2	1	0.8	0.5	0.3
对应比例/%	5	20	50	20	5

A等（表现优秀）：在考核期间，工作绩效或表现一贯超出岗位的基本标准要求或期望，出色地完成上级安排的工作任务，对本部门的工作产生积极的推动作用，为本部门做出了很大贡献。

B等（表现良好）：在考核期间，工作绩效或表现常常超出岗位的基本标准要求或期望，工作比较令人满意，也能有一定的改进和创新。

C等（符合要求）：在考核期间，工作绩效或表现基本达到岗位的工作要求及期望，工作质量和效率处于平均水平，没有突出成绩，但能完成本职工作。

D等（需要改进）：在考核期间，工作绩效或表现距岗位基本要求和期望有一定的差距，工作质量和效率低于平均水平，但能总结经验，不断改进。

E等（不符合要求）：在考核期间，工作绩效或表现距岗位基本要求和期望有很大的差距，工作质量和效率低于平均水平，不能通过工作改进达到岗位要求。

依据年度考核成绩，可以分为 A、B、C、D、E 五级，根据得分的分布情况在公司内部进行强制分布。

3.4.2　年度考核结果应用。

（1）对于年度绩效考核结果为"优"的一般员工，或者连续两年年度考核结果为"良"者，可以给予工资提升，具体办法另行规定。还应记入公司人才库，在公司内部职位空缺时，优先考虑晋升其职位。

（2）对于年度绩效考核结果为"不令人满意"的一般员工，必须转岗，且给予工资调低。

（3）对于在某一岗位考核"不令人满意"的中层管理者，做降职或免职处理。

3.4.3　月度考核结果应用。

月绩效考核结果作为计算月度绩效工资的依据。

3.5　考核面谈与改进

3.5.1　考核面谈。

考核的目的在于主管对下属的工作进行监督和指导，在工作思路和绩效改进上提供帮助，因此考核结束后，考核者应当与被考核者进行考核面谈，让被考核者了解自身工作的优、缺点，并对下一阶段工作的期望达成一致意见。

3.5.2　绩效改进。

年度考核结束后，考核者与被考核者应共同制订《绩效改进计划》，报人力资源部备案。

3.6　考核结果的管理

3.6.1　考核指标和结果的修正：由于客观环境的变化，员工需要调整工作计划、绩效考核标准时，经考核负责人同意后，可以进行调整和修正。考核结束后人力资源部还应对受客观环境变化等因素影响较大的考核结果重新进行评定。

3.6.2　考核结果反馈：被考核者有权了解自己的考核结果，人力资源部应在考核结束后5个工作日内，向被考核者通知考核结果。

3.6.3　考核结果归档：考核结果作为保密资料由人力资源部归入被考核者个人档案并负责保存。

3.6.4　考核结果申诉：被考核者如对考核结果有异议，首先应通过双方的沟通来解决；如不能妥善解决，被考核者可向人力资源部提出申诉，人力资源部需在接到申诉之日起7日内，对申诉者的申诉请求予以答复。

3.7　临时用工的绩效考核

临时用工考核主要从其工作效率和工作质量方面进行，由临时工所属的直接主管给予打分，上一级主管审批。

拟定		审核		审批	

13-02 企业高管绩效考核办法

××公司标准文件		××有限公司 企业高管绩效考核办法	文件编号××-××-××	
版次	A/0		页次	第×页

1.目的

为健全公司激励机制，改善经营管理水平，充分调动高层管理人员的积极性，提升公司核心竞争力，确保公司经营目标的实现，落实目标责任管理，制定本办法。

2.适用范围

本办法适用于公司总经理、副总经理经营管理人员。

3.管理规定

3.1 考核内容与方法

3.1.1 本办法主要通过关键业绩指标（KPI）对公司高管人员的业绩进行考核，贯彻落实公司的经营目标与管理重点。

3.1.2 关键业务指标、指标权重及指标值由董事会薪酬与考核管理委员会根据董事会下达给公司的年度经营目标及高管人员所分管的业务重点进行分解确定。

3.1.3 绩效考核以年度为考核周期。年初制定绩效目标和考核要求，年中监测计划完成进度，次年初进行考核并统一发布考核结果。

（1）年初：公司年度经营目标由董事会根据公司发展战略规划及要求制定，在每年一月份下达给经营班子。考核管理小组根据公司年度经营目标分别确定每位高管人员的关键业绩指标、指标值及权重，在每年年度董事会上由董事会与参加考核的高管人员签订本年度"经营目标责任书"，作为该年度绩效考核和确定收入分配的依据。

（2）年中：在每个会计年度中期结束后，参加考核人员向董事会薪酬与考核管理委员会提交上半年述职报告，汇报指标完成情况，由董事会薪酬与考核管理委员会上报董事会。中期考核结果主要对高管人员目标完成情况进行监督和管理，或在发生重大变化以致影响考核目标的实现时对考核指标进行调整，不作为决定最终分配方案的依据。

（3）次年初：年度结束后，高管人员向董事会提交年度述职报告，述职报告的内容包括对该年度各项考核指标完成情况（特别是对那些无法量化的评价指标）的总结，以及对董事会制定下一年度该管理岗位的战略目标及考核指标、指标值与权重提出的建议。董事会薪酬与考核管理委员会根据述职报告及年度财务决算对高管人员进行年末考核。

3.1.4 考核程序。

（1）年度财务决算后，公司财务部提交相关财务分析报表上报董事会薪酬与考核管理委员会。

（2）高管人员根据本人年度经营工作完成情况向董事会薪酬与考核管理委员会提交述职报告。

（3）董事会薪酬与考核管理委员会按照高管人员年度"经营目标责任书"的考核要求，对高管人员经营完成情况及述职报告进行分析评价，确定考核结果。

（4）董事会薪酬与考核管理委员会根据考核结果，拟订分配方案，提交董事会审批。

（5）财务部根据经审批的分配方案执行。

3.1.5 考核评分。

（1）定量指标，按单项指标计划完成情况评分，100%完成计划的对应分为100分，最高120分封顶。

具体计分方法：单项评分＝100+（实际－计划）/计划×100。

（2）定性指标，由董事会薪酬与考核管理委员会制定评分细则来评定分值。

（3）单项指标评分加权汇总为绩效考核总分。

（4）考核分数对应的绩效系数如下。

总分＞100分：绩效系数为总分/100。

总分＝100分：绩效系数为1。

90分≤总分＜100分：绩效系数为0.9。

80分≤总分＜90分：绩效系数为0.8。

65分≤总分＜80分：绩效系数为0.6。

总分＜65分：绩效系数为0。

3.2 年薪标准

3.2.1 高管人员实行年薪制。年薪由基本年薪、绩效年薪、超额年薪三部分构成，其中基本年薪和绩效年薪之和为年薪标准。

（1）基本年薪。基本年薪是年薪标准的80%，按月发放。

（2）绩效年薪。绩效年薪为绩效系数×年薪标准×20%。

（3）超额年薪。绩效系数大于1的高管人员可以享受超额年薪。超额年薪为年薪标准×（绩效系数－1）。

3.2.2 对在年度工作中做出突出贡献的高管人员，董事会可根据考核情况酌情给予特别嘉奖。

3.2.3 高管人员的年薪标准每年确定一次，由董事会薪酬与考核管理委员会根据高管人员所聘岗位、结合公司上年度经营业绩情况综合确定。

拟定		审核		审批	

13-03 中高层人员目标考核与述职报告制度

××公司标准文件		××有限公司 中高层人员目标考核与述职报告制度	文件编号××-××-××	
版次	A/0		页次	第×页

1.目的

通过对中高层管理人员关键业绩指标完成情况追加业绩指标的完成情况，综合素质评价的综合评定，并结合岗位述职，对中高层管理人员的绩效进行控制与管理。将集团的战略和重大管理变革项目体现在关键业绩指标及述职重点中；通过建立客观的绩效标准促进各级管理人员明确责任、传递压力、抓住重点、提高能力。同时，通过集中述职，将个别部门（或单位）的成功经验迅速传播到整个企业，将经营变革、管理创新的局部成果及时转化为企业的整体绩效。

2.适用范围

适用于本集团中高层人员目标考核与述职报告。

3.管理规定

3.1 评定等级

根据考核评定分数，将考核结果划分为5个等级。

A（优秀）：90～100分。

B（良好）：75～89分。

C（称职）：60～74分。

D（基本称职）：50～59分。

E（不称职）：50分以下。

3.2 述职者

包括集团中高层管理人员，具体包括集团副总裁、各职能部门经理（或相当）；股份公司及事业部的总经理、副总经理、各职能部门经理（或相当）以及集团总经理、各个事业部及股份公司总经理批准适用中高层管理人员考核制度的其他人员。

3.3 述职方法

3.3.1 采用逐级负责制，由下级向其直接上级述职。

3.3.2 集团副总裁（或相当）向集团总裁述职，集团总裁就考评要项实际完成情况进行考评。

3.3.3 各事业部（股份公司）的总经理向集团总裁述职，集团总裁就考评要项实际完成情况进行考评。

3.3.4 集团各部门经理向主管副总裁述职，主管副总裁就考评要项实际完成情况进行考评。

3.3.5 各事业部（股份公司）的副总经理向股份公司及事业部的总经理述职，各事业部（股份公司）的总经理就考评要项实际完成情况进行考评。

3.3.6 各事业部（股份公司）的部门经理向股份公司及事业部的主管副总经理述职，各事业部（股份公司）的主管副总经理就考评要项实际完成情况进行考评。

3.3.7 其他述职关系由各级人力资源部确认，集团总裁、各事业部（股份公司）总经理批准。

3.4 述职日程

目标责任述职考核每半年举行一次，具体时间拟安排表略。

3.5 述职考核内容

3.5.1 关键业绩指标完成情况。

（1）评价人根据员工所要完成的关键业绩指标（利用关键业绩指标分解指引表来设定关键业绩指标）和各指标所对应的权重与分值，以实际完成情况为依据，参照评价标准对各关键业绩指标的完成情况进行考核，通过对关键业绩指标完成情况的考核，确定相应的评价等级。同时员工要就指标完成情况进行具体说明，列出取得的成绩和存在的不足，通过分析找出差距并指明原因。

（2）对中高层管理人员的关键业绩指标完成情况每年除进行两次述职考核之外，还使用中高层管理人员季度关键业绩评价表对每个季度的关键业绩指标的完成情况进行考核，以对中高层管理人员的业绩形成过程进行有效控制。

（3）考核结果的具体应用为，季度考核中被考核人各项关键业绩指标和追加业绩指标中如出现等级C（不含）以下者，则考核者应与被考核者进行绩效面谈，提出绩效改进计划，并视具体情况决定是否提出警告。

3.5.2 追加业绩指标完成情况。

（1）考核追加业绩指标完成情况，对其完成情况进行具体分析，寻找差距，说明原因。

（2）追加业绩指标在半年述职和季度考核中均作为考核内容，其中述职考核中追加业绩指标完成情况和关键业绩指标完成情况在考核中所占权重为80%，两者间的具体分配根据实际情况确定；季度考核中只作为对业绩形成过程有效控制的手段，而对具体分配不产生直接的影响。

3.5.3 综合素质评价。

综合素质评价是指对影响管理人员业绩表现的十三项素质进行评价，通过评价促使管理人员不断提高自身综合素质，实现员工素质与工作业绩的共同提升。选用素质列示如下。

选用素质列表

成就导向（ACH）	监控能力（DIR）	关系建立（RB）	合作精神（TW）
服务精神（CSO）	影响能力（IMP）	献身组织精神（OC）	
灵活性（FLX）	诚实正直（ING）	领导能力（TL）	
培养人才（DEV）	主动性（INT）	自信（SCF）	

3.5.4　总评。

（1）评价人以对述职者关键业绩指标完成情况的评定为主，结合追加业绩指标完成情况，参考不良事故管理与控制情况，最终确定述职人的综合评价等级，以此作为考核结果运用的基础，同时就述职人在该述职考核周期内的表现提出综合意见。

（2）综合评价表。

综合评价表

评定要素	权重		原始评定分数	标准分数
关键业绩指标完成情况（K）	80%			
追加业绩指标完成情况（A）				
综合素质评价结果（T）	20%			
综合评价得分 = Σ标准分数 = Σ（原始评定分数 × 要素权重）= 综合评价等级：				

（3）综合评价得分——评价等级对应表。

综合评价得分——评价等级对应表

考核等级	A（优秀）	B（良好）	C（称职）	D（基本称职）	E（不称职）
综合评价得分/分	90～100	75～89	60～74	50～59	50以下

3.5.5　下一个述职周期关键业绩指标（KPI）承诺。

（1）述职考核须根据组织战略性经营目标，利用关键业绩指标分解指引表，逐级为每个部门或员工设立该述职考核周期的关键业绩指标（KPI），其中部门的关键业绩指标可直接作为部门负责人的关键业绩指标。员工关键业绩指标承诺首先从企业三年经营指标出发，分解出企业在述职考核周期内的经营指标，再将企业的战略性经营指标逐级分解到各个部门（或单位），形成部门（或单位）的关键业绩指标，并最终分解到述职者个人，形成该述职考核周期的关键业绩指标。

（2）述职者须与评价者共同确定各项关键业绩指标的评价等级和评价标准，并就这些关键业绩指标的达成做出承诺。

3.5.6 绩效改进计划。

（1）述职人在对总评结果认可后，应就综合评定结果和评价人的综合意见提供积极的反馈，对绩效改进的难点和要点进行确认，制订出个人绩效改进计划，并就绩效改进计划的完成进行个人承诺。

（2）在整个绩效改进计划执行阶段，述职人和评价人要通过充分的绩效沟通来保证绩效改进的持续性和有效性。

拟定		审核		审批	

13-04　员工激励管理办法

××公司标准文件		××有限公司 员工激励管理办法	文件编号××-××-××	
版次	A/0		页次	第×页

1.目的

为规范员工激励管理，建立合理、有效的激励制度，通过表彰奖励先进，在公司内形成一种积极向上、良性竞争的氛围，使全体员工的积极性、创造性及企业的综合活力达到最佳状态，特制定本办法。

2.适用范围

本办法适用于××有限公司全体员工（包含劳务工及实习生）。

3.职责

（1）人力资源部为员工激励管理的归口部门，负责激励评选和审批的流程，确定评价项目，给予建议标准，使用统一的评选表单；并对相关流程、制度进行终端维护。

（2）各相关职能部门负责业务主导激励的申请标准的建立和备案。

（3）部门内部激励管理办法的建立和备案。

4.管理规定

4.1 激励项目设置

激励项目设置

分类别	评选周期	奖项级别	奖项	名额	评选组织单位
团队奖项	年度	公司	先进厂部	分厂及职能部门各1个	总经理办公室
团队奖项	年度	公司	安全生产先进单位	分厂及职能部门各1个	制造部
团队奖项	年度	公司	模范班组（科室）	根据文件通知要求	人力资源部
团队奖项	月度	部门	明星班组	1个/分厂	人力资源部
个人奖项	年度	公司	安全生产先进个人	根据文件通知要求	制造部
个人奖项	年度	公司	技术标兵	根据文件通知要求	技术质量部

续表

分类别	评选周期	奖项级别	奖项	名额	评选组织单位
个人奖项	季度	部门	质量明星	2个/分厂	技术质量部
个人奖项	年度	公司	质量标兵	根据文件通知要求	技术质量部
个人奖项	年度	公司	先进个人	根据文件通知要求	人力资源部
个人奖项	月度	公司	月度明星	冲压厂：5人 焊装厂：8人 涂装厂：6人 总装厂10人	人力资源部

管理及制造人员月度明星名额分配表

部门	冲压厂	焊装厂	涂装厂	总装厂	技术质量部	新品项目部
名额/人	2	2	2	2	4	
部门	制造部		财务中心		信息中心	总经理办公室	人力资源部
名额/人	3		1		3		

4.2 月度明星评选

4.2.1 评选条件。

（1）一线操作员工。

①月度内本工序未出现任何安全生产事故，安全作为否决项。

②月度内本工序无任何质量事故（根据分厂实际情况评定，若出现通报或者被公司技术质量部审核出现问题，则取消当月月度明星评比资格）。

③月度内无任何违规、违纪记录。

④月度员工提案点数≥6点，提案数≥3条。

⑤月度内无任何请假情况。

⑥个人在班组内的月度绩效考核评价排名第一，其所在班组月度绩效考核评价等级为A等及其以上。

⑦ 当月生产线开线不足15天，则取消该生产线员工月度明星评比资格。

（2）分厂后勤、职能部门员工。

①月度内本岗位未出现任何安全生产事故，安全作为否决项。

②月度内无任何违规、违纪记录。

③月度员工提案点数≥6点，提案数≥3条。

④月度内无任何请假情况，出勤率≥90%。

⑤个人在部门的月度绩效考核评价等级为A等及其以上，其所在部门月度绩效考

核评价等级为A等及其以上。

4.2.2 评选办法。

（1）各班组及科室在次月初3个工作日内向厂部生产科或相关责任科室提交绩效考评汇总表，并根据月度明星评选条件，推荐月度明星候选人。

（2）厂部生产科或相关责任科室在收到班组、科室绩效考评汇总表起5个工作日内对月度明星候选人依照月度明星评选条件进行审核后，报厂部部长批准并在厂部内进行公示，公示期3天。

（3）厂部绩效管理员将公示后的月度明星名单汇总整理后，在次月的10日前，报人力资源部进行审查及备案。

（4）如出现参评人数超过评选数量，则从绩效考评分数、出勤率高低、提案点数多少依次择优进行选择。

4.2.3 激励措施。

（1）正激励300元，在薪资中体现。

（2）一线员工获得星级贡献值个人评优厂部级加分2分。

（3）在其所在班组管理看板上予以张榜公布，作为标杆进行宣传、对标学习，为期一个月。

4.3 季度质量明星评选

4.3.1 评选条件。

（1）季度内本工序未出现任何责任安全生产事故，无任何重大安全事故（安全责任、事故轻重由制造部裁决），安全作为否决项。

（2）季度内本工序无任何质量事故（根据分厂实际情况评定，若出现通报或者被公司技术质量部审核出现问题，则取消季度质量明星评比资格）。

（3）季度内无二级及以上违规记录。

（4）员工星级加分季度累计≥7分。

（5）只适用于流水线的一线操作员工。

（6）满足以上5个先决条件，根据各分厂内部的质量评价体系进行月度的综合评定，通过季度（积分）累加，得出季度积分排名，质量评价体系积分排名分厂前两位的员工当选为季度质量明星（分厂质量评价体系可以依据分厂实际工作内容，由分厂技术质量科提出调整方案，经技术质量部审核通过后进行修订并发布实施）。

4.3.2 评选办法。

（1）由分厂根据季度质量明星评选条件推荐符合条件的候选人，填写季度质量明星评选表，分厂厂长填写意见。

（2）分厂奖项评选负责人将季度质量明星评选表提交至技术质量部审核。

（3）经技术质量部审核通过的候选人报分管副总经理批准。

（4）经分管副总经理同意的候选人，由人力资源部公示3天。

（5）公示期内无异议的候选人，当选为季度质量明星。

4.3.3 激励措施。

（1）正激励500元，在薪资中体现。

（2）获得星级贡献值个人、获厂部级评优个人加分5分。

4.4 年度质量标兵

4.4.1 通用条件。

（1）品行端正，忠诚于公司事业，较强的敬业精神，认同并弘扬公司企业文化，开拓进取，具有顽强的创新精神。

（2）年度内无二级及以上违规记录，此项作为否决项。

（3）年度本工序/岗位未出现任何责任安全生产事故，无任何重大安全事故（安全责任、事故轻重由制造部裁决），安全作为否决项（4年度内获得国家、省、市级奖项的员工可优先考虑）。

4.4.2 分类条件。

（1）一线操作员工。

①年度内本工序无任何质量问题，此项作为否决项。

②年度内参与且完成质量改善项目数≥1个。

③年度内至少一次当选过季度质量明星。

④满足以上3个先决条件下，根据各分厂内部的质量评价体系进行综合评定，依据年度评定积分高低，选取质量标兵，质量标兵的质量评价体系年度积分须排名分厂前三（分厂质量评价体系可以依据实际需要，由分厂技术质量科提出调整方法，经技术质量部审核后进行修订）。

（2）从事工艺质量相关工作的非一线操作员工。

①本年度内员工提案点数≥50点，月均提案数≥2条。

②本年度内请假天数≤10天。

③本年度内个人月度绩效考评分等均≥B级，年度绩效评价≥B级。

④本年度内所主管的工序无任何质量问题。

⑤工艺类岗位评选，所负责的模块年度内无任何B类及以上问题。

⑥从事工艺质量相关工作的非一线操作员工本年度按照公司技术质量部的要求担任过C类以上质改项目经理，所主持的项目已在公司"三级项目发布平台"完成发布并获奖。

⑦满足以上所有条件的人员，由技术质量科科长提名，由厂长进行评价选取候选人。

4.4.3 评选办法。

（1）根据文件通知要求，由各厂根据评选条件推荐相应数量的候选人。

（2）候选人填写质量标兵推荐表，提交至技术质量部。

（3）技术质量部对候选人依评选条件进行审核，报分管副总经理复核。

（4）经分管副总经理同意的候选人，由人力资源部公示3天。

（5）公示期内无异议的候选人，报总经理批准。

4.4.4　激励措施。

（1）由公司颁发"质量标兵"的荣誉证书。

（2）正激励3000元。

（3）获得免费参加公司组织的车展参观活动。

（4）推荐入党及推荐至集团参与年度集团质量标兵评选。

（5）获得星级贡献值个人、获公司级评优个人加分20分。

（6）可优先或者破格考虑公司社保、公积金、子女升学等相关福利报名、录取、转换升级条件。

4.5　先进个人

4.5.1　评选条件。

（1）一线员工。

①本年度内本工序未出现任何责任安全生产事故，无任何重大安全事故（安全责任、事故轻重由制造部裁决），安全作为否决项。

②本年度内本工序无任何质量问题。

③本年度内员工提案点数≥50点，月均提案数≥2条。

④本年度内无二级及以上违纪违规，此项作为否决项。

⑤本年度内请假天数≤5天。

⑥本年度内员工月度绩效考评分累积得分排名班组前二，个人月度绩效考评分等级在B级及以上的次数≥10次。

⑦所在班组本年度内的月度绩效考评分等级在B级及以上的次数≥8次。

⑧满足以上所有条件的人数超过名额限制时，按个人提案点数多少进行优选，按班组季度绩效考评总分排名先后进行次选。

（2）非一线员工。

①本年度内员工提案点数≥50点，月均提案数≥2条。

②本年度内无二级及以上违纪违规，此项作为否决项。

③本年度内请假、调休累积天数≤5天。

④本年度内个人月度绩效考评分等级均≥B级，年度绩效评价等级≥A级。

⑤满足以上所有条件的人员，由厂部部长进行评价选取候选人。

⑥工作业绩突出，有重大工作成果者优先考虑。

4.5.2 评选办法。

（1）每年根据文件通知要求，由各厂部根据评选条件推荐相应数量的候选人。

（2）候选人填写先进个人推荐表，厂部部长填写推荐意见后提交至人力资源部。

（3）人力资源部对候选人依评选条件进行审核，人力资源部主管填写审核意见后报分管副总经理复核。

（4）经分管副总经理同意的候选人，由人力资源部公示3天。

（5）公示期内无异议的候选人，报总经理批准。

4.5.3 激励措施。

（1）由公司颁发"年度先进个人"荣誉证书。

（2）正激励3000元。

（3）推荐至集团参与年度集团先进个人评选。

（4）获得星级贡献值个人、获公司级评优个人加分30分。

（5）可优先或者破格考虑公司社保、公积金、子女升学等相关福利报名、录取、转换、升级条件。

4.6 明星班组

4.6.1 评选条件。

（1）月度班组内未出现任何安全生产事故（安全事故由制造部裁定），无任何质量事故，安全作为否决项。

（2）月度班组绩效考评排名分厂第一，当考评分相同时，按质量模块分数高低进行优选，按元动力模块分数高低进行次选。

4.6.2 评选办法。

（1）每月初5个工作日内，分厂生产科搜集班组绩效考评各模块的数据，汇总并审核后得出各班组绩效考评分数及排名。

（2）班组绩效考评排名表报厂长审批后，在厂部内公示2天。

（3）公示期内无异议的候选明星班组，在每月10日前，由分厂生产科将月度明星班组评比表提交人力资源部审查及备案。

（4）经人力资源部对候选明星班组依评选条件进行审核，人力资源部主管填写审核意见后报分管副总经理同意。

4.6.3 激励措施。

（1）由分厂颁发"明星班组"流动红旗。

（2）按分厂班组绩效考评激励办法对班组及班长进行激励（分厂班组绩效考评激励办法需由人力资源部批准）。

（3）班组依据绩效考评排名获得相应积分，作为年度评优的一个依据。

（4）月度明星班组不纳入星级贡献值加分。

4.7 技术标兵

4.7.1 评选条件。

（1）通用条件。

（2）品行端正，忠诚于公司事业，较强的敬业精神，认同并弘扬公司企业文化，开拓进取，具有顽强的创新精神。

（3）年度内无二级及以上违规记录，此项为否决性指标。

（4）年度本工序/岗位未出现任何责任安全生产事故，无任何重大安全事故（安全责任、事故轻重由制造部裁决），此项为否决性指标。

（5）获得国家、省、市级技术奖项的人员可优先考虑。

4.7.2 分类条件。

（1）本年度内员工提案点数≥50点，月均提案数≥2条。

（2）工龄满一年，本年度内请假天数≤10天。

（3）本年度内个人月度绩效考评分等均≥B级，年度绩效评价等级≥B级。

（4）年度内未出现所负责产品/工序因设计原因导致的重大质量事故，出现较为重大安全事故的，一票否决（事故轻重由技术质量部裁定）。

（5）从事技术质量相关工作的非一线操作员工本年度按照公司技术质量部的要求担任过B类以上技术优化改进方向项目组长，所主持的项目已在集团"三级项目发布平台"完成发布并获奖。

（6）至少主导完成1个以上B级新品项目或作为核心组员参与2个以上B级新品项目的技术/过程开发工作。

（7）本年度至少完成1个以上发明/实用新型专利及2篇以上科技论文的提交。

4.7.3 评选办法。

（1）根据文件通知要求，由各厂根据评选条件推荐相应数量的候选人。

（2）候选人填写技术标兵推荐表，提交至技术质量部。

（3）技术质量部对候选人依评选条件进行审核，报分管副总经理复核。

（4）经分管副总经理同意的候选人，由人力资源部公示3天。

（5）公示期内无异议的候选人，报总经理批准。

4.7.4 激励措施。

（1）由公司颁发"技术标兵"的荣誉证书。

（2）正激励3000元。

（3）获得免费参加公司组织的车展参观活动。

（4）推荐入党及推荐至集团参与年度集团技术标兵评选。

（5）获得星级贡献值个人评优公司级个人加分20分。

（6）可优先或者破格考虑公司社保、公积金、子女升学等相关福利报名、录取、转换、升级条件。

4.8 模范班组（科室）

4.8.1 评选条件。

（1）年度内班组（科室）未出现任何安全生产事故、质量事故，此项作为否决项。

（2）月度班组绩效考评积分全年度累加排名分厂第一。

（3）年度内至少当选过3次或以上的明星班组。

（4）班组/科室全年无任何重大安全、质量事故，班组/科室员工人人遵纪守法，无任何二级以上违纪违规，此项作为否决项。

（5）在班组建设/科室管理上有创新、有特色，在集团内有推广意义。

（6）本年度科室完成所有业绩指标，具有突出业绩贡献，在材料中体现。

（7）获得集团级及以上团体项目荣誉的班组及科室，优先推荐。

4.8.2 评选办法。

（1）每年根据文件要求，由各厂部根据评选条件推荐符合条件的班组（科室），填写模范班组（科室）推荐表，并将推荐表与评选材料（PPT）提交至人力资源部。

（2）人力资源部对被推荐的班组依评选条件进行审核，人力资源部主管填写审核意见，并对评选材料进行点评，之后报分管副总经理复核。

（3）经分管副总经理复核后，报总经理批准。

4.8.3 激励措施。

（1）授予"模范班组（科室）"锦旗。

（2）推荐至集团参与年度集团模范班组（科室）的评选。

（3）班组所有员工获得星级贡献值加分10分/人。

4.9 先进厂部

4.9.1 评选条件。

由总经理办公室根据公司目标管理绩效考核月考核平均分（占70%）、季度满意度得分（占30%）两项分值排名前三位的分厂和部门，且年度安全、环保事故指标控制在目标范围内的，最终由公司总经理进行确定。

4.9.2 评选办法。

（1）每年根据文件要求，由各厂部将评选材料（PPT）交至总经理办公室。

（2）总经理办公室对被推荐的班组依评选条件进行审核，总经理办公室主管填写审核意见，并对评选材料进行点评，之后报分管副总经理复核。

（3）经分管副总经理复核后，报总经理批准。

4.9.3 激励措施：授予"先进厂部"锦旗。

4.10 安全生产先进单位

4.10.1 评选条件。

（1）认真贯彻落实公司有关安全生产制度，严格落实安全生产责任制。

（2）年度职业健康安全、环境绩效指标控制在目标范围内，认真执行和落实公司相关安全管理目标及要求。

（3）年度内（含辖区相关方）无重伤以上事故、无火灾事故、无新增职业病、无环境污染事故、无重大厂内交通事故（直接损失≥10000元）、无重大设备安全事故。

（4）年度内未发生医疗费用6000元以上的轻伤事故，且轻伤及轻微伤事故指标控制在目标范围内。

（5）厂部月度HSE竞争力体系评价平均等级均在B等及以上。

4.10.2　评选办法。

（1）每年根据文件要求，由各厂将评选表及评选材料（PPT）交至制造部。

（2）制造部对被推荐的班组依评选条件进行审核，制造部主管填写审核意见，并对评选材料进行点评，之后报分管副总经理复核，由人力资源部公示3天。

（3）经分管副总经理复核后，报总经理批准。

4.10.3　激励措施。

（1）授予"安全生产先进厂部"锦旗。

（2）正激励5000元。

4.11　安全生产先进个人

4.11.1　评选条件。

（1）热爱本职工作，熟悉有关安全生产方针、政策、法律、法规和规章，并认真贯彻执行，在单位内部起到带头作用。

（2）能积极对安全生产实行监督管理，敢于抵制违章指挥，制止违章作业，班组员工及个人无A、B类以上安全、环保违章记录。

（3）所在班组年度内未发生300元以上工伤事故、无火灾事故、无环境污染事故、无厂内交通事故及设备安全事故。

（4）所在厂部发生轻伤及以上工伤事故、环境污染事故、重大交通事故，或厂部HSE月度竞争力体系考评有两次以上C等的，取消厂部安全员评先资格。

（5）本年度内未发生二级及以上违规。

（6）年度员工提案点数≥50点，月平均提案≥2条。

（7）本年度内请假天数≤10天。

4.11.2　评选办法。

（1）根据文件通知要求，由四大分厂、制造部、技术质量部根据评选条件推荐相应数量的候选人。

（2）候选人填写安全生产个人评选表，提交至制造部。

（3）制造部对候选人依评选条件进行审核，报分管副总经理复核。

（4）经分管副总经理同意的候选人，由人力资源部公示3天。

（5）公示无异议的候选人，报总经理批准。

4.11.3　激励措施。

（1）颁发"安全生产先进个人"荣誉称号。

（2）正激励2000元。

拟定		审核		审批	

第14章 员工关系管理制度

本章阅读索引:

14-01 劳动合同管理制度

××公司标准文件		××有限公司 劳动合同管理制度	文件编号××-××-××	
版次	A/0		页次	第×页

1. 目的

为规范公司劳动合同管理,明确劳动合同双方当事人的权利和义务,根据《中华人民共和国劳动法》《中华人民共和国劳动合同法》等有关法律法规,结合公司实际情况,制定本制度。

2. 适用范围

本制度适用于本集团公司下属各公司、各部门。

3. 职责分工

3.1 综合管理部工作职责

3.1.1 组织制定本公司劳动合同管理制度。

3.1.2 负责本公司各职能部门劳动合同日常管理工作。

3.1.3 帮助、指导员工与公司依法订立劳动合同,维护员工的合法权益。

3.2 各分公司综合管理部工作职责

3.2.1 负责本公司各部门劳动合同日常管理工作。

3.2.2 帮助、指导员工与公司依法订立劳动合同,维护员工的合法权益。

4. 管理规定

4.1 劳动合同订立

4.1.1 劳动合同的签订主体为公司与劳动者,全体员工与公司的法定代表人或授权委托人签订劳动合同。

4.1.2 公司与员工在签订劳动合同前,双方应将各自的基本情况及对方有权了解的相关事项如实告知对方。公司应自用工之日起10日内，与员工签订书面劳动合同。

4.1.3　公司在招用员工时不得扣押员工的居民身份证和其他证件，不得要求员工提供担保或以其他名义向员工收取财物。

4.1.4　员工拒绝签订、续签劳动合同的，公司按规定办理终止劳动关系手续。

4.1.5　劳动合同一式四份，由公司存放两份，员工本人保管一份，员工本人档案存放一份。劳动合同经员工本人签字，公司加盖单位劳动合同章后生效。

4.2　劳动合同内容

4.2.1　劳动合同组成。

（1）劳动合同由《劳动合同书》及其附件组成。

（2）劳动合同附件与《劳动合同书》具有同等法律效力，劳动合同附件包括：员工在公司服务期间所签订的专项协议和公司各项规章制度。公司依据《中华人民共和国劳动法》《劳动合同法》及相关法律法规制定的内部管理规定作为劳动合同的补充条款，员工必须遵守。

4.2.2　劳动合同内容。

4.2.2.1　公司与员工签订的劳动合同必须具备以下条款。

（1）用人单位名称、住所、法定代表人或主要负责人。

（2）劳动者姓名、住址、居民身份证号码或者其他有效身份证件号码。

（3）劳动合同期限。

（4）工作内容和工作地点。

（5）工作时间和休息休假。

（6）劳动报酬、社会保险。

（7）劳动保护、劳动条件和职业危害防护。

（8）培训、保密义务，竞业禁止及违约责任。

（9）法律、法规规定应当纳入劳动合同的其他事项。

4.2.2.2　培训协议。

（1）员工有下列情形之一时，应与公司签订专项培训协议，约定服务期限及违约金。

①由公司出资，进行专业、技术培训在1个月以上的。

②培训费用在5000元及以上的。

③出国进行专业、技术培训的。

④在符合国家法律法规规定的前提下，公司认为有必要的其他情形。

（2）公司与员工约定违约金数额不得超过公司向员工提供的培训费用，公司要求员工支付违约金不得超过服务期尚未履行部分所应分摊的培训费用。

4.2.2.3　竞业限制。

（1）公司可与下列员工在劳动合同或者保密协议中约定竞业限制条款，并约定在解除或者终止劳动合同后，在竞业限制期限内按月给予员工经济补偿。员工如违反竞业限制约定的，应当按照约定向公司支付违约金。

①公司中层副职及以上管理人员。

②享受公司专家级待遇的人员。

③掌握公司生产、经营核心秘密的人员。

④经公司认定，其他负有保密义务的人员。

（2）公司与员工约定的竞业限制期限最长不得超过2年。在此期限内，员工不得到与本公司生产或者经营同类产品、从事同类业务的有竞争关系的其他用人单位，或者自己开业生产、经营同类产品、从事同类业务工作。

（3）在竞业限制期限内，对履行了竞业限制义务的人员，公司按月向其支付的经济补偿金数额最高不超过员工本人解除或终止劳动合同前12个月的平均工资收入，其中实行年薪制人员解除或终止劳动合同前12个月的平均工资收入指基本年薪收入。

（4）公司与员工约定的竞业限制违约金，最高不超过员工本人解除或终止劳动合同前12个月的工资总收入，给公司造成经济损失的，还应依法承担赔偿责任。

4.3　劳动合同种类及期限

4.3.1　公司与员工签订的劳动合同分为无固定期限、固定期限、以完成一定工作任务为期限三种。

4.3.1.1　无固定期限劳动合同。

（1）无固定期限劳动合同，是指公司与员工约定无确定终止时间的劳动合同。公司与员工协商一致，可以订立无固定期限劳动合同。有下列情形之一时，员工提出或者同意续订、订立劳动合同的，除员工提出订立固定期限劳动合同外；公司应与员工订立无固定期限劳动合同。

①员工在公司连续工作满10年的。

②连续签订两次（不含变更）固定期限劳动合同，且员工没有4.4.4.1和4.4.4.2之（1）、（2）项所规定的情形，续订劳动合同的。

（2）公司自用工之日起满1年不与员工订立书面劳动合同的，视为公司与员工已订立无固定期限劳动合同。

4.3.1.2　固定期限劳动合同。

（1）固定期限劳动合同，是指公司与员工约定合同终止时间的劳动合同。公司与员工协商一致，可以订立固定期限劳动合同。按合同期限长短分为短期、中期、长期三种。短期合同期限为3年以下（不含3年），中期合同期限为3～5年（含5年），长期合同期限为5年以上至10年。

（2）签订范围。

①短期合同：临时性、季节性、流动性、非关键性岗位用工；按合同考核标准，

应续订短期合同的员工。

②中期合同：管理、技术等公司关键岗位员工一般签订中期劳动合同，其中新进入公司的大专及以下学历员工签订3年期限合同，本科及以上学历员工签订3～5年期限合同；按合同考核标准，应续订中期合同的员工。

③长期合同：公司引进的各类成型人才；按合同考核标准，应续订长期合同的员工。

（3）因生产、经营急需，公司在与员工达成一致意见的情况下，可对劳动合同期限通过协商方式确定。

4.3.1.3 以完成一定工作任务为期限的劳动合同，是指公司与员工约定以某项工作的完成为期限的劳动合同。公司在新建项目筹建或技术设计、改造等工作过程中，经与员工协商一致可以把工作完成时间约定合同期限，与员工签订劳动合同。

4.3.2 公司与员工首次签订劳动合同应约定试用期，并只能约定1次。试用期包括在劳动合同期限内。试用期限按下列规定执行。

（1）劳动合同期限为3个月以上不满1年的，试用期不得超过1个月。

（2）劳动合同期限为1年以上不满3年的，试用期不得超过2个月。

（3）3年以上固定期限和无固定期限的劳动合同，试用期不得超过6个月。

（4）以完成一定工作任务为期限的劳动合同或者劳动合同期限不满3个月的，不得约定试用期。

4.4 劳动合同的续订、变更、终止和解除

4.4.1 劳动合同的续订。

（1）公司人事管理部门应根据合同考核办法，对合同到期员工进行考核，并提前1个月做出考核结果。

（2）员工劳动合同到期，经考核合格，本人又要求继续工作，可按 4.3.1规定续订劳动合同；对于考核不合格或者岗位不需要的员工，劳动合同不再续订，公司按法定程序与其办理终止劳动合同手续。

4.4.2 劳动合同的变更。

（1）公司与员工协商一致，可以变更劳动合同约定的内容。变更劳动合同，必须以书面形式通知对方，变更后的劳动合同文本由公司与员工各执一份。公司与员工应在收到对方变更通知15日内给予答复，逾期不答复的，视为不同意变更。

（2）员工因内部调动使用工主体发生变动，自调动之日起，改与调入单位（独立法人）签订劳动合同，调入单位与员工签订的劳动合同期限不得低于原劳动合同未履行的期限。

（3）劳动合同期限实行动态管理。在履行劳动合同期限内，对受到行政记过、党内严重警告及以上处分的员工，可以改签较短期限的劳动合同或解除劳动合同；对经

公司考核，认定为技术、管理骨干的员工，可以改签较长期限的劳动合同；对出现本制度4.4.4.3之（1）规定情形的员工，解除劳动合同。

4.4.3 劳动合同的终止。

4.4.3.1 有下列情形之一时，劳动合同终止。

（1）劳动合同期满的。

（2）员工开始依法享受基本养老保险待遇的。

（3）员工死亡，或者被人民法院宣告死亡，或者宣告失踪的。

（4）公司被依法宣告破产的。

（5）公司被吊销营业执照、责令关闭、撤销或者公司决定提前解散的。

（6）法律、行政法规规定的其他情形。

4.4.3.2 劳动合同延缓终止的情形：劳动合同期满后，有4.4.6情形之一的，劳动合同应续延至相应的情形消失时终止。

4.4.4 劳动合同的解除。

4.4.4.1 公司与员工协商一致可以解除劳动合同。

4.4.4.2 员工与公司解除劳动合同，按以下规定执行。

（1）员工在劳动合同期内提前30日以书面形式通知公司，可以解除劳动合同。员工在试用期内提前3日通知公司，可以解除劳动合同。

（2）公司有下列情形之一时，员工可以解除劳动合同。

①未按照劳动合同约定提供劳动保护或者劳动条件的。

②未及时足额支付劳动报酬的。

③未依法为员工缴纳社会保险费的。

④经劳动仲裁部门、法院认定，劳动合同无效或公司制定的规章制度违反了法律、法规的规定，损害员工权益的。

⑤法律、行政法规规定员工可以解除劳动合同的其他情形。

4.4.4.3 公司与员工解除劳动合同，按以下规定执行。

（1）员工有下列情形之一时，公司可以随时解除劳动合同。

①在试用期间被经证明不符合录用条件的。

②严重违反公司规章制度的。其中，"严重违反"是指公司制定的各项规章制度有明确定性的；或经公司职工代表大会审议、认定通过的。

③严重失职，徇私舞弊，对公司利益造成重大损失的。其中"重大损失"是指给公司造成5000元以上直接经济损失或经公司职工代表大会审议、认定通过的。

④员工同时与其他用人单位建立劳动关系，经公司提出，拒不改正的。

⑤法律、行政法规规定公司可以解除劳动合同的其他情形。

（2）员工有下列情形之一时，公司提前30日以书面形式通知员工本人或额外支付员工1个月工资后，可以解除劳动合同。

①员工患病或非因工负伤，在规定的医疗期满后，不能从事原工作也不能从事公司另行安排工作的。

②员工不能胜任本岗位工作，经过培训或者调整工作岗位，仍不能胜任工作的。

③劳动合同订立时所依据的客观情况发生重大变化，致使原劳动合同无法履行，经双方协商不能就变更劳动合同内容达成协议的。

4.4.5 公司因客观经济情况发生重大变化，需要进行经济性裁减人员时，裁员范围、程序、方案按国家法律规定执行。

4.4.6 员工有下列情形之一时，公司不得依照4.4.4.3之（2）和4.4.5的规定解除劳动合同。

（1）从事接触职业病危害作业的员工未进行离岗前职业健康检查，或者疑似职业病病人在诊断或者医学观察期间的。

（2）在公司患职业病或者因工负伤并被确认丧失或者部分丧失劳动能力的。

（3）患病或者非因工负伤，在规定的医疗期内的。

（4）女职工在孕期、产期、哺乳期的。

（5）在本公司连续工作满15年，且距法定退休年龄不足5年的。

（6）法律、行政法规规定的其他情形。

4.4.7 公司单方解除劳动合同，应当事先将理由通知工会。公司违反法律、行政法规规定或者劳动合同约定的，工会有权要求公司纠正。公司应当研究工会的意见，并将处理结果书面通知工会。

4.4.8 公司应当在解除或终止劳动合同时出具解除或终止劳动合同的证明，并于15日内为员工办理档案和社会保险关系手续。

4.4.9 公司依照国家法律规定应当向员工支付经济补偿的，在员工办结工作交接手续时支付。

4.4.10 公司对已经解除或者终止劳动合同的文本，保存2年备查。

4.5 经济补偿及法律责任

4.5.1 有下列情形之一时，公司应当向员工支付经济补偿。

（1）员工依照4.4.4.2之（2）的规定解除劳动合同的。

（2）公司依照4.4.4.1的规定向员工提出解除劳动合同并与员工协商一致解除劳动合同的。

（3）公司依照4.4.4.3之（2）的规定解除劳动合同的。

（4）公司依照企业破产法规定进行重整裁员时解除劳动合同的。

（5）除公司维持或者提高劳动合同约定条件续订劳动合同，员工不同意续订的情形外，依照4.4.3.1之（1）的规定终止固定期限劳动合同的。

（6）依照4.4.3.1之（4）、（5）的规定终止劳动合同的。

（7）法律、行政法规规定的其他情形。

4.5.2 公司及员工根据4.5.1规定解除劳动合同并给予经济补偿时，按下列规定执行。

（1）根据员工在本公司的工作年限，每满1年支付1个月工资的标准向员工支付。6个月以上不满1年的，按1年计算；不满6个月的，按半个月工资标准支付。

（2）员工月工资标准高于所在地区上年度职工月平均工资3倍的，按职工月平均工资3倍的数额支付。经济补偿年限，最高不超过12年。

（3）月工资是指员工在劳动合同解除或终止前12个月的平均工资。

4.5.3 公司自用工之日起超过1个月不满1年未与员工签订书面劳动合同的，应当向员工每月支付2倍的工资。

4.5.4 公司违反本制度规定不与员工签订无固定期限劳动合同的，自应当签订无固定期限劳动合同之日起向员工每月支付2倍工资。

4.5.5 公司违反法律规定解除或者终止劳动合同的，应当依照4.5.2规定的经济补偿标准的2倍向员工支付赔偿金。

4.5.6 员工违反4.4.4.1、4.4.4.2规定单方解除劳动合同时，应按下列规定承担相应责任。

4.5.6.1 招录费，即公司招收录用其所产生的费用，包括招聘广告宣传费、差旅费、招聘会务费以及其他为招录该员工所产生的费用。试用期内员工提出解除劳动合同的，应支付招录费。赔偿费用＝个人费用＋均摊费用。

个人费用，指招录员工时，仅对辞职员工产生的费用。

均摊费用，指招录员工时，当期全体应聘人员产生总费用除以应聘人数。均摊费用＝招聘总费用/应聘人数。

4.5.6.2 培训违约金。按4.2.2.2规定向公司支付培训违约金，但试用期内员工提出解除劳动合同的，不支付培训费。赔偿标准：签有专项《培训协议》的，按《培训协议》约定的内容向公司进行赔偿。没有签订《培训协议》的，按其参加培训后至劳动合同约定终止日期为期限，均额等分培训费，员工违约时，按尚未履行的服务期所应分摊的培训费用向公司支付违约金。

4.5.6.3 对生产、经营和管理工作造成的直接经济损失。具体标准如下。

（1）对事实证据充分、情节简单、因果关系清楚的，按造成的实际经济损失计算。

（2）对调查取证困难、难以排除影响经济损失其他因素的，可按员工本人解除劳动合同前12个月的工资总收入乘以未履行的劳动合同期限计算，其中劳动合同期限以年为单位，对未履行劳动合同期限不满一年的按年折算。赔偿费用＝上年度本人工资总收入 × 未履行劳动合同期限。

4.5.6.4 国家法律规定的其他赔偿费用。

4.5.7 员工违反劳动合同约定的保密义务，应按下列赔偿办法执行。

（1）公司有明确规定的，按相关规定赔偿造成的直接经济损失。

（2）公司没有明确规定的，按《反不正当竞争法》第二十条的规定给予赔偿，即损失难以计算的，赔偿额为员工在侵权期间因侵权所获得的利润；并应承担公司因调查员工侵犯其合法权益的不正当竞争行为所支付的费用。

4.5.8 员工违反竞业限制义务，应按下列规定承担相应责任。

（1）按双方约定向公司支付竞业限制违约金。

（2）因不履行或者不完全履行竞业限制义务给公司造成的直接经济损失，赔偿标准按4.5.6.3规定执行。

4.6 劳务派遣

4.6.1 公司在临时性、辅助性、替代性等岗位上可以使用劳务派遣人员，但在常年性连续生产、管理岗位上不允许使用。各子公司使用劳务派遣人员必须到集团综合管理部备案。

4.6.2 公司在使用劳务派遣前应对该单位的经营资格进行调查、核实，劳动派遣单位应依照公司法有关规定设立，注册资本不少于50万元且为独立法人。

4.6.3 公司应与劳务派遣单位签订劳务派遣协议，并根据工作岗位的实际需要与该单位确定派遣期限。劳务派遣协议内容应包括派遣岗位的人员数量、派遣期限、劳动报酬和社会保险费与支付方式以及违反协议的责任。

4.6.4 公司在使用劳务派遣人员前，应履行下列义务。

（1）执行国家劳动标准，提供相应的劳动条件和劳动保护。

（2）告知被派遣劳动者的工作要求和劳动报酬。

（3）支付加班费、绩效奖金，提供与工作岗位相关的福利待遇。

（4）对在岗被派遣劳动者进行工作岗位所必需的培训。

（5）连续用工的，实行正常的工资调整机制。

（6）公司不得将被派遣劳动者再派遣到其他用人单位。

4.6.5 公司不得设立劳务派遣单位向本单位或者所属单位派遣劳动者。

4.6.6 劳务派遣单位如违反法律规定给被派遣劳动者造成损害的，公司与劳务派遣单位承担连带责任。

4.7 附则

4.7.1 公司应建立劳动合同管理台账。管理台账内容包括姓名、性别、出生年月、身份证号码、参加工作时间、入公司时间、劳动合同起止时间等。公司建立的劳动合同管理台账应保存2年备查。

4.7.2 公司在确定员工劳动合同期长短或者解除劳动合同计算经济补偿金时，应将员工在集团公司所属各子、分公司连续工作的时间，均计入"本公司连续工作时间"。

兼并企业自其资产列入集团公司之日起计算。

4.7.3 公司劳动合同管理相关负责人因不及时签订、续订劳动合同，给公司造成严重后果的，应给予一定的罚款或其他行政处分。

拟定		审核		审批	

14-02 员工关系管理办法

××公司标准文件		××有限公司 员工关系管理办法	文件编号××-××-××	
版次	A/0		页次	第×页

1.目的

为规范公司的员工关系管理工作，创建和谐的劳资合作关系，特制定本办法。

2.适用范围

公司所有在职员工，包括试用期员工、临时工。

3.管理内容

（1）员工关系管理作为人力资源管理的一个子项目，在公司里将发挥其独特的管理效用。员工关系管理至少应包括以下内容。

①劳动关系管理：劳动合同管理、劳资纠纷管理、满意度调查以及人事异动管理。

②员工活动管理：发起组织各种员工活动的管理。

③沟通机制的建立：员工访谈、家属沟通、员工申诉。

④员工关怀：重大事件时的慰问、节假日时的祝福。

⑤心理辅导与疏导：在条件允许的前提下，设置专人不定期对员工的心理进行辅导，或开设心理类培训课程，缓解职场压力与家庭矛盾带来的心理隐患。

（2）员工关系的管理应该是每一位管理者的职责，其专职管理岗位为人力资源部员工关系专员。

（3）每期所做的员工关系满意度调查，作为各部门改进管理的依据，以后还可作为公司绩效考核的指标之一。

4.管理规定

4.1 劳动合同管理

4.1.1 劳动合同是公司与所聘员工确定劳动关系、明确双方权利和义务的协议，凡公司员工都必须按规定签订劳动合同。

4.1.2 所有新进人员必须在入职30天内签订劳动合同，劳动合同的签订时间为员工上岗时间，签订范围为上月所有新进人员与原合同到期需续签人员。合同期：一般员工为2年，管理层员工为3年。

4.1.3 调动人员在办理调动手续时，调出公司负责收回原劳动合同，调入公司负责签订新的劳动合同。

4.1.4 人力资源部在员工劳动合同期满前1个月，通知员工本人及用人部门领导，由双方协商是否续聘，并将结果及时通知人力资源部。任何一方不同意续签劳动合同的，人力资源部将按照规定提前三天通知另一方结果，并按规定办理不续签的人事手续；双方同意续签劳动合同的，人力资源部负责在合同到期前与员工签订新的劳动合同。

4.1.5 员工在试用期可以提前3天提出解除劳动合同，非试用期内要求解除劳动合同的应提前30天申请。

4.1.6 双方出现劳动纠纷时，由人力资源部根据劳动合同与员工实际表现，代表公司处理劳动纠纷。

4.2 员工活动的组织与协调

4.2.1 人力资源部员工关系专员与行政部行政专员及其他部门志愿者1～2名，共同组建员工活动小组，负责组织各种活动小组，如篮球组、羽毛球组等，目的是增强员工之间、部门之间的联系，增进友谊，创建健康向上的工作氛围，引导积极合作的团队精神。

4.2.2 活动时间。

（1）小型活动（如员工生日会、篮球赛、乒乓球赛等），每季度一次。

（2）中型活动（如部门聚餐、团队建设等），每半年一次。

（3）大型活动（如年会、员工拓展活动等），每年一次。

4.2.3 经费来源。

（1）员工日常违纪罚款。

（2）员工缺勤罚款。

（3）公司提供。

4.2.4 员工关系专员负责向公司申请或筹集员工活动经费，并按计划对活动经费进行管理与控制。

4.3 员工内部沟通管理

4.3.1 公司施行"入职指引人"制度，由部门评选出部门的核心骨干人员担任本部门入职指引人。入职指引人的职责主要有下几个方面。

（1）帮助本部门新员工熟悉部门运作流程，保持与人力资源部劳动关系专员的沟通，反馈新员工的工作状态和工作表现。

（2）主动为新员工解答疑难，帮助新员工处理各类事务。

（3）转正前对新员工做出客观的评价，以此作为新员工的转正依据之一。

4.3.2 员工的内部沟通主要分为正式沟通与非正式沟通两大类，正式沟通包括以下几个方面。

（1）入职前沟通。

为达到"以企业理念凝聚人、以事业机会吸引人、以专业化和职业化要求选拔人"的目的，在招聘选拔面试时须将企业文化、工作职责等进行客观描述。人力资源部招聘专员负责完成对公司拟引进的一般职位的"入职前沟通"，人力资源部负责人、各部门负责人与分管副总经理完成对中高级管理人员的"入职前沟通"。

同时，进入公司的新员工由人力资源部招聘专员负责引领新员工认识各部门入职指引人，介绍公司相关的沟通渠道，后勤保障设施等，帮助新员工尽快适应新的工作环境。

（2）岗前培训沟通。

对员工上岗前必须掌握的基本内容进行沟通培训，以掌握公司的基本情况、提高对企业文化的理解和认同、全面了解公司管理制度、知晓员工的行为规范、知晓自己本职工作的岗位职责和工作考核标准、掌握本职工作的基本工作方法，从而比较顺利地开展工作，尽快融入公司，度过"磨合适应期"。

（3）试用期间沟通。

为帮助新员工更加快速地融入公司，度过"磨合适应期"，应尽量给新员工创造一个合适、愉快的工作环境。由人力资源部、新员工所属直接和间接上级与新员工进行沟通。人力资源部经理主要负责对管理人员进行试用期间的沟通；管理人员以外的新员工沟通、引导，原则上由其所属上级及人力资源部专员负责。沟通频次要求如下。

人力资源部：新员工试用第一个月，至少面谈2次（第一周结束时和第一个月结束时）。新员工试用第二到第三个月（入司后第二到第三个月），每月至少面谈或电话沟通1次。

新员工的入职指引人和所属直接上级：可以参照人力资源部的沟通频次要求进行。

除面谈、电话等沟通方式外，人力资源部须在每月的最后一个星期组织新员工座谈会进行沟通。

（4）转正沟通。

根据新员工试用期的表现，结合《绩效管理制度》进行转正考核，在"转正申请表"上做出客观评价。沟通时机如下。

①新员工所属直接上级：进行新员工转正评价时，形成部门意见。

②人力资源部：在审核员工转正时，形成职能部门意见。

（5）工作异动沟通。

为了使员工明确工作异动的原因和目的、新岗位的工作内容、责任，更顺利地融入新岗位中去，同时以期达到员工到新岗位后更加愉快、敬业的工作的目的。沟通时机如下。

①人力资源部：在决定异动后正式通知员工本人前3天内。

②异动员工原部门直接上级：在接到人力资源部的员工异动决定通知后立即进行。

③异动员工新到部门直接上级：在异动员工报到上岗之日，相当于新员工的入职引导和岗前培训沟通。

（6）离职面谈。

本着善待离职者原则，对于主动离职员工，通过离职面谈了解员工离职的真实原因以便公司改进管理；对于被动离职员工，通过离职面谈提供职业发展建议，不让其带着怨恨走；诚恳地希望离职员工留下联系方式，以便跟踪管理。沟通时机与要求如下表所示。

沟通时机与要求

时机	离职面谈责任人	要求
第一次：得到员工离职信息时或做出辞退员工决定时	原则上由人力资源部和员工所属部门经理共同组织	对于主动提出辞职的员工，员工直接上级或其他人得到信息后应立即向其部门经理和人力资源部员工关系专员反映，拟辞职员工部门经理应立即进行离职面谈，了解离职原因，对于欲挽留员工要进行挽留面谈，对于把握不准是否挽留的应先及时反馈人力资源部以便共同研究或汇报，再采取相应措施。对于主管级以上的管理人员主动辞职的，得到信息的人应先将信息第一时间反馈人力资源部经理以便决策。对于企业辞退的员工，由人力资源部组织进行第一次离职面谈
第二次：员工离职手续办清楚，准备离开公司的最后一天		对于最终决定同意离职的员工，由人力资源部进行第二次离职面谈。主管级以下员工由人力主管进行离职面谈；主管级以上员工（含主管级）由人力资源部经理及以上负责人进行离职面谈。第二次面谈可以采取离职员工填写"离职员工面谈表"的相关内容方式配合完成。第二次面谈应技巧性地让离职员工自愿留下联系方式，以便跟踪管理

4.3.3 非正式沟通通过以下几种形式。

（1）每季度的最后一个星期五下午由人力资源部组织高层管理人员与各部门基层代表召开畅谈会，每期畅谈会参加的基层代表原则上是各部门员工轮流参加，畅所欲言，将自己对公司的想法、意见及不满反映给高层领导。

（2）为了解管理中存在的问题，每季度进行一次员工调查，由员工以匿名方式填写"员工满意度调查表"，内容包括员工对直接上级的满意度、工作的建议、对其他部门的意见等。人力资源部在调查后的一周内，将调查内容整理成文，逐级报送给公司领导阅示。

（3）在公司有重大联欢性活动时，邀请员工家属一起参加，使员工家属了解公司、熟悉公司并支持员工的工作。

（4）除正式沟通中的各类面谈外，人力资源部员工关系专员还须不定期对公司员工进行访谈，重点是各部门核心员工、技术骨干的访谈，内容包括员工现阶段工作、生活方面遇到的困难、压力、心理负担。

4.4　员工关怀管理

4.4.1　员工关怀管理的目的是增进员工对企业的归属感与认同感，是指企业在员工遭遇重大困难时，对员工给予精神关怀或者物质帮助的一种管理过程。

4.4.2　逢重要节假日，如中秋节、春节等，人力资源部员工关系组将根据公司情况，给予外派员工以及核心员工适当的慰问与祝福，让员工心有所系。

4.4.3　员工生日，由行政部发放祝福卡片，举行生日会进行庆祝。

4.4.4　员工个人或家庭遭遇重大困难时，员工关系组除代表公司送达慰问与关怀外，另根据公司领导审批情况，给予不同程度的物质协助。

4.5　员工申诉管理

4.5.1　员工申诉管理的主要目的是尽量减少员工因在工作中可能受到的不公正、不恰当的处理而产生的不良情绪。

4.5.2　员工申诉的主要范围包括对工作安排不接受、对考核结果有异议、对上级处理结果不认同等。

4.5.3　申诉程序为员工向直接上级投诉，如直接上级在3日之内仍未解决问题，可越级向部门经理投诉，同时也可向人力资源部经理或员工关系专员投诉，人力资源部负责在3日内解决投诉问题。

4.5.4　员工对人力资源部的处理结果不满意的，可继续向人力资源部经理提请复议，人力资源部经理有责任在一周内重新了解情况并给予处理意见。此复议为申诉处理的最终环节。

拟定		审核		审批	

14-03　员工投诉管理办法

××公司标准文件		××有限公司 员工投诉管理办法	文件编号××-×× ×-××	
版次	A/0		页次	第×页

1.目的

为保护员工工作、学习、生活的合法权益，激励员工更好地为公司服务，及时发现和处理隐患问题，维护企业整体利益，特制定本办法。

2.适用范围

适用于公司所有正式员工。

3.定义

其投诉指的是针对某种侵害行为已经或将要发生，为保护公司、部门或自身利益而进行的要求立即改正的行为。

4.管理规定

4.1 投诉内容

允许员工在自认为遭遇下列各项的情形下，进行投诉。

（1）不合理的工作布置、要求。

（2）不合适的工作条件、环境。

（3）不恰当的工作报酬、福利、社会保险等。

（4）不公正的岗位、职位、工作地点、工作条件、工作要求、薪酬福利等的变动。

（5）公司任何个人或部门的违规或非法行为，该行为使公司、部门或员工个人的正当利益受到损害。

（6）不良言行、不公正对待，无论来自上级、下级或是同事。

（7）威逼、恐吓、要挟、侮辱，这种侵害或者来自上级、同事、下属；或者以暴力威胁方式或其他方式出现；无论是口头或是行动。

（8）性别歧视、残障歧视、民族歧视、性骚扰。

（9）个人隐私、个人爱好等受到侵害。

（10）其他损害公司、部门或员工利益的一切言行或任何违反公司规章制度的言行，无论其后果是否已经发生。

4.2 投诉方式

4.2.1 投诉的表述方式有两种：口头方式和书面方式（包括E-mail）。在一般情况下，两种方式为同等合适、有效的投诉方式，但在向（或针对）公司高层进行的投诉中，只允许书面投诉方式，口头方式不被许可。

4.2.2 投诉的传达方式有面对面方式、电话方式和递交（或邮寄）材料方式。除此之外的任何其他方式，如转述、在公司各种信息渠道中贴大小字报等，公司均视为不正当方式。通过不正当方式进行的投诉公司不予受理，并视为违规行为加以处理。

4.3 渠道及投诉接受人、投诉受理人

4.3.1 任何投诉必须按照规定的方式与正当的渠道进行。公司人力资源部致力于正当方式与正当渠道的建设，以保障员工合理正当的表达和投诉的权利。许可的正当渠道如下。

（1）员工直接向上级主管口头及书面投诉。

（2）员工直接向公司人力资源部的口头及书面投诉。

（3）员工直接向公司总经理书面投诉。

除此之外，其他一切渠道及方式为非正当渠道，为不正确。凡是沿非正当渠道进行的一切诉求，可判定为内部不良言行，不但不能得到支持、原谅，反而会遭到纪律的惩戒。

4.3.2 依据上述渠道接受投诉的人为投诉接受人；除上述第（3）条外，投诉受理人为公司人力资源部。第（3）条的投诉接受人可根据投诉情况直接受理或指定投诉受理人。

4.3.3 上述第（1）、（2）条中的投诉接受人应在保密的前提下，迅速通知人力资源部并有义务转达。投诉接受人应正确履行管理职责，不得推诿或拒绝接受。

4.4 投诉的内容及署名

4.4.1 所有投诉，无论是口头还是书面，必须具有事实依据和真实内容，不得以臆测及虚假的内容作为投诉的依据，更不得以此对他人作恶意攻击及诽谤、诬告。一旦发现，将受到公司工作纪律的严惩直至解除劳动合同及追究法律责任。

4.4.2 所有书面投诉材料必须由投诉人亲笔签署真实姓名，以保证其严肃性。E-mail投诉需由本人邮件信箱发出。若口头投诉，必须在有关投诉记录材料上署名，并由记录人署名以保证材料真实性。

4.5 受理

4.5.1 简易处理程序。

（1）适用于日常工作投诉及口头投诉，以及人力资源部门认为可以通过简易方式处理的其他投诉。

（2）在接到投诉的3个工作日内，人力资源部门将处理结果用口头或文字方式通知投诉人及有关人士。

4.5.2 正式处理程序。

（1）针对涉及较重大事项、多部门或较复杂投诉，以及书面投诉。

（2）投诉一旦发生，投诉接受人应在自接受起1个工作日内将有关投诉材料密封转交投诉受理人公司人力资源部，投诉接受人和投诉受理人在交接过程中，均应在密封材料上签字，对该过程加以确认。确认接受无误后，人力资源部门在3个工作日内向投诉人及投诉接受人发出投诉受理通知单，在根据上述规定审查其程序后，明确通知投诉人和投诉接受人"受理"或"不受理"的决定。如决定不受理，须明确告知其原因及处理意见。

4.5.3 公司人力资源部门对于所受理的投诉的调查和处理应在7个工作日内完成。因故不能完成的，应及时与投诉人、投诉接受人进行沟通，明确告知其拖延处理的原因及预计完成的期限。

4.5.4 公司人力资源部门对于投诉的处理程序如下。

（1）与投诉人面对面的沟通，核实投诉内容与事实，倾听投诉人的陈述并做记录，结束后由谈话人在记录材料上签字。

（2）公司人力资源部门在上述基础上组织力量进行独立调研，与投诉涉及各方进行面对面的沟通与调查，在每次谈话记录上必须由谈话人签字认可；对于投诉所涉及的有重大影响、跨多个部门、问题严重或涉及公司整体重大利益的，应在及时汇报公司主管领导后，在得到授权和必要情况下，将组成联合调查组，对投诉进行处理；凡是调查过程中，没有形成明确调查处理意见，报请主管领导批准向外公布前，调查人与被调查人应履行保守公司机密的义务，任何人不得以任何方式泄露调查内容，并发表任何倾向性意见。违反者以严重、恶意违反公司规章制度论处。

（3）人力资源部门在进行客观、公正和充分的调查后，根据所得内容，参照公司规章制度的有关规定形成调查结论及处理意见，报请公司主管领导审批。在得到授权许可的情况下，人力资源部门可将调查结果与处理意见及时通报投诉人、投诉所涉及方的部门领导，征询各级领导意见，以保证调查结论的公正性和处理结果的严肃性、公正性。

（4）在调查报告和处理意见得到上级领导审核批准后，人力资源部门根据需要，组织投诉人、受投诉人（或部门代表）以及各方上级主管，召开协调通报会，宣布调查结果及处理意见。投诉涉及各方应在有关材料上签字，明确表示认可或申诉。人力资源部门认为有必要时，将调查结果和处理在适当的范围公开。在各方明确表示认可、不申诉的情况下，人力资源部门宣布投诉处理结束，结案归档。申诉并不影响处理的执行。申诉人应在履行公司处理意见的前提下进行。

4.6 申诉

4.6.1 对于调查报告和处理意见不满或不服，或者对于调查过程中的程序或项目不满或不服，投诉涉及各方有权提出申诉。

4.6.2 申诉受理人为公司主管领导。申诉人必须以书面材料进行申诉。申诉期为自宣布结论与处理意见起7个工作日内。申诉的受理及正式处理的有关程序参照投诉的有关程序执行。

4.6.3 公司主管领导在3个工作日内做出受理或不受理的决定，并将依据申诉内容，决定是否组成独立调查组进行处理。在接受申诉的7个工作日内，对申诉受理人做出最终处理意见，报公司总经理批准后，依照上述程序进行宣布处理。此结论、处理为最终结果。

4.7 宣布程序

4.7.1 宣布程序也按照上述程序执行。

4.7.2 投诉、申诉各方应无条件服从、执行最终调查结论及处理意见。

4.7.3 若仍有不满或不服者，可依据国家有关劳动法规和其他法规，按国家规定的法律程序进行。此过程并不影响公司处理意见的执行。

拟定		审核		审批	

14-04　员工沟通管理办法

××公司标准文件		××有限公司 员工沟通管理办法	文件编号×× - ×× - ××	
版次	A/0		页次	第×页

1.目的

为使员工能通过正常途径表达情绪不满与解答生活和工作上的困惑，改善工作气氛，维护公司和员工权益，协助公司高层领导能与员工直接对话，并收集内部管理信息，建立顺畅的沟通管道，增强企业凝聚力，特制定本办法。

2.适用范围

适用于与公司建立劳动关系和协议关系的员工沟通及问题的协调处理。

3.权责

（1）总经理负责申诉处理结论的最终核准、总经理意见箱提报问题的处理回复、员工座谈会的问题处理结果的核准。

（2）人力资源部负责员工申诉事件的调查处理，处理办法的提出，员工座谈会的参加，违规投诉、员工意见箱提报问题的回复。

（3）人力资源部薪酬专员负责总经理信箱、员工意见箱的定期开启，意见的汇整提报。新进员工座谈会、班组长座谈会的召集、会场布置、会议记录、会议反馈问题的改善跟进。

（4）各部门经理负责本部门员工申诉的调查处理，处理意见的提报。总经理信箱、员工意见箱、新进员工座谈会、班组长座谈会提报问题的责任落实和协助处理，员工提案的评审及被采纳提案的落实。

4.管理规定

4.1 沟通内容

4.1.1 对于奖惩处置不公或存在明显偏差、遭受打击报复等对自己精神和物质造成严重损害的可以向上级申诉。

4.1.2 对于发现严重违纪违规行为及自己在工作中遭受严重精神和物质伤害的可向总经理信箱投诉反映问题。

4.1.3 对于公司在生产生活等各项管理对自己造成工作生活不便，有意见和好的建议的可向员工意见箱投诉。

4.1.4 对于公司在管理、生产工艺改进、技术创新、节能降耗等有建议的，可向公司表达意见。

4.2 沟通形式

4.2.1 申诉。

申诉人直接以书面、口头、电话、意见箱、短信、邮件等方式直接向上级申诉。

（1）申诉政策。

申诉人对于申诉问题必须确凿无误，不得无理取闹，借申诉报复他人；对于申诉人提出的问题及对申诉人必须给予尊重，并保障申诉人的个人隐私；申诉人不因提出申诉问题而遭受打击报复，或失去工作或遭受开除等其他处分；对于申诉问题未完成或完成均应给予及时答复；员工不应以任何名义，未经申诉与协调程序而妨碍生产管理秩序、怠工或罢工，否则公司可依据奖惩此规定给予处置，造成公司损失的须承担赔偿损失。

对于员工申诉遇到协调对象与自己有亲属、好友关系的应主动回避，交上一级管理人员处理。对于申诉事件对象为上一级的应回避。

（2）对于书面申诉问题，申诉人至人力资源部领取"申诉书"并如实填写，依次向班组长、部门主管、部门经理、人力资源部经理、总经理申诉。对于申诉问题，各级管理人员必须在3个工作日内给予协调处理并回复，对于在3个工作日内未处理也未及时回复的可越一级向上以书面方式申诉。

4.2.2 总经理信箱。

（1）实名或匿名方式举报管理人员不作为、处事不公、工作中弄虚作假、收受贿赂、欺诈、赌博、偷盗等严重违纪行为的，在工作中遭受严重精神和物质损害的，可向总经理信箱投诉问题。

（2）对于投诉问题必须确凿无误，不得无理取闹，借投诉报复他人；对于投诉人提出的问题及对投诉人必须给予尊重和必要的保护，并保障投诉人的个人隐私；投诉人不因投诉问题而遭受打击报复；对于投诉问题经查证不实的不予处理，造成他人精神及物质损害的，将依照国家的有关法律法规和公司的《奖惩管理规定》追究责任；对于举报严重违纪行为经查证属实的将依照《奖惩管理规定》给予奖励；对于管理人员对投诉信息保护失误导致信息泄露，对投诉人造成损害的，将追究保密责任。

（3）总经理信箱钥匙由人力资源部薪资专员专人管理，每月23日开启（最迟可顺延2个工作日），报总经理审阅。人力资源部薪酬专员跟进改善情况，填写"总经理意见箱月问题改善跟进表"，总经理视情况查证后给予回复，对于实名反馈问题的需最迟在一个月内向员工回复处理结果。

4.2.3 员工意见箱。

（1）对于公司在生产、生活等各项管理中对自己造成工作、生活不便，有好的意见和建议的，可向员工意见箱投诉问题。

（2）对于投诉问题必须确凿无误，在合情合理的范围内，不得无理取闹，借投诉报复他人；对于投诉人提出的问题及对投诉人必须给予尊重和必要的保护，并保障投诉人的个人隐私；投诉人不因投诉问题而遭受打击报复；对于投诉问题经查证不实的不予处理，造成他人精神及物质损害的将依照国家的有关法律法规的规定和公司的

《奖惩管理规定》追究责任；对于管理人员对投诉信息保护失误导致信息泄露，对投诉人造成损害的，将追究保密责任。

（3）员工意见箱钥匙由人力资源部薪资专员专人管理，每月23日（最迟可顺延2个工作日）开启，直接汇整报人力资源部经理。人力资源部跟进提报问题的改善，填写"员工意见箱月问题改善跟进表"，最迟在一个月内向员工回复处理结果，并张贴公布。

4.2.4　员工座谈会。

（1）员工对于公司政策、规章制度、生活管理等有不满的可在总经理召集的员工座谈会和班组长座谈会上陈述问题，总经理给予当面回复，若当面无法回复的则最迟在会后7个工作日内回复。

（2）会议召开标准。

会议召开标准

标准种类	主办单位	与会主管	参加会对象	参加人数	开办频率	意见收集	会议记录	是否公告	会议议题
员工座谈会	人力资源部	总经理、人力资源部经理	30人，新进1个月员工和老员工各占一半	实际人数	1次/月（每月24日，遇节假日则顺延）	—	有	是	公司政策、规章制度、生活管理等
班组长座谈会	人力资源部	总经理、人力资源部经理	各部门班组长	实际人数	2月、5月、8月、11月（每月25日，遇节假日则顺延）	—	有	是	
其他会议	各部门	部门经理	公司内组长	部门自定					

（3）会议流程。

会议流程

程序	基本流程	负责部门	内容	产出
会前准备	人员选取	薪酬专员	依年资、部门、年龄、性别按一定比例选取	参会名单
	会前安排	薪酬专员	提前拟定会议时间、地点，并邀请相关人员参会	会议通知

续表

程序	基本流程	负责部门	内容	产出
会中	会议开场	薪酬专员	介绍会议目的、会议议题并引导大家积极提问	会议记录
	自由提问和回复	参会人员/总经理	由各参会人员自由提问并由总经理当场回复	
	会议小结	总经理	总经理进行会议小结	
会后	提报会议记录	薪酬专员	于7个工作日内提报会议记录并呈总经理签核完毕	会议记录
	部内公告	薪酬专员	对会议记录进行公告	公告
	跟进问题改善	薪酬专员	会议问题	员工座谈会月问题改善跟进表

4.2.5 提案。

对于公司在管理、生产工艺改进、技术创新、节能降耗等有建议的，可依据公司《提案管理规定》要求表达意见。

拟定		审核		审批	

本章阅读索引：

- 员工职业生涯规划管理制度
- 员工职业生涯管理办法

15-01 员工职业生涯规划管理制度

××公司标准文件		××有限公司 员工职业生涯规划管理制度	文件编号××-××-××	
版次	A/0		页次	第×页

1.目的

为充分、合理、有效地利用公司内部的人力资源，最大限度地发展公司的人才、规划公司员工的职业生涯发展，特制定本制度。

2.适用范围

适用于公司全体员工的职业生涯进行规划的相关管理。

3.定义及内涵

3.1 定义

职业生涯规划与管理，是指个人发展和企业相结合，对决定员工职业生涯的主客观因素进行分析、总结和测定，并通过设计、规划、执行、评估和反馈，使每位员工的职业生涯目标与公司发展的战略目标相一致。

3.2 内涵

职业生涯规划与管理包括两个方面。

3.2.1 员工的职业生涯发展自我规划管理，员工是自己的主人，自我规划管理是职业发展成功的关键。

3.2.2 公司协助员工规划其生涯发展，并为员工提供必要的教育、培训、轮岗等发展的机会，促进员工职业生涯目标的实现。

4.管理规定

4.1 原则

员工的职业生涯规划要遵循系统性原则、长期性原则与动态原则。

4.1.1 系统性原则：针对不同类型、不同特长的员工设立相应的职业生涯发展通道。

4.1.2 长期性原则：员工的职业生涯发展规划要贯穿员工的职业生涯始终。

4.1.3 动态原则：根据公司的发展战略、组织结构的变化与员工不同时期的发展需求进行相应调整。

4.2 职业生涯规划系统

4.2.1 公司协助员工进行职业生涯规划。

4.2.2 自我评价。

（1）帮助员工确定兴趣、价值观、资质以及行为取向，指导员工思考当前他正处于职业生涯的哪一个位置，制订出未来的发展计划，评估个人的职业发展规划与当前所处的环境以及可能获得的资源是否匹配。

（2）公司推行自我评价的主要方式。

一是心理测验，帮助员工确定自己的职业和工作兴趣；二是自我指导研究，帮助员工确认自己喜欢在哪一种类型的环境下从事工作。

（3）员工与公司的责任

员工的责任是根据自己当前的技能或兴趣与期望的工作之间存在的差距确定改善机会和改善需求；公司的责任是提供评价信息，判断员工的优势、劣势、兴趣与价值观。

4.2.3 现实审查。

4.2.3.1 目的。

帮助员工了解自身与公司潜在的晋升机会、横向流动等规划是否相符合，以及公司对其技能、知识所做出的评价等信息。

4.2.3.2 现实审查中信息传递的方式。

（1）由员工的上级主管将信息提供作为绩效评价过程的一个组成部分，与员工进行沟通。

（2）上级主管与员工举行专门的绩效评价与职业开发讨论，对员工的职业兴趣、优势以及可能参与的开发活动等方面的信息进行交流。

4.2.3.3 员工与公司的责任。

（1）员工的责任：确定哪些需求具有开发的现实性。

（2）公司的责任：就绩效评价结果以及员工与公司的长期发展规划相匹配之处，与员工进行沟通。

4.2.4 目标设定。

4.2.4.1 目的。

帮助员工确定短期与长期职业目标。这些目标与员工的期望职位、应用技能水平、工作设定、技能获得等其他方面紧密联系。

4.2.4.2　目标设定的方式。

员工与上级主管针对目标进行讨论，并记录于员工的开发计划中。

4.2.4.3　员工与公司的责任。

（1）员工的责任：确定目标和判断目标进展状况的方法。

（2）公司的责任：确保目标是具体的、富有挑战性的、可以实现的；承诺并帮助员工达成目标。

4.2.5　行动规划。

4.2.5.1　目的。

帮助员工决定如何才能达成自己的短期与长期的职业生涯目标。

4.2.5.2　行动计划的方式。

主要取决于员工开发的需求以及开发的目标，可采用安排员工参加培训课程和研讨会、获得更多的评价、获得新的工作经验等方式。

4.2.5.3　员工与公司的责任。

（1）员工的责任：制定达成目标的步骤及时间表。

（2）公司的责任：确定员工在达成目标时所需要的资源，其中包括课程、工作经验以及关系等。

4.3　职业发展通道

4.3.1　公司鼓励员工专精所长，为不同类型人员提供平等晋升机会，给予员工充分的职业发展空间。

4.3.2　建立员工发展四条通道：管理通道、技术通道、业务通道、生产工人通道。

4.3.2.1　管理通道适用于公司各类人员。

4.3.2.2　技术通道适用于从事技术工作的人员。

4.3.2.3　业务通道适用于从事市场销售和服务工作的人员。

4.3.2.4　生产工人通道适用于生产车间的操作工人。

4.3.3　每一职系对应一种员工职业发展通道，随着员工技能与绩效的提升，员工可以在各自的通道内有平等的晋升机会。

4.3.4　员工发展通道转换。

4.3.4.1　考虑公司需要、员工个人实际情况及职业兴趣，员工在不同通道之间有转换机会。但必须符合各职系相应职务任职条件，经过有关负责人员讨论通过后，由人力资源管理部门备案并通知本人。

4.3.4.2　如果员工的岗位发生变动，其级别根据新岗位确定。

4.3.5　确定新进员工级别。

公司新进员工，人力资源管理部门根据其调入前的外部职称、学历等及调入后的岗位设定级别，试用期满后，直接上级根据其绩效表现提出转正定级意见，经讨论决定后，人力资源管理部门将讨论结果通知本人。

4.4 晋升制度

4.4.1 遵循人才成长规律，依据客观公正的考评结果，让最有责任心的能人担任重要的责任。

4.4.2 将晋升作为一种激励手段与员工进行沟通，让他们充分认识到公司对人才的重视及为他们提供的发展道路。

4.4.3 人才晋升方面不拘泥于资历与级别，而是按照公司组织目标与事业机会的要求，依据制度及甄别程序进行晋升。

4.4.4 保留职务上的公平竞争机制，坚决推行能上能下的职务管理制度。

4.4.5 员工技能通过聘任职称衡量。聘任职称参考外部职称、学历与员工绩效表现，对绩效表现好的员工列为破格聘任的对象，对绩效表现不佳的员工列为降级聘任的对象。

4.4.6 晋升条件（满足以下条件之一即可）。

4.4.6.1 年度考核结果为90分以上或"优秀"。

4.4.6.2 连续两年年度考核结果为85分（含85分）及以上或"良"。

4.4.6.3 符合晋升岗位的任职要求。

注：每晋升一次便重新开始计算。

4.4.7 降级条件（满足下列条件之一即可）。

4.4.7.1 年度考核结果为60分以下或"不合格"。

4.4.7.2 连续两年年度考核结果为65分或"基本不合格"。

4.5 建立职业发展档案

职业发展档案包括《职业发展规划表》《能力开发需求表》以及考核结果记录，其作用分别如下。

4.5.1 每次培训或工作实践情况记录在《能力开发需求表》中。

4.5.2 晋升、晋级记录在《职业发展规划表》中。

拟定		审核		审批	

15-02 员工职业生涯管理办法

××公司标准文件		××有限公司 **员工职业生涯管理办法**	文件编号××-××-××	
版次	A/0		页次	第×页

1.目的

为适应员工个人发展的需要，健全全体员工职业生涯规划与管理制度，明晰公司、部门和员工个人三方权责，构建常态化的职业生涯服务体系，特制定本办法。

2.适用范围

本办法适用于企业对全体员工的职业生涯进行管理的相关事宜。

3.管理规定

3.1　宣传动员

各部门在人力资源行政部的协助下，积极做好宣传引导工作。通过举办职业生涯规划培训达到以下目的。

3.1.1　让员工充分认识员工职业生涯规划活动的目的和意义，树立进行个人职业生涯规划的发展理念，明确权利义务。

3.1.2　引导员工积极参加职业生涯规划活动，协助他们学会自我职业生涯规划和管理的技术，为工作开展打下良好的基础。

3.2　自我评估

自我评估主要包括以下内容。

3.2.1　职业规划测评，参加职业生涯规划测评，结合评估报告，深入剖析自己。

3.2.2　个人因素分析，包括工作经验、教育背景、专业知识技能、国内外培训、学术交流、社会实践经验、人格特质、人际关系、在组织中的影响力等。

3.2.3　环境因素分析，包括社会环境、组织目标与发展战略、竞争者、专业领域、技术方向等。

3.3　规划制定方法

3.3.1　举行职业生涯规划答辩会。

（1）员工要根据自我评估的情况在答辩会上公开陈述，阐述自己在工作、个人提高、职务晋升等方面的初步规划。

（2）各部门要成立员工职业生涯发展指导小组（由部门、人力资源及行政部、专业人员组成），负责对员工的个人规划进行咨询、指导，对初步规划进行分析点评，帮助其制定职业规划。

3.3.2　修改完善个人职业生涯规划，员工根据答辩中反馈的意见初步填写《员工职业生涯规划表》。

3.3.3　确定职业生涯规划，员工本人进一步与部门、管理层沟通，最终确定其职业生涯规划。

3.4　规划执行

3.4.1　公司要为员工职业规划执行提供职业发展信息，职务晋升机会；提供工作培训、外训、内训、工作交流、实践锻炼、工作轮换等机会。

3.4.2　各部门协同公司人力资源及行政部、公司高层管理者等相关职能部门为员工提供培训锻炼机会，使其在工作、技术、管理等多个领域得到锻炼和提高。

3.4.3　公司通过提供培训、晋升的机会同时，各部门要协助员工对职业生涯规划和实施情况适时进行反馈和修正。

3.5 评估反馈

各部门从员工职业规划取得的进展、培训开发方案的制定与执行等多方面进行评估。特别是在每一个时段（一般为1年）客观评价员工的工作业绩，在每一个阶段做好信息反馈，协助员工修订职业生涯规划。

拟定		审核		审批	

第 3 部分

人力资源管理表格

第 3 部分
133 张表格
请扫码下载使用

　　人力资源管理表格是指企业开展人力资源活动所留下的记录，是用以证明人力资源体系有效运行的客观证据。人力资源记录可以提供各项人力资源管理事务符合要求及有效性运作的证据，具有可追溯性、证据并据此采取纠正和预防措施的作用。

　　本部分共分为11章，如下所示：

· 人力资源管理表格概述
· 人力资源规划管理表格
· 组织设计与定岗定编表格
· 员工招聘与任用表格
· 考勤休假管理表格
· 员工异动管理表格
· 员工培训与发展管理表格
· 薪酬与福利管理表格
· 绩效与激励管理表格
· 员工关系管理表格
· 员工职业发展规划表格

第16章 人力资源管理表格概述

本章阅读索引：

· 表格登记过程中常见的问题　　　· 表格的管理和控制

· 表格的设计和编制要求　　　　　· 人力资源管理模块及表格概览

企业管理中的各类表格主要用于记载过程状态和过程结果，是企业质量保证的客观依据，为采取纠正和预防措施提供依据，有利于业务标识和可追溯性。

16-01　表格登记过程中常见的问题

表格在登记过程中常见以下问题。

（1）盲：表格的设置、设计目的、功能不明，不是为管理、改进所用，而是为了应付检查（如我们在填写质量报表时，本来是应该真实记录的，但为了应付检查而更改）。

（2）乱：表格的设置、设计随意性强，缺乏体系考虑，表格的填写、保管、收集混乱，责任不清。

（3）散：保存、管理分散，未作统一规定。

（4）松：记录填写、传递、保管不严，日常疏于检查，达不到要求，无人考核，且丢失和涂改现象严重。

（5）空：该填不填，空格很多，缺乏严肃性、法定性。

（6）错：写错别字，语言表达不清，填写错误。

16-02　表格的设计和编制要求

（1）表格并非越多越好，正确的做法是只选择必要的原始数据作为记录。

（2）在确定表格的格式和内容的同时，应考虑使用者填写方便并保证能够在现有条件下准确地获取所需的信息。

（3）应尽量采用国际、国内或行业标准，对表格应废立多余的，修改不适用的，沿用有价值的，增补必须的，应使用适当的表格或图表格式加以规定，按要求统一编号。

16-03　表格的管理和控制

表格的管理和控制要满足如表16-1所示的要求才能更好地被追溯。

表16-1　表格的管理和控制要求

序号	管理项目	说明
1	标识	应具有唯一性标识，为了便于归档和检索，记录应具有分类号和流水号。标识的内容应包括表格所属的文件编号、版本号、表号、页号。没有标识或不符合标识要求的记录表格是无效的表格
2	储存和保管	记录应当按照档案要求立卷储存和保管。记录的保管由专人或专门的主管部门负责，应建立必要的保管制度，保管方式应便于检索和存取，保管环境应适宜可靠，干燥、通风，并有必要的架、箱，应做到防潮、防火、防蛀，防止损坏、变质和丢失
3	检索	一项管理活动往往涉及多项表格，为了避免漏项，应当对表格进行编目，编目具有引导和路径作用，便于表格的查阅和使用，通过查阅各项表格可以对该项管理活动有一个整体的了解
4	处置	超过规定保存期限的表格，应统一进行处理，重要的含有保密内容的表格须保留销毁记录

16-04　人力资源管理模块及表格概览

本书为企业的人力资源管理提供了一些实用的表格范本供参考，具体包括如表16-2所示的几个方面。

表16-2　实用必备的人力资源管理表格

序号	管理模块	表格名称
1	人力资源规划管理表格	管理人力需求预测表
		按类别的人力资源净需求预测表
		人力资源规划表
		现实人力资源需求预测表
		未来人力资源需求预测表
		未来人力资源流失预测表
		整体人力资源需求预测表
		人力资源规划报告（模板）
2	组织设计与定岗定编表格	岗位设置花名册
		劳动能力平衡表（以设备为基准）
		劳动能力平衡表（以项目为基准）

续表

序号	管理模块	表格名称
2	组织设计与定岗定编表格	岗位说明书
		定岗定编计划表
		定岗定编计划变更审批表
		职员定编表
		单位人员配置计划一览表
3	员工招聘与任用表格	人员需求申请表
		职位申请表
		招聘需求表
		应聘人员登记表
		面试评价表
		情境测试评价表
		面试录用审批表
		录用通知书
		员工保证书
		新进员工须知
		新进员工报到会签单
		试用期安排表
		员工试用期满考核表
		员工试用期满通知书
		员工试用期工作安排表
		试用期工作情况访谈记录表
		员工转正考评申请表
		"一帮一"测评反馈表
		转正审批表
4	考勤休假管理表格	员工月度考勤记录表
		未打卡证明
		请假申请单
		外勤/补休申请单
		员工年假/补休记录表
		加班申请表
		出差审批单
5	员工异动管理表格	员工晋升申请表
		晋升考核评估表
		管理职务晋升推荐表

续表

序号	管理模块	表格名称
5	员工异动管理表格	员工晋升综合素质与能力考核表（主管人员适用）
		员工晋升综合素质与能力考核表（管理人员适用）
		工作轮换申请表
		岗位人员轮换登记表
		员工工作轮换登记卡
		员工调动审批表
		内部调整通知单
		调换工种申请表
		调换工种通知单
		内部调动通知单
		员工离职申请单
		公司员工辞退、除名申请单
		员工离职手续办理单
		员工离职、调岗工作交接清单
		离职移交清单
		员工离职面谈表
		员工辞退通知书
6	员工培训与发展管理表格	年度培训计划申请表
		内部培训计划申请表
		外部培训计划调查表
		外部培训计划申请表
		员工外派培训申请表
		外派培训费用审批表
		培训记录签到表
		培训效果评估表
		职业指导人与新员工面谈表
		培训效果评估报告
		新员工职业指导人考核表
		"师带徒"培训任务书
		"师带徒"培训辅导计划
		培训辅导记录表（师傅）
		培训辅导记录表（徒弟）
		师傅一对一辅导总结报告（徒弟）
		一对一"师带徒"专题培训徒弟考核表

序号	管理模块	表格名称
6	员工培训与发展管理表格	一对一"师带徒"专题培训徒弟月学习报告
		一对一"师带徒"专题培训徒弟总结报告
		员工操作培训申请表
		学徒工（机台长）鉴定考核申请表
7	薪酬与福利管理表格	员工薪资登记表
		员工工资表
		员工薪酬调整建议表
		薪资变动申请表
		岗位调整申请表
		薪酬级别调整申请单
		工资调整申请表
		员工福利预算表
		福利资金年支出报表
		某企业员工福利明细表
		员工工作福利待遇情况表
		员工抚恤申请表
		员工婚丧喜庆补贴申请表
		员工重大伤病补助申请表
		员工福利金申请表
8	绩效与激励管理表格	绩效计划表
		年终述职考评表（管理岗位）
		中高层管理者述职评议表（考核责任人用表）
		中高层管理者述职评议表（评议人用表）
		非高管人员季度/年度工作计划表
		非高管人员月度绩效考核表
		员工个人绩效承诺表（季度）
		员工个人绩效考核表（季度）
		员工个人绩效承诺表（月度）
		员工个人绩效考核表（月度）
		员工绩效评述表
		客户评价/绩效记录表
		绩效面谈记录表
		员工绩效考核面谈记录表
		绩效评估沟通记录表

序号	管理模块	表格名称
8	绩效与激励管理表格	员工绩效评估申诉表
		绩效改进计划表
		员工奖惩建议申请表
		员工奖惩月报表
		员工奖励建议书
		奖惩通知单
9	员工关系管理表格	员工劳动合同签收备案表
		劳动合同签订、变更登记表
		员工解除、终止劳动合同审批表
		劳动合同管理台账
		员工申诉书
		员工座谈会月问题改善跟进表
		员工违纪处罚单
		纪律处分通知书
		奖惩登记表
		员工奖惩明细表
10	员工职业发展规划表格	员工职业发展规划表
		员工能力开发需求表
		员工自我评估练习模板
		管理人员晋升申报表

第**17**章 人力资源规划管理表格

本章阅读索引:

- ·管理人力需求预测表
- ·按类别的人力资源净需求预测表
- ·人力资源规划表
- ·现实人力资源需求预测表

- ·未来人力资源需求预测表
- ·未来人力资源流失预测表
- ·整体人力资源需求预测表
- ·人力资源规划报告(模板)

17-01 管理人力需求预测表

管理人力需求预测表

主要工作种类	当前人力	预计增加人力	每个工作种类预期人员流失				总需求
			晋升	辞职	辞退开除	流失率	
1.高层管理人员							
2.中层管理人员							
3.基层管理人员							
合计							

17-02 按类别的人力资源净需求预测表

按类别的人力资源净需求预测表

人员类别（按职务分）	现有人员	计划人员	余缺	预期人员的损失							本期人力资源净需求
				调职	升迁	辞职	退休	辞退	其他	合计	
高层管理者											
中层管理者											
部门主管											
一般员工											
……											
合计											

17-03　人力资源规划表

人力资源规划表

序号		第一年	第二年	第三年	……	备注
1	××房地产行业增长预测					
2	公司年业务收入					
3	公司利润率预测					
4	员工总人数计划					
5	各职位人数计划 ·高层领导 ·部门经理 ·部门主管 ·员工					
6	各部门人数计划 ·总经理办公室 ·行政办公室 ·信息资源部 ·计划财务部 ·人力资源部 ·预算合同部 ·材料设备部 ·开发部 ·工程管理部 ·资金管理中心 ·上市办公室 其他					

17-04　现实人力资源需求预测表

现实人力资源需求预测表

年　月　日

部门	目前编制	人员配置情况			人员需求
		超编	缺编	不符合岗位要求	
合计					

17-05　未来人力资源需求预测表

未来人力资源需求预测表

年　月　日

预测内容	预测期				
	第一年	第二年	第三年	第四年	第五年
增加的岗位及人数					
备注					

17-06　未来人力资源流失预测表

未来人力资源流失预测表

年　月　日

预测内容	预测期				
	第一年	第二年	第三年	第四年	第五年
退休人员					
离职人员					
其他					
岗位及人数					
备注					

17-07　整体人力资源需求预测表

整体人力资源需求预测表

年　月　日

部门	当前年	第一年	第二年	……
××部门	现实人数：	期初人数：	期初人数：	
	现实需求：	需增加岗位和人数：	需增加岗位和人数：	
		流失人数预测：	流失人数预测：	
	总需求：	总需求：	总需求：	
××部门	现实人数：	期初人数：	期初人数：	
	现实需求	需增加岗位和人数：	需增加岗位和人数：	
		流失人数预测：	流失人数预测：	
	总需求：	总需求：	总需求：	

部门	当前年	第一年	第二年	……
……	现实人数：	期初人数：	期初人数：	
	现实需求：	需增加岗位和人数：	需增加岗位和人数：	
		流失人数预测：	流失人数预测：	
	总需求：	总需求：	总需求：	
总计	现实人数：	期初人数：	期初人数：	
	现实需求：	需增加岗位和人数：	需增加岗位和人数：	
		流失人数预测：	流失人数预测：	
	总需求：	总需求：	总需求：	

17-08　人力资源规划报告（模板）

人力资源规划报告（模板）

第一部分　企业发展战略分析

一、企业发展战略分析

1.组织的发展战略、发展思路发生了哪些变化？对人力资源的管理思路提出了哪些要求？

2.企业的经营重点是什么？人力资源应如何支撑重点业务发展？

3.组织业务目标是什么？对人力资源的数量、质量和结构提出了哪些要求？

二、企业关键成功要素分析

企业关键成功要素分析

类别	关键能力要求	形成关键能力的关键人才要求
有关技术的	科学研究的专门知识；产品创新能力；关于特定技术的专门知识；使用互联网开展商业活动的能力	如高创新能力研发人员
有关生产的	低成本生产能力；生产质量；固定资产较高的使用率；低成本工厂的布局；较高的劳动生产率；低成本设计；产品范围较广时生产的灵活性	稳定、熟练的生产工人队伍；高素质生产管理人员
有关流通渠道的	较强的批发和零售网络；零售点有较大的公司专用摆货区域；有公司自己的零售渠道；流通成本低；交货迅速	
有关营销的	迅速、精确的技术支持；周到的客户服务；能准确地满足订单；产品线宽度；经商技能；有吸引力的款式；产品保证条款	
有关技能的	员工有较高的才能；质量控制诀窍；设计方面的专门知识；关于特定技术的专门知识；开发创新产品的能力；新产品迅速上市的能力	

类别	关键能力要求	形成关键能力的关键人才要求
组织能力的	较好的信息系统；迅速回应市场情况变化的能力；较高的运用互联网开展业务的能力；较多的经验和管理诀窍	
其他类型	在消费者心目中有利的形象和声誉；总体的低成本；位置合理；雇员生机勃勃、有礼貌；善于理财；专利保护	

三、人力资源现状分析

（一）员工数量及结构分析

1.板块总部员工占全体员工比例。

2.管理人员、生产人员、市场人员、技术人员各自占全体员工比例。

3.员工年龄结构。

4.性别结构。

5.学历结构。

6.各类别人力资源流动情况（员工主动离职率、升迁率）。

（二）关键人力资源能力盘点

关键人力资源能力盘点

关键人力资源类别	能力要求	能力现状

（三）人力资源效率分析

分析近三年来人力资源效率指标（人均销售收入、人均利润、人均产值、单位人力资源成本产出）及变化趋势。

（四）人力资源管理体系分析

分析企业现有人力资源管理体系、流程及具体运营建设情况，包括招聘、培训、考核、薪酬、员工关系等。

第二部分　人力资源总体规划

一、总体思路

1.以支持业务持续发展为基本出发点。

2.形成行业人才竞争优势。

3.通过协调整合，提高人力资源管理整体效率。

二、总体目标

1.人力资源数量目标：总量适宜，严守高效精干的指导思想。

2.人力资源能力目标：（略）。

3.年龄结构目标：（略）。

4.学历结构目标：（略）。

5.人力资源效能目标：（略）。

6.核心人才队伍建设目标：（略）。

7.人力资源管理体系建设目标：（略）。

三、具体指标

指标			第一阶段目标（2018～2019年）	第二阶段目标（2019～2020年）
指标类别	指标名称	单位		
人力资源成本指标	薪酬福利总额	万元		
	培训招聘支出总额	万元		
	人力资源成本总额	万元		
人力资源效率指标	单位人力资源成本产出（销售收入总额/人力资源成本总额）			
	人均销售收入	万元		
	人均产值	万元		
	人均利润	万元		
人力资源可持续发展指标	中高层管理人员继任计划覆盖率	%		
	中高层管理人员主动离职率	%		
	核心岗位人才储备计划覆盖率	%		
	核心岗位人才主动离职率	%		
	人才储备培训人次	人次		

第三部分 人力资源内部供需预测（该预测须每年滚动进行）

年 月 日

人力资源类别	岗位	需求预测	供给预测					人员净需求	要求到位时间
		岗位需求人数	可供应人数		可能离岗人数				
			现有人数	升迁/调入	升迁/调岗	退休/辞职	辞退		
管理人员									
	……								
技术人员									
	……								

续表

人力资源类别	岗位	需求预测	供给预测					人员净需求	要求到位时间
		岗位需求人数	可供应人数		可能离岗人数				
			现有人数	升迁/调入	升迁/调岗	退休/辞职	辞退		
营销人员									
	……								
生产人员									
……									
合计									

第四部分　人力资源管理业务规划

第一种情况：供大于求时

一、人力资源优化与精简措施

_____
_____
_____
_____
_____
_____

二、人力资源管理制度和流程梳理

_____
_____
_____
_____
_____
_____

第二种情况：供不应求时

一、人力资源优化与补充规划

1.现有员工培训开发。

培训原则、主要培训对象、培训内容、预期目标。

2.内部调配。

内部调配原则、具体调配方案（企业内部和板块内部各企业之间）。

3.外部引进。

外部引进人员类别和岗位、引进渠道和方法。

4.通过激励和保留措施，减少流失率，同时吸引外部优秀人才。

具体阐述重点激励和保留对象、激励和保留方案、预期目标。

5.劳动效率提升计划。

通过技术创新、流程改造、劳动效率提升计划等解决。

二、核心人才管理计划

根据板块业务发展需要，对核心人才进行界定［哪些是核心岗位人才？认定的标准是什么？（是以岗位还是以能力或业绩）］。根据核心人才的特点，有针对性地制定核心人才管理计划，如下所示。

1.中高层管理人员接班人计划。

2.核心技术、市场、生产人员储备计划。

3.专业人才如财务、人力资源人员队伍建设计划。

4.核心人才激励和保留计划。

三、人力资源管理体系优化

1.人力资源管理体系现状分析

主要分析公司人力资源各模块、各项重要工作，如招聘、员工职业发展、内部人员调配、培训、核心岗位人才储备、中高层管理人员接班人工作开展的程度、是否有明确的制度或操作流程、该模块的制度或操作流程是否存在优化空间。各项工作和流程之间是否整体协调，是否有优化空间。

2.根据分析结果，列出具体需要梳理的制度和流程，完成梳理时间、预期目标。

四、职责分工

1.本部人力资源部职责。

2.企业人力资源部职责。

3.其他相关人员职责。

第五部分　第一年工作计划

1.＿＿＿＿＿＿＿＿＿＿＿＿＿＿＿＿＿＿＿＿＿＿＿＿＿＿＿＿＿＿＿＿＿＿＿。

2.＿＿＿＿＿＿＿＿＿＿＿＿＿＿＿＿＿＿＿＿＿＿＿＿＿＿＿＿＿＿＿＿＿＿＿。

3.＿＿＿＿＿＿＿＿＿＿＿＿＿＿＿＿＿＿＿＿＿＿＿＿＿＿＿＿＿＿＿＿＿＿＿。

4.＿＿＿＿＿＿＿＿＿＿＿＿＿＿＿＿＿＿＿＿＿＿＿＿＿＿＿＿＿＿＿＿＿＿＿。

第六部分　费用预算

序号	预算管理项目		××××年	××××年	××××年	变动比率	备注
1	人员编制预算	管理人员数					
		直接生产工人数					
		间接生产工人数					
		销售人员数					
2	人工成本	工资 管理人员					
		工资 直接生产工人					
		工资 间接生产工人					
		工资 销售人员					
		奖金 管理人员					
		奖金 直接生产工人					
		奖金 间接生产工人					
		奖金 销售人员					

序号	预算管理项目			××××年	××××年	××××年	变动比率	备注
2	人工成本	法定福利	管理人员					
			直接生产工人					
			间接生产工人					
			销售人员					
		公司福利	管理人员					
			直接生产工人					
			间接生产工人					
			销售人员					
3	工会费用							
4	招聘及人事管理费用							
5	培训费用							
6	顾问费用							
7	辞退员工补偿费用							
8	调研费用							
	人力资源成本合计							

第18章 组织设计与定岗定编表格

本章阅读索引：

- 岗位设置花名册
- 劳动能力平衡表（以设备为基准）
- 劳动能力平衡表（以项目为基准）
- 岗位说明书
- 定岗定编计划表
- 定岗定编计划变更审批表
- 职员定编表
- 单位人员配置计划一览表

18-01 岗位设置花名册

岗位设置花名册

单位：　　　　　　　　　　年　月　日

序号	部门	岗位	编制	定员	现员	工作内容简介	备注

18-02 劳动能力平衡表（以设备为基准）

劳动能力平衡表（以设备为基准）

序号	设备名称	数量	加工（作业）内容	工种	单件工时/小时	月产量/件	月劳动量/小时	计划需要人数	实际需要人数	现有人员	人员余缺	班制	班制人数	备注
合计														

18-03 劳动能力平衡表（以项目为基准）

劳动能力平衡表（以项目为基准）

单位	项目	年产量	平均月产量	定额工时/小时	月平均总工时/小时	月平均应完成工时	需要人数	现有人数	富余（＋）缺员（－）	备注
	合计									

18-04 岗位说明书

岗位说明书

所属部门		岗位名称	

岗位/工作目的：填写岗位的核心职责及其对团队/组织的贡献

岗位关系：请列出该岗位的直接上级岗位、直接下级岗位的名称及外部门工作协作岗位关系

（直接上级岗位）

（该岗位）　　　　　　　　　　　　　　　（外部门工作协作岗位）

（直接下级岗位）

主要职责：请描述该岗位4～8项应负主要职责，每一岗位职责请按重要性排序。衡量标准可以是数量、质量、成本、时间、人员评价等，应尽可能客观，易衡量；原则为"能量化的尽量量化"

序号	岗位职责	衡量标准 （关键业绩指标）	所占比重
1			
2			
3			
4	领导交办的其他工作		5%

任职条件（一）：请列出该岗位最低需要的学历条件、工作经验、技能等要求	
学历条件	
工作经验	
知识	
技能 （计算机、英语等）	
其他	（某些岗位要求的特殊素质，一般工作要求的诸如敬业、诚信、严谨等可不填写）

任职条件（二）：胜任能力——能确保岗位业绩达成、驱动岗位业绩的主要能力，一般不超过5项

能力素质	行为等级	工作中关键/典型行为表现	能力素质释义（不填）

注意：
　1.岗位/工作目的概述书写格式为，为了什么目的，在什么条件下，做什么事，可用并列语句书写
　2.职责细项书写格式为动词＋宾语＋具体工作特征＋行为目的，各部分可以并列书写
　例：合并并编制公司全面预算报表，跟踪落实已批准执行的预算方案，以确保预算方案的有效执行而不是负责公司预算管理
　3.所占比重根据职责难度系数、所占时间、影响度、权限范围等综合衡量，用比例表示，所有职责细项比重之和为100%
　4.表格空间自行增加

制定人：　　　　　　　　审核人：　　　　　　　　审批：

18-05 定岗定编计划表

定岗定编计划表

公司名称：　　　　　　　部门名称：　　　　　　　部门编号：　　　　　　　编制日期：

序号	岗位编号	岗位名称	定员人数	现有人员数	人员名单	备注

审核人：　　　　　　　　　　　　　　审核日期：

批准人：　　　　　　　　　　　　　　批准日期：

18-06 定岗定编计划变更审批表

定岗定编计划变更审批表

公司名称		部门名称	
变更项目	岗位变更□　定员变更□		
变更内容	增加□　减少□　更改□		
现岗位名称		现定员人数	
变更岗位名称		变更定员人数	
部门或子企业陈述变更理由： 部门经理或子企业总经理签字 / 日期：			
人力资源部审核意见： 经理签字 / 日期：			

续表

主管人事副总经理审核意见：
副总经理签字／日期：
董事长审核意见：
董事长签字／日期：

注：变更需将原岗位职责书附于本表后，还需附上新岗位职责书。

18-07　职员定编表

职员定编表

岗位	A	B	C	D	E	E	…	合计
定编								
岗位说明书编号								

18-08　单位人员配置计划一览表

单位人员配置计划一览表

规划处（科）室	岗位名称	定编人数	现有人数	现有人员姓名	缺编人数	备注
	总经理					
	副总经理					
	总经理助理					
办公室	办公室主任兼人事					
	物流员兼文员					
	……					
财务室	财务总监					
	会计					
	出纳					
企管部	企管专员					

规划处（科）室	岗位名称	定编人数	现有人数	现有人员姓名	缺编人数	备注
品管部	品管科长					
	品管员					
采购部	采购经理					
	采购内勤					
	采购员					
生产部	生产经理					
	生产副经理					
	生产助理					
	班长					
	……					
合计						
备注	1.各职能部门的规划人数要严格按照所要发挥的职能进行科学设置 2.各经营单位的规划人数要严格按照现有产能情况进行科学设置 3.各事业部的规划人数要按照发展规划、市场网络等情况进行科学设置 4.人员规划应遵循以下原则：统筹规划，促进发展的原则；总量控制，保证重点的原则；分级管理，逐级审批的原则；精干高效，流程顺畅的原则；因职设岗，满负荷工作的原则；留有余地，虚位以待的原则					

第19章 员工招聘与任用表格

本章阅读索引：

19-01 人员需求申请表

人员需求申请表

由需求部门经理起草并呈交人力资源部招聘经理

1.需求部门类型

职位		其他全职位置		合同期限：	
人员数量					

2.人员需求

职位名称：	部门：
职位等级/层次：	成本中心：
直接经理：	职位替代或新职位：
希望到岗日期：	
是否计划在年度人员财政预算？	
如不是，年度成本＿＿＿＿＿＿＿＿＿＿＿（由人力资源部提供）	

续表

_____ 申请部门经理	_____ 日期	_____ 总经理批准	_____ 日期
_____ 人力资源部招聘经理批准	_____ 日期		
如果人员需求数量超出预算，请取得额外获准： _____ 人力资源部招聘经理	_____ 日期	_____ 总经理批准	_____ 日期

3.职位描述

（仅适用于新职位）
职位描述（主要工作职责）：
职位要求： 教育背景： 工作经验： 业务知识： 关键技能： 态度/其他（额外需求，是否出差等）

4.招募计划与完成（由招聘经理填写）

招聘开始日期：_____ 收到日期：_____ 招聘工作将于收到所有获得批准的信息后进行

19-02　职位申请表

职位申请表

申请职位：		最低要求薪金：		可上班日期：		
个人资料						
姓名（中文）：			姓名（英文）：			相片 （2寸）
出生时间：		国籍/户籍：			性别：	
证件名称：		证件号码：			个人电邮：	
身高：	体重：		血型：	婚姻状况：	子女数目：	
移动电话号码：						

现时住址：		邮编：	电话号码：
户口地址：		邮编：	电话号码：
紧急联络人（在本地亲属）：	关系：		电话号码：
咨询人（社会关系）：	关系：		电话号码：

教育经历（依据学历高低顺序，从高中学历填起）				
学校名称	就读日期由至	专业	荣获学历	曾担任职务

受过的培训及特殊技能：

受训学校或单位	就读日期由至	培训项目	证书

阁下现在是否有就读任何课程？ □是 □否

如有请填写：（学校）（课程）（上课时间）

家庭成员资料（直系亲属及同住者必须填写）						
姓名	关系	年龄	学历	工作机构	职位	电话号码

工作经历（请从最近的工作填起）			
工作起止年月： / 至 /	工作机构：	职位：	最后薪金：
	离职理由：		
	直属上司：	职位：	电话号码：
工作起止年月： / 至 /	工作机构：	职位：	最后薪金：
	离职理由：		
	直属上司：	职位：	电话号码：
工作起止年月： / 至 /	工作机构：	职位：	最后薪金：
	离职理由：		
	直属上司：	职位：	电话号码：

个人健康状况
身体健康状况：

个人专长	
证照类	□行业资格证书： □语言证书： □计算机证书： □驾驶证： □其他专业证书：

其他信息		
能否接受工作需要临时加班现象？	□有　□否	原因：
是否有其他相关嗜好？ □抽烟　□喝酒　□打牌/赌博　□以上全无		
是否能提供最后公司的离职证明？	□有　□否	原因：
您能提供那些证件？ □身份证　□学历证　□技能证　　其他：		
您对公司有何需要特别声明事项，如有，请注明	□有□　否	说明：

签署
本人谨声明上述所填报资料全部属实，愿接受公司查询，如有任何隐瞒及虚报，我愿意接受公司无偿解雇 　　　　　　　　　　　　　　申请人签署：　　　　　　　签署日期：

19-03　招聘需求表

招聘需求表

申请公司						
公司人员需求状况介绍						
需求部门	需求专业	学历	性别/需求人数			拟安排岗位
			男	女	不限	

19-04 应聘人员登记表

应聘人员登记表

应聘职位				照片
姓名		性别		
出生年月	年　月	民族		
所在系别		所学专业		
毕业学校		最高学历		
身高：＿＿＿厘米　　体重：＿＿＿千克　　英语水平：				
兴趣爱好		健康状况		
通信地址		邮政编码		
联系电话		QQ号码		
主要学习、工作经历：				
计算机应用开发、网络或通信的知识及能力：				
备注		薪金要求		

19-05 面试评价表

面试评价表

姓名：　　　　　　性别：　　　　　　　　应聘职位：　　　　　　　日期：

考评部门	考评项目	考 评 等 级					综合评价
		10	8	6	4	2	
人力资源部门	外在的形象	极佳	佳	一般	略差	极差	
	受教育程度						
	工作稳定性						
	沟通表达能力						
	所具经历与公司匹配程度						
	个性	非常适合岗位	适合	不确定	差	极不适合	
							共60分，得分：

考评部门	考评项目	考 评 等 级					综合评价
		10	8	6	4	2	
用人部门	职位相关工作经验 职位相关专业知识	极丰富	丰富	尚可	稍欠缺	无	
	领悟反应能力	极佳	佳	一般	略差	极差	
	培养发展潜质						
	团队管理能力						共40分，得分：
其他突出表现：			专业技能测试评价： 签名/日期：				
用人部门意见			人力资源部门意见				
□建议录用　□建议淘汰　□建议储备 建议推荐至：（岗位名称） 说明： 签名/日期：			□建议录用　□建议淘汰　□建议储备 说明： 签名/日期：				

填表说明：请面谈人员在评价相对应的栏内画"√"，无法判断时免画。

19-06　情境测试评价表

情境测试评价表

序号	评价指标	等级	分值（最小可精确0.1分）	面试者序号									
				1	2	3	4	5	6	7	8	9	10
一	主动性	1	7.5 ~ 10										
		2	5 ~ 7.5										
		3	1 ~ 5										
最后得分			分值×20%										
二	团队合作能力	1	7.5 ~ 10										
		2	5 ~ 7.5										
		3	1 ~ 5										
最后得分			分值×20%										

续表

序号	评价指标	等级	分值（最小可精确0.1分）	面试者序号									
				1	2	3	4	5	6	7	8	9	10
三	创新能力	1	7.5 ~ 10										
		2	5 ~ 7.5										
		3	1 ~ 5										
	最后得分		分值×15%										
四	解决办法的可操作性	1	7.5 ~ 10										
		2	5 ~ 7.5										
		3	1 ~ 5										
	最后得分		分值×15%										
五	表达能力	1	7.5 ~ 10										
		2	5 ~ 7.5										
		3	1 ~ 5										
	最后得分		分值×15%										
六	时间管理	1	7.5 ~ 10										
		2	5 ~ 7.5										
		3	1 ~ 5										
	最后得分		分值×15%										
	最后总分		分值×100%										

19-07 面试录用审批表

面试录用审批表

应聘者：_____ 部门/岗位： 应聘日期： 年 月 日

人力行政部意见	招聘专员	证件核查：□身份证 □毕业证 □其他： 资料明细：□需求申请表 □应聘人员资料表 □身份证复印件 □毕业证复印件 签字（日期）： 年 月 日				
	书面测试	所用试卷		试卷成绩		测试结果 □合格 □不合格
	实操测试	测试方式		测试结果	□出色 □合格 □不合格	
	综合评价	面试评价： 意见：□不予考虑 □列入考虑 □建议复试 面试官签名（日期）：				

用人部门意见	综合评价	面试评价： 意见：□不予考虑　□列入考虑　□建议录用　　面试官签名（日期）：
	薪资建议	1.建议录用为＿＿＿＿部＿＿＿＿（职务），试用期薪资：＿＿＿＿元/月，建议转正后：薪级月薪＿＿＿＿元/月 2.建议报到时间：＿＿年＿月＿日，试用期＿＿个月。 　用人部门负责人签名：
直接上级意见		签字（日期）：
部门经理/总监意见		签字（日期）：
人力行政总监意见		签字（日期）：
副总经理意见		签字（日期）：
总经理意见		签字（日期）：

19-08　录用通知书

录用通知书

＿＿＿＿＿＿先生/女士

　　您好！感谢您对本企业的信任和大力支持。

　　非常荣幸地通知您，经过考核审查，本企业决定正式录用您为本企业职工。请您按以下通知到企业报到。

　　另，接通知后，如您的住址等有变化，请直接与企业人力资源部联系。

企业名称：＿＿＿＿＿＿＿＿
联系人：＿＿＿＿＿＿＿＿
年　月　日

1.报到时间：　　年　月　日　　上下午　时　分
2.报到地：

19-09 员工保证书

员工保证书

保证人_____，今保证思想纯正。在公司任职期间恪守公司规章制度，如有亏欠公款或侵占、盗窃、损坏公司财产，及其他足使公司蒙受损害的行为，本人愿担负全部责任。

保证人：×××

年　月　日

19-10 新进员工须知

新进员工须知

1.上班时间

上午：8:00 ~ 12:00。

中午：12:00 ~ 13:00休息。

下午：13:00 ~ 17:00。

所有人员周末及法定假日均休息。

2.考勤管理

本公司采用人性化管理，所有人员上下班免打卡，仅须于每星期第一个工作日由主管确认其上周的员工出席记录表。

3.加班

（1）基于工作需要主管要求加班时，无正当理由不应拒绝。

（2）加班费的计算如下。

平常晚上加班费＝本薪÷240×加班小时×1.5

星期天及法定假日加班费＝本薪÷240×加班小时×2.0

4.请假

请假应事前到人力资源部取得请假卡，经本部门主管核准再把请假卡交还人力资源部考勤文员会签，假毕到人力资源部销假。

5.试用

新进员工试用期为3个月。

6.识别证

（1）新进员工报到当日在人力资源部领取识别证，上班时间及进出公司时均须佩戴识别证。

（2）识别证遗失请向人力资源部申请补发，但须缴工本费50元。

7.工作服

新进员工报到当日至总务部领取工作服。

8.发薪日

每月10 ~ 15日。

9.赠品

节假日发给一定的礼品。

10.康乐活动

续表

目前有篮球、羽毛球、乒乓球、象棋等，可向总务部借用。

11.图书室

备有报纸、杂志、书籍，可向人力资源部借阅。

12.医务室

提供简易医疗及咨询。

13.食宿

公司免费向全体员工提供住宿及伙食。

14.教育训练

（1）人力资源部会统一办理新进员工训练、品质训练、计算机训练、各类管理及专业训练。

（2）各部门依工作需要可个别办理在职训练。

15.文具

新进员工所需文具请向本部办事员申请。

16.绝对禁止事项

（1）进出公司区或宿舍不得拒绝警卫或管理人员查询。

（2）在公司内禁止不穿工作服、不戴识别证。

（3）在食堂用餐禁止插队、禁止乱倒剩菜、禁止乱放餐盘。

（4）在宿舍、车间、广场禁止抽烟。

（5）在宿舍禁止喝酒。

（6）禁止乱丢垃圾。

（7）禁止随地吐痰。

（8）22:30以后禁止出公司。

（9）禁止赌博、打架、恐吓、勒索。

（10）禁止到异性宿舍。

（11）不得破坏、侵占公物。

（12）未经许可不得携带公物出公司。

（13）不得携带禁品入公司。

（14）未经许可不得带外人进公司。

本须知仅为公司管理规章的简要摘录。如有任何问题，请向贵单位办事员、主管请教或请洽人力资源部人员。

19-11　新进员工报到会签单

新进员工报到会签单

姓名		职位		到职日	
工号		单位		成本中心	
会签单位	审核项目			审核意见	审核人签章
人事单位	·发放识别证 ·派发员工手册 ·派发移交清册				

续表

会签单位	审核项目	审核意见	审核人签章
总务单位	·工衣的发放 ·登录的物品借用名册 ·派发文具（计算器、订书机、剪刀） ·发放用餐卡		
宿舍	·发放寝具：棉被、枕头、床垫、脸盆、水桶、鞋子、饭盒 ·派发所需的器材		
所属单位	·经办工作的说明，出示清单 ·经营的证件、档案、锁及其他物品的发放 ·经营的款项告知，并列清册		
图书室	办理图书证		
财务单位	·登入借支名册 ·保管的零用金经手名册		
计算机中心	·书籍、软件借阅（用）名册 ·Password（计算机密码） ·e-Mail的开户		
稽核	以上各项会签手续是否完整		

19-12 试用期安排表

试用期安排表

入职日期： 年 月 日

部门		职位		姓名	
直属上司		部门主管		试用期	

序号	工作/培训内容	试用期考核指标（对工作完成程度的要求）
1		
2		
3		
4		
5		

本人已经全部了解并接受本《试用期工作安排表》中的所有事项

试用人员： 部门主管：
日期： 日期：

注：本表由用人部门进行填写，试用人员及部门主管签字确认后，请将原件在新员工入职一周内交人力资源部存档。

19-13 员工试用期满考核表

员工试用期满考核表

员工编号	姓名	性别	出生年月	学历

试用部门		职位		到职日	
试用期限	自　年　月　日至　年　月　日止				
试用考勤					

（以上仅由人力资源部门填写）

工作能力	□优秀　□优良 □一般　□差	对现任工作适任状况	□适任 □不适任
试用期 工作态度	□积极　□一般 □不积极	主管评语 签名：	
试用期 成绩考核	□优秀　□优良 □合格　□不合格　□差		
最适任工作			
拟调职等			
总裁室裁决 签名：		人力资源部意见 签名：	

部门主管：　　　　　/　　　　　　人事部：

19-14 员工试用期满通知书

员工试用期满通知书

先生/女士：

　　您将于＿＿＿年＿＿月＿＿日试用期届满，根据公司有关规定及您在试用期的工作绩效和表现，经公司研究决定如下。

　　1.正式转正

　　自＿＿＿＿年＿＿月＿＿日起，我公司将正式录用您。

　　2.延长试用期

　　您的试用期将延长至＿＿＿＿年＿＿月＿＿日，到期后公司根据有关规定及您在延长试用期内的工作绩效和表现予以评定是否转正。

3.不予录用

自_____年___月___日起，我公司将与您解除劳动合同，请到人事部办理有关离职手续，谢谢您为我公司所做的贡献。

姓名	员工编号	所属部门	入职日期	职位	（转正后）职等级

人力资源部

签发人：

年 月 日

19-15 员工试用期工作安排表

员工试用期工作安排表

姓名：   部门：   岗位：   到岗时间：

时间	安排目的	工作安排	备注

注：1.部门负责人填写此表，并安排专人介绍部门组织机构、人员分工、部门业务流程及与相关部门的工作关系。

2.试用期时间可根据具体情况调整。实习时间和顺序需要调整时，由部门负责人实施调整，并知会人力资源部。

19-16 试用期工作情况访谈记录表

试用期工作情况访谈记录表

姓名：   部门：   岗位：

访谈日期：   访谈人：

沟通记录	制度/文化：	不理解□ 适应□ 赞许□
	岗位职责：	不清晰□ 明确□ 建议□

沟通记录	工作开展情况：	拖延工作进度□ 完成工作任务□ 发现并主动解决问题□
	下一步工作计划：	无计划□ 计划基本合理□ 计划明确且可操作□
	对公司管理建议：	
	周边评价（人品、态度、业务能力、沟通合作意识等）：	较差□ 一般□ 优良□

访谈总结：

访谈反馈：
1.针对试用者的反馈：

2.针对部门负责人的反馈：

19-17 员工转正考评申请表

员工转正考评申请表

姓名		性别		年龄		入职日期	
部门		职务		岗位		工号	

试用期（考核期）：	试用工资：

现任主要工作概述（日常工作与上级交办的任务）
一、工作职责

二、工作思路

三、近期工作情况（重点叙述）

四、下步工作开展

五、工作中的不足或建议（可附页）

面谈对象		面谈人（部门主管领导）		时间	

面谈内容	1.个人短期职业规划 2.公司的考核、培训办法和人力资源运行体系是否清楚 3.近期工作重点、工作流程的了解 4.个人素质、综合能力
部门主管领导 综合评价	建议工资标准： 签名：
办公主任填写 转正结论	综合评价： 提前转正□ 按期转正□ 暂不转正□ 试用不合格，不拟聘用□
	执行转正时间： 年 月 日
	转正工资标准：

所属部/司办公室主任：	
总经理（部/司负责人）：	
人力资源部：	
董事长：	

19-18 "一帮一"测评反馈表

"一帮一"测评反馈表

测评编号：

被帮扶人姓名： 所属帮扶对象所在部（司）：

暂定岗位拟定职务： 帮扶执行日期：

测评日期： 帮扶人检查人：

序号	测评项目	测评指标	评价尺度			
			优秀	良好	合格	差
1	工作态度	A.忠于职守	5	4	3	2
		B.敬岗敬业	5	4	3	2
		C.工作主动性	5	4	3	2
		D.务实工作	10	8	6	4

序号	测评项目	测评指标	评价尺度			
			优秀	良好	合格	差
1	工作态度	E.责任感	5	4	3	2
		F.善于学习	5	4	3	2
		G.职业规划	5	4	3	2
		H.团队协作	5	4	3	2
2	规范	A.工作目标明确程度	5	4	3	2
		B.工作计划务实程度	5	4	3	2
		C.各种制度、规定清晰程度	5	4	3	2
3	思路	A.工作内容清晰程度	5	4	3	2
		B.工作要求清晰程度	5	4	3	2
		C.思路统一程度	5	4	3	2
4	岗位技能	A.专业知识掌握程度	5	4	3	2
		B.岗位职责明确程度	10	8	6	4
		C.按岗位说明书开展工作达标程度	5	4	3	2
		D.用人标准符合程度	5	4	3	2
帮扶人评语（测评人）		1.通过以上各项评分，该员工的综合得分是：　　分。状态：				
		2.意见： 签字： 日期：				
人力资源部联系人意见（检查人）		签字：				
人力资源经理意见		签字：				
说明		1.测评工作由帮扶人负责，人力资源部相关联系人审核 2.测评编号：交该表的次数号 3.状态：优（成绩达90分）、良（成绩达80分）、中（成绩达65分）、差（成绩低于65分） 4.一帮一方案查阅邮箱： 5.《一帮一测评反馈表》上交邮箱：				

19-19 转正审批表

转正审批表

姓名		部门		职位		
原档案所在单位				入职时间		
是否调档		转正时间		提前转正		
				如期转正		
试用期自我鉴定： 申请人： 日期：						
部门领导意见	负责人签名：		日期：			
总经理意见	负责人签名：		日期：			
集团人力资源部意见	实习期工资		转正后工资			
	负责人签名：		日期：			
总裁意见	签字：		日期：			

注：此表用于为工作转正，试用期转正时间以劳动合同签订时间为准。

第20章 考勤休假管理表格

本章阅读索引：

- 员工月度考勤记录表
- 未打卡证明
- 请假申请单
- 外勤／补休申请单
- 员工年假／补休记录表
- 加班申请表
- 出差审批单

20-01 员工月度考勤记录表

员工月度考勤记录表

年　　月

编号	姓名	出勤天数	请假天数（假类）	迟到次数	早退次数	旷工天数	出差天数	备注

注：考勤记录人员在每月最后一天应根据考勤卡登记所有员工的出勤情况，并整理上报。

20-02 未打卡证明

未打卡证明

姓名		部门		未打卡日期	
未打卡事由					
工作证明人（一）			工作证明人（二）		
部门负责人审核			人力资源部核实		
备注	未打卡人员需找两名工作相关联人员作为证明人签字确认				

20-03　请假申请单

请假申请单

姓名		部门		职位	
请假类别： □事假　□病假　□年假 □婚假　□丧假　□产假　□工伤假　□其他＿＿＿＿＿＿＿ 请假原因：					
请假时间：自　　年　　月　　日　　时至　　年　　月　　日　　时，共　　天					
部门经理意见：					
副总经理意见：					

注：1.凡请假时间不到半天的按半天计，多于半天少于1天的按1天计，以此类推。

2.凡请假在1天以内（包括1天），由各部门经理批复；请假超过1天，由各部门经理及总经理批复，并交人力资源部备案。

3.请假需说明请假理由，病假、婚假、丧假、产假和工伤假需提交或补交相关证明。

20-04　外勤／补休申请单

外勤／补休申请单

姓名		部门		职位	
事由： □外勤地点：＿＿＿＿＿＿＿＿＿＿＿＿＿＿＿＿＿＿＿＿＿＿＿＿＿＿＿＿ □补休 原因：					
时间：自　　年　　月　　日　　时至　　年　　月　　日　　时，共　　天					
部门经理意见：					
副总经理意见：					

注：1.凡补休时间不到半天的按半天计，多于半天少于1天的按1天计，以此类推。

2.凡补休在1天以内（包括1天）的，由各部门主管批复；补休超过1天的，由各部门经理及副总经理批复，并交综合部备案。

3.外勤需说明地点及原因，提前由部门经理批复，建议外勤时间不超过半天为宜。

20-05 员工年假／补休记录表

员工年假／补休记录表

年　月

编号	姓名	年假剩余天数	补休剩余天数	其他假期剩余天数	备注

注：关于年假和补休剩余天数情况应每月上报一次。

20-06 加班申请表

加班申请表

申请部门		加班时间	
加班事由：			
加班计划（工作人员名单及工作具体安全）			
部门意见			
		签字：　　　　年　月　日	
人力资源部意见			
		签字：　　　　年　月　日	

注：加班申请单一式两份，一份由申请人所在部门保存；另一份由人力资源部备查。

20-07　出差审批单

出差审批单

出差人姓名		部门		职务	
出差事由					
同行人员					
日期	自　　年　　月　　日起至　　　年　　月　　日止计　　　天				
地点					
预计费用	（须附明细）		付费单位		
部门经理意见	签字：　　　　　　　　　年　　月　　日				
副总经理意见	签字：　　　　　　　　　年　　月　　日				
总经理意见	签字：　　　　　　　　　年　　月　　日				
实际费用					
超出标准原因：　　　　　　　　　　　　　　　　　　　　　　　出差人签字：　　　　　　年　　月　　日					

第21章 员工异动管理表格

本章阅读索引：

- 员工晋升申请表
- 晋升考核评估表
- 管理职务晋升推荐表
- 员工晋升综合素质与能力考核表
（主管人员适用）
- 员工晋升综合素质与能力考核表
（管理人员适用）
- 工作轮换申请表
- 岗位人员轮换登记表
- 员工工作轮换登记卡
- 员工调动审批表

- 内部调整通知单
- 调换工种申请表
- 调换工种通知单
- 内部调动通知单
- 员工离职申请单
- 公司员工辞退、除名申请单
- 员工离职手续办理单
- 员工离职、调岗工作交接清单
- 离职移交清单
- 员工离职面谈表
- 员工辞退通知书

21-01 员工晋升申请表

员工晋升申请表

部门			姓名			员工编号	
原职称			晋升职称			任职期	
原职位			晋升职位			任职期	

近一年考核成绩	1月	2月	3月	4月	5月	6月	7月	8月	9月	10月	11月	12月

近一年奖惩情况	
晋升原因	

原职主要工作职责		晋升后主要工作职责	
提报人		提报日期	
人力资源部初审意见		初审人	
		日期	

续表

人评会 评议结果		人评会主任	
		日期	
总经理 核准意见		签名	
		日期	

21-02　晋升考核评估表

晋升考核评估表

部门		姓名		工号	
原职称		晋升职称		任职日期	

考核项目及评分								
考核项目	评分	满分 /分	特优 10~9	优 8~7	中 6~5	尚可 4~3	不足 2~1	评语及建议
知识 经验	（1）熟悉工作领域所需的专业知识和经验	10						
	（2）了解公司及工作要求，并按要求做事	10						
技能	（1）有系统的思考能力，能以全局考虑问题	10						
	（2）具有较强的沟通和谈判能力	10						
	（3）具有组织、领导和管理能力	10						
	（4）人才培育能力	10						
个人 特质	（1）接受挑战的勇气	10						
	（2）敬业精神	10						
	（3）学习能力	10						
价值观	（1）工作热忱，有事业心	10						
	（2）团队协作	10						
	（3）诚信	10						
考核总分		121	实际得分					
人评会主任			考核人					

21-03　管理职务晋升推荐表

管理职务晋升推荐表（主管及以上人员适用）

姓名		性别		年龄		户口所在地		籍贯	
最高学历		所学专业			政治面貌		毕业学校		
个人爱好及特长				计算机水平					
参加工作时间			工作年限				在本公司工作年限		
现任职									
部门		职务		聘任日期：年 月 日			累计聘任年限		年 个月
拟晋升职位									
推荐	□晋升		拟晋升部门						
	□后备领导者		拟晋升职务						
推荐理由及晋升原因									
员工自评（优劣势）									
部门负责人意见									
公司负责人意见									

人力资源部任职资格审查	职缺状况	○是　　　　　○否 ○后备人才　　○其他
	考核成绩	历年考核成绩达规定的标准是：
	审核意见	○具备推荐职务基本资格条件，同意晋升
		○尚有不足，建议先代理职务或延期办理
		○同意推荐为储备领导者_____
		○建议其他部门_____职务_____
		签名： 日期：
领导意见：		
		签名： 日期：

　　注："推荐理由及晋升原因"栏，员工自荐时，由员工本人填写并签名；公司（部门）推荐时，由公司（部门）负责人填写并签名。

21-04 员工晋升综合素质与能力考核表（主管人员适用）

员工晋升综合素质与能力考核表（主管人员适用）

姓名：　　　　　　拟任职部门：　　　　　　拟任职职务：

考核项目	考核内容	分值/分	员工自评	经理评估	小计
工作态度	（1）把工作放在第一位，努力工作	21			
	（2）对新工作表现出积极态度				
	（3）忠于职守				
	（4）对部下的过失勇于承担责任				
工作与团体协作	（1）正确理解工作目标，有效制订适当的实施计划并确定资源	30			
	（2）按照员工能力和个性合理分配工作				
	（3）做好部门间的联系和协调工作				
	（4）工作中保持协作的态度，推进工作				
管理监督	（1）善于放手让员工工作，鼓励大家的合作精神	21			
	（2）注意生产现场的安全卫生和整理整顿工作				
	（3）妥善处理工作中的失误和临时参加的工作				
	（4）在人事安排方面下属没有不满				
指导协调	（1）经常注意保持下属的工作积极性	15			
	（2）主动努力改善工作环境，提高效率				
	（3）积极训练、教育下属，提高他们的技能素质				
	（4）注意进行目标管理，使工作协调进行				
工作能力	（1）正确认识工作意义，带领下属取得最好成绩	15			
	（2）工作成绩达到预期目标或计划要求				
	（3）工作总结汇报准确真实				
	（4）工作方法正确，时间与费用使用得合理有效				
总评分		100			
经理评语					
	签名：				
员工签名					

注：1.请根据行为出现的频率，结合以下标准进行评价，满分为100分。评分标准："总是"90～100分值；"经常"70～80分值；"有时"40～60分值；"偶尔"10～30分值；"从不"0分。

2."小计"栏的成绩计算为，员工评分×0.4+经理评分×0.6；各项合计得分为考核成绩。

21–05 员工晋升综合素质与能力考核表（管理人员适用）

员工晋升综合素质与能力考核表（管理人员适用）

姓名：　　　　　　　　拟任职部门：　　　　　　　　拟任职职务：

序号	项目	要素	分值	员工自评	经理评估	小计
1	团队合作	在工作中善于寻求他人的帮助和支持，或主动调动各方面资源以实现目标	10			
2		积极主动与团队成员坦诚地沟通，并给予他人积极的反馈				
3		在成绩面前常说"我们"而不是"我"				
4	不断创新	能够在现有的工作基础上，提出新的观点和方法	10			
5		乐于接受他人的建议，改进自己的工作				
6		善于发现问题并尝试解决，敢于尝试用新的方法改善工作				
7	快速学习并不断分享知识	主动学习并能够快速适应新岗位及新工作的要求	15			
8		主动寻求各种途径提高业务技能，了解和跟踪本行业先进技术和发展趋势				
9		乐于与他人相互学习，并分享经验和信息				
10	责任心与主动性	重视客户需求，努力为客户解决问题	15			
11		工作尽心尽责，任劳任怨				
12		有高度的主人翁精神，经常能主动地考虑工作疑难问题并着手解决				
13	工作能力	保证完成每一项工作的准确性与及时性	15			
14		能贯彻执行相关规章制度	15			
15		遇事善于分析判断且判断结果准确，具备较强的数据观念	10			
16		与人合作时沟通表达能力强，能准确领悟对方或表达自己的意图	10			
	合计		100			

经理评语	签名：
员工签名	

注：1.请根据行为出现的频率，结合以下标准进行评价，满分为100分。评分标准："总是"90～100分值；"经常"70～80分值；"有时"40～60分值；"偶尔"10～30分值分；"从不"0分。

2."小计"栏的成绩计算为：员工评分×0.4+经理管评分×0.6；各项合计得分为考核成绩。

21-06 工作轮换申请表

工作轮换申请表

姓名		性别		年龄		学历	
当前工作部门				职位名称			
目标部门/岗位							
轮换原因							
本部门 领导意见					审批人： 年　月　日		
目标部门 领导意见					审批人： 年　月　日		
人力资源 部门意见					审批人： 年　月　日		

审核人：　　　　　　　年　月　日

21-07 岗位人员轮换登记表

岗位人员轮换登记表

姓名：　　　　　　　性别：　　　　　　　学历：　　　　　　　入职时间：
轮出部门：　　　　　　　　　　　　　　轮出岗位：
轮入部门：　　　　　　　　　　　　　　轮入岗位：

轮岗原因	签名：		
轮岗起止时间：	至		
轮出部门意见	经理签字：	轮出主管领导审批	
轮入部门意见	经理签字：	轮入主管领导审批	
人力资源部意见			签字：

21-08 员工工作轮换登记卡

员工工作轮换登记卡

姓名		性别		学历	
工作轮换经历					
第一次轮换		工作部门	部门经理	具体工作	工作期限
	轮换前				
	轮换后				
	接受培训	1. 2. 3. 4.			
第二次轮换		工作部门	部门经理	具体工作	工作期限
	轮换后				
	接受培训	1. 2. 3. 4.			
第三次轮换		工作部门	部门经理	具体工作	工作期限
	轮换后				
	接受培训	1. 2. 3. 4.			

21-09 员工调动审批表

员工调动审批表

年　月　日

姓名		性别		年龄	
最高学历		专业		拟调日期	
调动形式	□调岗　□借调　□降职				
原单位/部门				原岗位职务	
拟调往单位/部门				拟调岗位职务	
调动原因					
新岗位试用期	年　月　日起至　年　月　日止（共　　个月）				
新岗位职责					

续表

工资是否调整	□是（按 　　 职务 　 级别发放 ） 　　 □否		
调出部门意见			（盖章）
调入部门意见			（盖章）
人力资源部意见			（盖章）
总经理			

21-10　内部调整通知单

内部调整通知单

姓名			性别		年龄	
工作调整到岗日期						
很高兴地通知您，根据您的申请，我们对您的工作做出了相应调整，调整后的安排如下						
部门	变动前	职位	变动前	级别	变动前	
	变动后		变动后		变动后	
请您在接到通知后尽快办理相关交接手续并于规定时间到新的岗位就职 希望您在新的工作岗位上取得更好的成绩						
					××公司人力资源部 日期：	

21-11　调换工种申请表

调换工种申请表

部门		姓名		年龄	
入职日期		现学历	原工种	拟调换工种	
原单位领导意见				签章： 　　 年 　 月 　 日	
主管职能部门意见				签章： 　　 年 　 月 　 日	
调入单位领导意见				签章： 　　 年 　 月 　 日	
人力资源部意见				签章： 　　 年 　 月 　 日	

21-12　调换工种通知单

调换工种通知单

部门		姓名		年龄		性别	
到职时间		学历		原工种		调换后工种	

请所在部门从　　年　月　　日起按此通知执行

×××公司人力资源部（盖章）

签发：　　　　　时间：

21-13　内部调动通知单

内部调动通知单

部门：

　　因工作需要，经研究决定调＿＿＿小姐/先生到＿＿＿＿＿＿工作，请将该员工探亲（年休）假、服装发放事宜，填入备注一栏。

姓名		到职日期		职务	
薪金标准		调出部门		调出日期	
调入部门		报到日期		止薪日期	
备注	1.工资、奖金、福利等发放至　　年　月　　日 2.假期已休至： 3.其他：				

×××公司人力资源部（盖章）

签发：　　　　　时间：

21-14 员工离职申请单

员工离职申请单

部门		姓名		岗位	
员工级别		入公司时间		预计离职时间	
离职原因： 劳动合同终止：□合同到期不续签 劳动合同解除：□试用期内合同解除　□合同期内辞职					
详细说明： 离职人签名：					
部门意见	□同意辞职，移交时间、接交人和其他补充： □不同意，理由： □暂缓待审议，理由：				
人力资源部意见					
副总经理审核					
总经理审批					

21-15 公司员工辞退、除名申请单

公司员工辞退、除名申请单

提出部门		拟辞退、除名人员	
岗位		职务/职级	
入职时间		合同期限	
辞退、除名 理由及依据			
部门意见			
人力资源部意见			
副总经理审核			
总经理审批			

21-16 员工离职手续办理单

员工离职手续办理单

姓名		部门		岗位	
职务		员工编号		预计离公司时间	
项目	内容		记录		说明及相关负责人签字
岗位工作交接	本月考勤与请假		出勤____天，病事假____天，其他____天		
	物品、资料、文件及遗留工作移交（由离职者本人拟定、直接上级确认）		具体见公司的《员工离职、调岗工作交接清单》上所列明细		移交人： 接交人： 监交人：
人力资源部	办公室、更衣柜钥匙、考勤卡等移交				
	办公设备（U盘、计算机、相机等）				
	借用书籍				
	合同终止补助金（公司）				
	应承担培训费用情况				
	工资结算				
	保险结算		截至____月底		
	服装费				
	其他				
财务部	应收应付账款两清				
	借款清算				
	账务移交				
	其他				
人力资源部经理意见					
副总经理审核					
总经理审批					

21-17　员工离职、调岗工作交接清单

员工离职、调岗工作交接清单

姓名		部门		岗位		职务	
类别	□离职预期离职时间：						
	□调岗预期调岗时间：						
岗位交接清单	交接清单由离职人（调岗人）编拟，其直接上级审核补充		审核人签名		备注			
	资料类				员工在职期间所产生或持有的所有工作资料（文本、计算机资料）、技术资料、方案、计划、档案等			
	物品类				公司配置的办公用品、从公司或其他部门借出或领用的物品			
岗位交接清单	交接清单由离职人（调岗人）编拟，其直接上级审核补充		审核人签名		备注			
	工作事项类				离职离岗前尚未处理完毕的业务或工作事项			
	财务类				所有应收应付账款；所有业务往来客户清单；税务票据情况			
	其他类				除上述类型外的其他事项			
部门经理签字确认								
交接签章	移交人							
	接交人							
	监交人							
人力资源部意见								

21-18 离职移交清单

离职移交清单

离职原因	□合同到期　□辞职　□辞退　□开除				
以下填写工作移交手续					
所在部门工作移交	□1.企业的各项内部文件 □2.经管工作详细说明 □3.客户信息表、供销关系信息表 □4.培训资料原件 □5.企业的技术资料（包括书面文档、电子文档两类） □6.项目工作情况说明（包括项目计划书、项目实施进度说明、项目相关技术资料、其他项目相关情况的详细说明）				
	□附交接清单页　□不附交接清单				
	移交人		接交人		监交人
	日期		日期		日期
以下填写事物移交手续					
本部门	□借用资料　□文件资料　□办公室钥匙　□办公用品 部门负责人签字：　　　　　　　　　接交人： 日期：　　　　　　　　　　　　　　日期：				
人力资源部	□解除劳动关系　□保险手续　□员工手册　□档案调出 经理签字：　　　　　　　日期：				
行政部	□胸卡　□工作服　□劳保用品　□通信设备　□宿舍退房及用品验收 经理签字：　　　　　　　日期：				
财务部	□欠款清理　□财务清算　□工资发放 经理：　　　　　　　　　日期：				
副总经理	签字：　　　　　　　　　日期：				
离职员工	我确认上述手续已全部完成，从此解除我与××公司的劳动服务关系 签字：　　　　　　　　　日期：				

注：本单一式两份，离职员工与公司人力资源部各执一份。

21-19　员工离职面谈表

员工离职面谈表

填表日期：　　年　月　日

离职人员姓名		所在部门	
担任职位		员工工号	
入职日期		离职日期	
面谈者		职位	
1.请指出你离职最主要的原因（请在恰当处加√号），并加以说明	□薪金　□工作性质　□工作环境　□工作时间 □健康因素　□福利　□晋升机会　□工作量 □加班　□与公司关系或人际关系 其他		
2.你认为本公司在以下哪些方面需要加以改善（可选择多项）	□公司政策及工作程序　□部门之间沟通 □上层管理能力　□工作环境及设施 □员工发展机会　□工资与福利 □教育培训与发展机会　□团队合作精神 其他：		
3.是什么促使你当初选择加入本公司			
4.在你做出离职决定时，你发现本公司在哪些方面与你的想象和期望差距较大			
5.你最喜欢本公司的方面有哪些，最不喜欢本公司的哪些方面			
6.在你所在的工作岗位上，你面临的最大的困难和挑战是什么			
7.你对本公司招聘该岗位的任职者有什么建议			
8.你认为本公司应该采取哪些措施来更有效地吸引和留住人才			
9.你是否愿意在今后条件成熟的时候再返回公司，是否会为本公司继续效力，简单陈述理由			

21-20　员工辞退通知书

员工辞退通知书

姓　名		部　门			职　务	
到职日期	年　月　日	离职日期	年　月　日		工　资	
辞退 （辞职） 原因						
部门经理 意见	签字：					
人力资源部 经理意见	签字：					
总经理 意见	签字：					

注：此通知书一式三份，员工、部门经理、人力资源部门各一份。

第22章 员工培训与发展管理表格

本章阅读索引：

22-01 年度培训计划申请表

年度培训计划申请表

填表部门： 填表日期： 年 月 日

培训类别	需求人数	培训时间	培训地点	培训师资	培训费用
总计					
人力资源部门意见：					
			签字：		年 月 日
分管副总裁意见：					
			签字：		年 月 日
总裁意见：					
			签字：		年 月 日

22-02 内部培训计划申请表

内部培训计划申请表

填表部门：　　　　　　　　　　　　　　　　　　填表日期：　　年　月　日

培训类别	培训人数	培训时间	培训地点	培训师资	培训费用
新员工培训					
岗位职责与流程培训					
岗位业务技能培训					
费用总计					
分管副总裁意见： 签字：　　　　　年　月　日					

22-03 外部培训计划调查表

外部培训计划调查表

填表日期：　　年　月　日

姓名		部门		岗位		职称	
培训类别		培训时间	培训结果		对工作的作用		培训费用
用人部门经理审核意见： 签字：　　　　　年　月　日							
人力资源部审核意见： 签字：　　　　　年　月　日							

22-04 外部培训计划申请表

外部培训计划申请表

填表部门：　　　　　　　　　　　　　　　　　　填表日期：　　年　月　日

培训类别	受训员工	培训时间	培训结果	对工作的作用	培训费用

续表

培训类别	受训员工	培训时间	培训结果	对工作的作用	培训费用
费用总计					
人力资源部门意见：					
			签字：		年 月 日
人力资源分管副总裁意见：					
			签字：		年 月 日

22-05 员工外派培训申请表

员工外派培训申请表

编号：

举办单位			培训地点	
培训内容			培训起止时间	
姓名		部门	岗位	
培训形式		外派人数		
预计费用总额		培训学费	其他费用	
其他费用说明				
分公司总经理意见或部门负责人意见				
人力资源部负责人意见				
分管副总裁意见				
总裁审批				

注：本表人力资源部留存。

22-06 外派培训费用审批表

外派培训费用审批表

姓名		部门		岗位	
实际培训费用金额		剩余金额		合计报销金额	
各项费用说明					
培训资料				接收人签字	
人力资源部负责人意见					

22-07 培训记录签到表

培训记录签到表

培训时间：	培训内容：
培训对象：	培训讲师：
主办部门：	

参加培训人员签名

部门	姓名	本人签字	未参加原因

22-08 培训效果评估表

培训效果评估表

课程内容：　　　　　　　　　　培训师姓名：

培训日期：　　　　　　　　　　培训地点：

请就下面每一项进行评价，并请在相对应的分数上打"√"。

1.课程内容

评估内容	差	一般	好	很好	非常好
课程适合我的工作和个人发展需要	1□	2□	3□	4□	5□
课程内容深度适中、易于理解	1□	2□	3□	4□	5□
课程时间安排	1□	2□	3□	4□	5□
课程内容切合实际、便于应用	1□	2□	3□	4□	5□

2.培训师

评估内容	差	一般	好	很好	非常好
培训师的仪表标准、个人形象	1□	2□	3□	4□	5□
培训师有充分的准备	1□	2□	3□	4□	5□
培训师表达清楚、态度友善	1□	2□	3□	4□	5□
培训师对培训内容有独特精辟见解	1□	2□	3□	4□	5□
培训师课堂气氛和吸引力	1□	2□	3□	4□	5□
培训方式生动多样、鼓励参与	1□	2□	3□	4□	5□

3.参加此次培训的收获有（可多选）
A.获得了适用的新知识。
B.理顺了过去工作中的一些模糊概念。
C.获得了可以在工作上应用的一些有效的技巧或技术。
D.促进客观地观察自己以及自己的工作，帮助对过去的工作进行总结与思考。
其他（请填写）：_____

4.对本人工作上的帮助程度
A.较小　　　　　B.普通　　　　　C.有效　　　　　D.非常有效

5.整体上，您对这次课程的满意程度是
A.不满　　　　　B.普通　　　　　C.满意　　　　　D.非常满意
您给予这次培训的总评分是（以10分计）：

6.其他建议或培训需求
_____
_____

22-09　职业指导人与新员工面谈表

职业指导人与新员工面谈表

部门			指导人		被指导人		面谈时间	
面谈内容	工作进展情况							
	团队融入情况							
	工作需要什么支持和帮助							
	有什么意见和建议							
面谈员工签字			面谈指导人签字				主管领导审核签字	

注：1.正式面谈每周1次。

2.此表格由指导人于正式面谈结束后一个工作日填写完毕，由其部门主管审核、确认，一式两份，部门和培训开发部各存档一份。提交培训开发部的方式：以文本格式提交。

22-10　培训效果评估报告

培训效果评估报告

课程名称：			讲师：	
培训评价单位：			报告编制：	
一、出勤情况				

出勤率汇总及排名				
序号	单位	培训执行率	缺勤情况	
			无故缺席	请假
1				
2				
3				
4				
参加人数		实际参加人数		出勤率	100%

续表

二、培训反馈综合统计	
本次培训共回收＿＿＿份有效培训反馈表	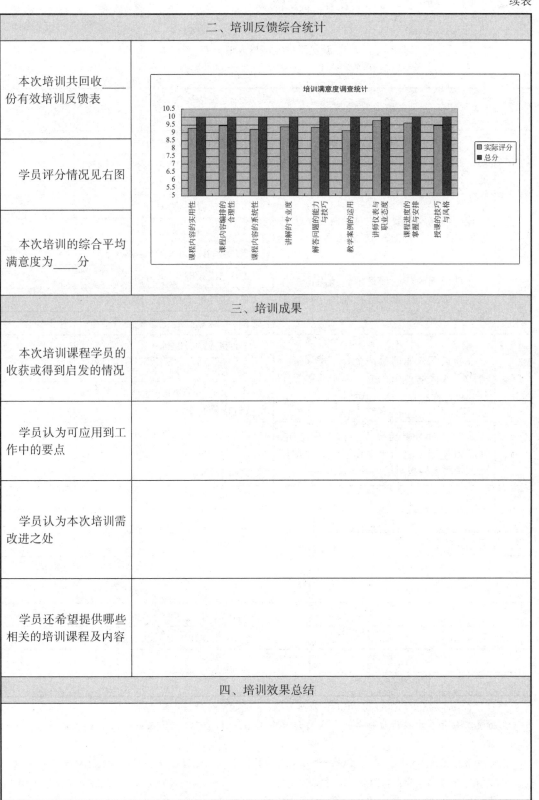
学员评分情况见右图	
本次培训的综合平均满意度为＿＿＿分	

三、培训成果	
本次培训课程学员的收获或得到启发的情况	
学员认为可应用到工作中的要点	
学员认为本次培训需改进之处	
学员还希望提供哪些相关的培训课程及内容	

四、培训效果总结

22-11　新员工职业指导人考核表

新员工职业指导人考核表

被考核人：　　　　　　所在部门：　　　　　　岗位：

项目序号	考核内容	考核标准	考核得分
1	入职后两日内帮助新员工制订工作计划，熟悉公司相关环境及相关规范和制度、各部门同事、办公网络等	（1）完成及时性10分	
		（2）计划制订的全面性、可行性5分	
2	按培训开发部要求的时间对新员工进行上岗前的业务知识和技能培训	（1）完成及时性10分	
		（2）培训有记录、有考核5分	
		（3）培训内容切合员工需求5分	
3	在试用期内帮助新员工熟悉岗位工作内容、掌握工作流程与标准，并对其工作进行相应的指导	（1）完成及时性10分	
		（2）指导的全面性5分	
		（3）有计划、有记录5分	
4	在新员工入职的第一个月，每周进行一次正式谈话；在新员工入职的第二个月，每两周进行一次正式谈话	（1）完成的及时性5分	
		（2）有记录5分	
		（3）针对发现的问题帮助员工制定改进措施5分	
5	第三个月月末指导人进行工作总结，并于当月30日将指导工作总结和每次谈话记录的表格报至培训开发部	（1）完成的及时性10分	
		（2）总结客观、全面，对于不足有改进措施5分	
6	组织转正面谈	（1）完成的及时性10分	
		（2）考核公平、公正5分	

以上各项考核总得分：

考核部门签字	考核人签字	考核时间

注：1.新员工指导人考核以指导工作开始为准，半年考核一次。

2.新员工指导人考核的责任部门是人力行政中心培训开发部，指导人的部门主管领导和被指导人参与考核。

3.考核总分值为100分，考核者根据对各项工作的检查结果进行评分，最后计算总考核得分。

4.考核的原则是：公平、公正、公开。

5.考核得分在90分以上者为最佳指导人，予以200元奖励。

22-12 "师带徒"培训任务书

"师带徒"培训任务书

徒弟姓名		学历		所学专业	
参加工作时间		现岗位		技能鉴定工种及等级	
师傅姓名		学历		所学专业	
参加工作时间		现岗位		技能鉴定工种及等级	
专业技术任职资格			培训层次		
培训时间	年 月 日至 年 月 日				
训练目标、计划及措施	徒弟签字： 师傅签字： 年 月 日 年 月 日				

注：在签订培训协议书前，由师傅指导徒弟填写本表。本表一式两份，车间和人力资源部各一份。

22-13 "师带徒"培训辅导计划

"师带徒"培训辅导计划

时间	辅导内容	辅导目的	辅导方式	评估方式与标准

人力资源部会签：

22-14 培训辅导记录表（师傅）

培训辅导记录表（师傅）

序号	培训辅导内容	时间	地点	学时	徒弟	人力资源部
合计						

注：本表在每次辅导结束后填写，并由徒弟签字确认；每月月初交人力资源部核查一次；学期内总学时数不得少于48～96学时。

22-15 培训辅导记录表（徒弟）

培训辅导记录表（徒弟）

时间		学时		地点	
培训辅导内容				辅导方式	
学习心得					

人力资源部：

22-16 师傅一对一辅导总结报告（徒弟）

师傅一对一辅导总结报告（徒弟）

师傅姓名		部门		职位	
徒弟姓名		辅导期			
师傅于学期内辅导工作总结					

注：本表由师傅于学期结束一周内填写完毕交人力资源部。

22-17 一对一"师带徒"专题培训徒弟考核表

一对一"师带徒"专题培训徒弟考核表

徒弟姓名		毕业院校		所在部门	
所在岗位		师傅姓名		学习期	

考核栏								
项目	内容	权重	评价/得分					评估人
			5	4	3	2	1	
学习评估 15%	学习绩效	5						（师傅）
	学习态度	5						
	学习能力	5						
综合评估 25%	（描述学期内总体表现）	25						（部门经理）
考试成绩 40%	学期末考试（主要技术工种作业类课程的期末考试，应采用实践操作考试的形式）	40						（师傅）
学习总结 报告20%	一对一专题培训学习总结报告	20						（人力资源部）
合计		100						（人力资源部）
评估意见与任用、发展建议（师傅填写）								

注：本表为"师带徒"一对一培训徒弟考核表，其中学习评估占15%权重，部门经理评估得分占25%权重，评估采用5分制打分，5分为优秀，4分为良好，3分为合格，2分为待改进，1分为差。

部门经理签字/日期：　　　　　　　　　人力资源部存查/日期：

22-18 一对一"师带徒"专题培训徒弟月学习报告

一对一"师带徒"专题培训徒弟月学习报告

学习过程/内容描述：   学习收获：   下一步行动计划（运用学习收获）：   对教学的建议：

注：本表于每月5日前填写后交人力资源部会签核查。

人力资源部：

22-19 一对一"师带徒"专题培训徒弟总结报告

一对一"师带徒"专题培训徒弟总结报告

徒弟姓名		毕业院校		所在部门	
所在岗位		师傅姓名		学习期	
学习总结					
签字/日期：					

注：本表于学期结束后一周内填写完毕交人力资源部。

人力资源部：

22-20 员工操作培训申请表

员工操作培训申请表

学徒姓名		性别		年龄		文化程度	
学习工种		学习时间		拟自 年 月至 年 月			
师傅姓名		工种及级别			曾带徒弟数		
师徒承诺	（1）服从公司领导，遵守《员工守则》，听从车间安排，保证产品质量 （2）师傅尽力关心和爱护徒弟，并愿意将自己的技术技能经验毫无保留、耐心细致地传授给徒弟，使徒弟能尽快学会该工种生产技术技能知识，并对徒弟学习期间产生的产品质量、工伤及设备安全事故负主要责任 （3）徒弟愿意自觉尊敬师傅，学习期间任劳任怨、勤勤恳恳、刻苦钻研生产技术技能知识，力争尽早成为一名合格员工或能胜任工作的机台长 师傅签名： 徒弟签名：							
所在车间意见	车间主任： 日期：						
制造部审核意见	经理： 日期：						
总经理意见	总经理： 日期：						

申请人： 申请日期：

22-21 学徒工（机台长）鉴定考核申请表

学徒工（机台长）鉴定考核申请表

学徒姓名		性别		年龄		文化程度	
学习工种		已学时间		现工种及级别			
考试成绩	专业理论		实际操作				
学习总结（主要收获）							
师傅意见	师傅签名： 日期：						
所在车间意见	车间主任： 日期：						
鉴定考核意见	参加鉴定考核人签名： 日期：						
总经理意见	总经理： 日期：						

申请人： 申请日期：

第23章 薪酬与福利管理表格

本章阅读索引：

23-01 员工薪资登记表

员工薪资登记表

序号	姓名	年龄	部门	最近调薪时间	月基本工资	月提成	月总工资	银行账号

23-02　员工工资表

员工工资表

月份：　　　　　　　　　　　　　部门：

工号	姓名	基本工资	加班工资				其他工资				代扣代缴款项						实发工资	本人签名
			平日加班	休息日加班	法定假日加班	小计	岗位津贴	职务津贴	其他补贴	工资小计	考勤	罚款	税金	社保费	其他	扣缴小计		

制作：　　　　　　　　　　　　　审批：

23-03　员工薪酬调整建议表

员工薪酬调整建议表

填写时间：　　年　月　日

填写人：	职务：
1.薪酬调整人员姓名： 2.职务： 3.建议调整起始时间： 4.调整数额： （1）技能工资（_____元/级）： 上浮：_____级 下浮：_____级 （2）职务工资（_____元/单位）： 上浮：_____级 下浮：_____级	
调整原因：	
主管经理意见： 日期：　　年　月　日	
公司审核意见： 日期：　　年　月　日	

23-04 薪资变动申请表

薪资变动申请表

姓名		部门		职务	
性别		入职日期		调整日期	
变动原因	☐报到定薪　☐试用合格调薪　☐岗位变动调薪　☐其他				
调薪原因	☐工作能力及效率提升，晋级 ☐降级 ☐转岗调职 ☐工龄工资 ☐试用期转正 ☐其他，请说明：				

变动项目	基本工资	保密工资	绩效工资	岗位津贴	其他补贴	金额总计
变动前						
变动后						

人力资源部审批意见	
总经理审批意见	
财务部	调整后薪资发放执行日期：　　　年　月　日　　　　　签名：
备注	

23-05　岗位调整申请表

岗位调整申请表

推荐申请人		部门		岗位	
被推荐人		部门		岗位	
调整事由说明： 建议： 　　　　　　　　　　　　　　　　　　　　签字：　　　　　　　年　月　日					
人力资源部门意见： 　　　　　　　　　　　　　　　　　　　　签字：　　　　　　　年　月　日					
人力资源分管副总裁意见： 　　　　　　　　　　　　　　　　　　　　签字：　　　　　　　年　月　日					
总裁意见： 　　　　　　　　　　　　　　　　　　　　签字：　　　　　　　年　月　日					
人力资源专员填写处理事项： 　　　　　　　　　　　　　　　　　　　　签字：　　　　　　　年　月　日					

23-06　薪酬级别调整申请单

薪酬级别调整申请单

推荐申请人		部门		岗位	
被推荐人		部门		岗位	
调整事由说明： 建议： 　　　　　　　　　　　　　　　　　　　　签字：　　　　　　　年　月　日					
人力资源部门意见： 　　　　　　　　　　　　　　　　　　　　签字：　　　　　　　年　月　日					
人力资源分管副总裁意见： 　　　　　　　　　　　　　　　　　　　　签字：　　　　　　　年　月　日					
总裁意见： 　　　　　　　　　　　　　　　　　　　　签字：　　　　　　　年　月　日					
人力资源专员填写处理事项： 　　　　　　　　　　　　　　　　　　　　签字：　　　　　　　年　月　日					

23-07 工资调整申请表

工资调整申请表

申请时间：

姓名		部门		职位	
入职日期		工龄		本岗位工作经验	
当前薪资标准及结构					
调薪事由	□岗位调动　　□工作量增加　　□其他				
	具体事由： 签字：　　　　　　日期：				
部门负责人审核	1.工作量				
	2.工作质量				
	3.工作态度				
	4.出勤情况				
	结论： 签字：　　　　　　日期：				
人力资源部审核					
	签字：　　　　　　日期：				
总经理审批					
	签字：　　　　　　日期：				

23-08　员工福利预算表

员工福利预算表

年度：

序号	项目	起始日期	受益者/覆盖面	预算金额
1	社会统筹养老保险			
2	基本医疗保险			
3	住房公积金			
4	失业保险			
5	工伤生育保险			
6	员工食堂			
7	工作餐			
8	子女教育津贴			
9	工作服			
10	通信费			
11	交通费			
12	医疗费			
…	……			

制表：　　　　　　　审批：　　　　　　　　　　　　日期：

23-09　福利资金年支出报表

福利资金年支出报表

单位：元

序号	项目	年支出金额	备注
1	社会统筹养老保险		
2	基本医疗保险		
3	住房公积金		
4	失业保险		
5	工伤生育保险		
6	档案保管费		
7	体检费		
8	节日慰问费		
9	员工活动		
…	……		

制表人：　　　　　　　审批人：　　　　　　　　　　　日期：

23-10 某企业员工福利明细表

某企业员工福利明细表

序号	福利待遇项目	缴费基数/服务内容	缴费比例			每月费用
			公司	个人	合计	
一	社会统筹养老保险					
二	基本医疗保险					
三	住房公积金					
四	失业保险					
五	工伤生育保险					
六	档案保管费					
七	门诊医药费报销					
八	人身意外保险附加意外医院保险					
九	家庭财产保险					
十	重大疾病保险					
十一	体检费					
十二	服务管理费					
合计						

23-11 员工工作福利待遇情况表

员工工作福利待遇情况表

员工姓名：　　　　　　部门：　　　　　　岗位：　　　　　　职级：

基本工资（底薪）	_____元/月
学历补贴	_____元/月
住房补贴（公积金）	_____元/月
交通补贴	_____元/月
通信补贴	_____元/月
工龄补贴	_____元/年递增

季度奖金	□固定：_____元至_____元 □按盈利分红：_____元以上
年终奖金	□固定：_____元至_____元 □按盈利分红：_____元以上
社保：养老	□个人全包　□单位与个人分摊　□单位全额
社保：医疗	□个人全包　□单位与个人分摊　□单位全额
社保：工伤	□个人全包　□单位与个人分摊　□单位全额
社保：失业	□个人全包　□单位与个人分摊　□单位全额
伙食：早餐	□免费　□不提供　□提供：_____元/餐
伙食：午餐	□免费　□不提供　□提供：_____元/餐
伙食：晚餐	□免费　□不提供　□提供：_____元/餐
清凉饮料	□免费　□不提供
住宿	□免费　□不提供 □提供　房租费：_____元/月　水电费：_____元/月
加班	□加班费：_____元/小时　□无加班费但补休
工会活动	□不提供　□免费旅游_____次/年 □提供：旅游_____次/年，单位与个人分摊个人部分约_____元
上班时间	□固定班制： 　□周一　□周二　□周三　□周四　□周五　□周六　□周日 　上午___时___分至___时___分 　下午___时___分至___时___分 □轮流班制： 　每天___小时，每月休息___天 　早班___时___分至___时___分 　中班___时___分至___时___分 　晚班___时___分至___时___分
节日慰问金	□元旦___元　　□春节___元　　□清明___元 □五一___元　　□端午___元　　□中秋___元 □十一___元
节日休息天	□元旦___天　　□春节___天　　□清明___天 □五一___天　　□端午___天　　□中秋___天 □十一___天
年休假	□按劳动法规　□不提供

23-12　员工抚恤申请表

员工抚恤申请表

申请人	姓名		性别		年龄	
	地址		与死亡人关系		身份证号	
死亡者	姓名		性别		年龄	
	职称		到职日期		原薪金	
死亡日期			与执行公务关系		劳保年数	
死亡原因						
适用条款						
抚恤金数额	1.抚恤金 2.特别抚恤金____个月薪金共计_____元					
需交证件	1.死亡证明一份 2.身份证/户口簿复印件一份					
总经理核定			财务部		主管人	
说明：本表一式两份，一份经核定后财务部发给抚恤金，一份存入个人档案						

23-13　员工婚丧喜庆补贴申请表

员工婚丧喜庆补贴申请表

年　月　日

部门		姓名		职称		到职日期	
申请事由				证明文件			
备注				申请金额			

总经理：　　　　　人力资源部：　　　　　部门经理：　　　　　申请人：

23-14 员工重大伤病补助申请表

员工重大伤病补助申请表

姓名		性别		年龄	
部门		编号		职称	
工号		职等		到职日期	
申请事由：					
证明文件：					
申请金额：					
备注					

总经理：　　　人力资源部：　　　部门经理：　　　填表人：　　　填表日期：　　年　月　日

23-15 员工福利金申请表

员工福利金申请表

申请人姓名		岗位	
进入公司时间		进入岗位时间	
申请事项	申请金额	申请说明	
短期残障			
长期残障			
人寿保险			
死亡福利			
探亲费用			
退休费用			
员工储蓄计划费用			
员工福利总计			
部门意见			
人力资源部意见			
财务部意见			
申请事项			
总经理意见			

第24章 绩效与激励管理表格

本章阅读索引：

24-01 绩效计划表

绩效计划表

序号	项目名称	项目界定	计算公式	绩效指标			权重	评分规则	数据来源	考核周期
				最高	考核	最低				

24-02 年终述职考评表（管理岗位）

年终述职考评表（管理岗位）

述职人信息		考评时段	
姓名		部门	
职务		入职日期	

述职考评：

评价说明：每一单项分值为0～110分，评分的最小单位是5分，单项评分超过90分和低于60分，需在评价说明栏说明原因。

评分标准：

100～110分——杰出，在各方面的绩效都十分突出，并且明显地比其他人的绩效优异得多。

90～100分——很好，工作绩效的大多数方面明显超出职位的要求，工作绩效是高质量的并且在考核期间一贯如此。

80～90分——好，是一种称职的和可信赖的工作绩效水平，达到了工作绩效标准的要求。

70～80分——需要改进，基本达到了绩效要求，但在绩效的某一方面存在缺陷，需要改进。

60～70分——不令人满意，工作绩效水平总体来说无法让人接受，必须立即改进。

60分以下——差，工作绩效完全达不到工作要求。

考核项目	考核标准及要求	权重	自评	总经理评
1.领导能力	（1）具有从事管理工作的理念及技能 （2）激励及带动员工，提升团队士气，达成团队目标 （3）合理分配工作任务及授权，有效辅导员工，员工素质及行为有整体提升，促进工作任务完成	20%		
评价说明	个人：			
	总经理：			
2.工作质量和成效	（1）工作实效强，服务质量高，员工、客户满意度高 （2）一年来，及时、有效地领导部门按时、按量、按质完成工作本年度的工作任务 （3）目标分解，措施得力，确保工作一次性正确完成	30%		
评价说明	个人：			
	总经理：			

续表

考核项目	考核标准及要求	权重	自评	总经理评
3.责任感与信誉度	（1）诚实守信，履行承诺 （2）以高度的责任心主动推动工作，是上级工作交付、下级寻求支持的可靠人选 （3）及时、准确地报告工作状况，共享工作信息 （4）勇于承担责任 （5）不谋私利，一切以公司利益为出发点，时刻为公司的利益着想	20%		
评价说明	个人： 总经理：			
4.成本意识	成本意识强烈，能积极节省，避免浪费	10%		
评价说明	个人： 总经理：			
5.学习创新能力	（1）通过问题的出现及解决，增加对潜在问题的预见性，不犯相同错误 （2）解决难题时有创造性的新思想、新方法 （3）不断学习，提升个人素质及工作技能，并将新知识传授给员工	10%		
评价说明	个人： 总经理：			
6.沟通合作	（1）建设并管理好自己的团队，团队融合度高，成员关系融洽 （2）建立并维持与他人良好的工作关系，沟通协调，通过共同协作解决意见分歧 （3）合作意识强，能倾听有建设性的建议和批评 （4）与各部门沟通合作以大局利益为重，不惜牺牲部门利益	10%		

考核项目	考核标准及要求	权重	自评	总经理评
评价说明	个人：			
	总经理：			
考核汇总得分	$1 \times 20\%+2 \times 30\%+3 \times 20\%+（4+5+6）\times 10\%=$	得分		

请根据上述评估内容，提出综合评价和反馈意见。

优点	缺陷及不足
评价人签名：	

注：此表由人力资源部门专职人员收集汇总，不同评价人的评分情况不向本人进行反馈。

24-03　中高层管理者述职评议表（考核责任人用表）

中高层管理者述职评议表（考核责任人用表）

一、被评议人基本信息

姓名	部门	任职时间

二、述职评议

述职项	述职要素	分数分配/分	得分	说明（主要意见和建议）
1.不足与成绩（总分20分）	是否清楚分析出了工作中存在的主要问题和不足，是否存在重大失误和投诉	6		
	主要工作成绩效果如何	10		
	是否向大家分享了工作中的经验和教训	4		
2.业务环境与业界标准（总分3分）	是否清楚了解公司及各部门对本部门工作提出的要求和完成的标准，是否能清楚这些要求和标准的依据	1		
	对行业中相关领域业界标杆是否掌握，是否清楚自身与业界存在的差距	1		
	对行业中主要竞争对手在本业务领域的情况是否掌握	1		

述职项	述职要素	分数分配/分	得分	说明（主要意见和建议）
3.主要工作目标完成情况（总分32分）	是否能够清楚本部门工作的主要业绩目标	3		
	这些业绩目标具体完成情况是否达到公司的要求	22		
	目标完成情况与前一年相比是否超出，或者是否达到领导的要求	7		
4.核心价值贡献能力提升的策略和措施（总分15分）	是否清楚分析和掌握了本部门的核心价值贡献能力	5		
	针对核心价值贡献能力建设是否提出了具体和有效可以执行的措施	5		
	是否对新的一年的主要工作有具体的考虑和安排，包括资源的分配	5		
5.客户满意度（总分10分）	部门内外部客户满意度情况，是否存在重大客户投诉	3		
	是否清楚内外部客户不满意的主要原因	3		
	针对提升客户满意度和客户不满意的原因，是否提出了有效的解决措施和方法	4		
6.组织学习与成长（总分15分）	是否了解和掌握部门员工的技能水平	3		
	是否提出了新一年部门员工能力建设和学习培训的方案及计划	4		
	部门组织气氛的具体情况好坏，部门团结协作精神如何	5		
	对新的一年如何提升部门组织气氛是否有具体的措施和目标	3		
7.意见反馈（总分5分）	是否能够提出公司层面的意见和建议	3		
	对流程的上下游环节是否有合理的意见和建议	1		
	对这些意见和建议是否有具体可参考的方案和措施	1		
总分				
改进意见（由考核责任人填写）				

考核责任人：   考核时间：

24-04 中高层管理者述职评议表（评议人用表）

中高层管理者述职评议表（评议人用表）

一、被评议人基本信息

姓名	部门	任职时间

二、述职评议

述职项	述职要素	说明（主要意见和建议）
1.不足与成绩	是否清楚分析出了工作中存在的主要问题和不足，是否存在重大失误和投诉	
	主要工作成绩效果如何	
	是否向大家分享了工作中的经验和教训	
2.业务环境与业界标准	是否清楚了解公司及各部门对本部门工作提出的要求和完成的标准，是否能清楚这些要求和标准的依据	
	对行业中相关领域业界标杆是否掌握，是否清楚自身与业界存在的差距	
	对行业中主要竞争对手在本业务领域的情况是否掌握	
3.主要工作目标完成情况	是否能够清楚本部门工作的主要业绩目标	
	这些业绩目标具体完成情况是否达到公司的要求	
	目标完成情况与前一年相比是否超出，或者是否达到领导的要求	
4.核心价值贡献能力提升的策略和措施	是否清楚分析和掌握了本部门的核心价值贡献能力	
	针对核心价值贡献能力建设是否提出了具体和有效可以执行的措施	
	是否对新的一年的主要工作有具体的考虑和安排，包括资源的分配	
5.客户满意度	部门内外部客户满意度情况，是否存在重大客户投诉	
	是否清楚内外部客户不满意的主要原因	
	针对提升客户满意度和客户不满意的原因，是否提出了有效的解决措施和方法	
6.组织学习与成长	是否了解和掌握部门员工的技能水平	
	是否提出了新一年部门员工能力建设和学习培训的方案和计划	
	部门组织气氛的具体情况好坏，部门团结协作精神如何	
	对新的一年如何提升部门组织气氛是否有具体的措施和目标	
7.意见反馈	是否能够提出公司层面的意见和建议	
	对流程的上下游环节是否有合理的意见和建议	
	对这些意见和建议是否有具体可参考的方案和措施	

评议人： 评议时间：

24-05 非高管人员季度/年度工作计划表

非高管人员季度/年度工作计划表

姓名：　　　　　单位/部门：　　　　　岗位：　　　　　填表日期：

一、重点工作计划					
序号	工作项目	工作内容	工作目标	完成时间	考评标准
二、日常计划工作					
序号	工作项目	工作内容	工作目标	完成时间	考评标准
部门负责人意见：			对口部门分管领导意见：		

24-06 非高管人员月度绩效考核表

非高管人员月度绩效考核表

姓名：　　　　　　　　　单位/部门：　　　　　　　　　职位名称：

考核月份：　　　　　　　　　　　　　　　　　填表时间：

考评项目	考评标准	分值	自评分	上级审定分	特殊业绩加减说明 （此栏由上级填写）
总分					
自评意见	总得分：		应发绩效工资：		自评绩效工资：
部门负责人审核：			对口部门分管领导审定意见：		

注：1.评分标准为加减分的依据，经营指标（量化）评分标准说明：该项考核指标权重为20%（即20分），目标任务为300万元，按完成300万元目标任务得满分测算（即20分），则每分为15万元。如某月完成了450万元，则该项得分为30分（按每分占比15万元算，450/15则应得30分）。

2.重点工作完成情况评分标准说明：按质按时完成，满分；基本按质按时完成，得分为此项工作权重的80%；未按质按时完成，"0"分；完成工作但未达到工作目标，则在评分标准内容中说明。

3.纪要安排工作的权重由被考核人填写，总的会议纪要权重不超过10%，完成纪要工作内容并达成目标，可获得相应权重的加分，未完成纪要工作内容，获得相应权重的扣分，完成纪要工作，但未达到工作目标，则在评分标准内容中说明。

24-07 员工个人绩效承诺表（季度）

员工个人绩效承诺表（季度）

基础信息							
姓名		部门		职位		日期	
季度KPI承诺							
指标名称	设定分数	警戒值	目标值	挑战值		实际完成值	得分
总分							
季度工作计划							
序号	主要工作 （不超过10项）	权重/%	完成时间	完成标准		完成情况自评	
1							
2							
3							
4							
5							
6							
…							
10							
计划与承诺沟通记录（考核期初，直接上级/考核责任人与员工就上述内容进行沟通的记录）							
沟通要点 （员工记录）							
员工签字	日期：			直接上级 考核责任人签字		日期：	

24-08 员工个人绩效考核表（季度）

员工个人绩效考核表（季度）

季度末工作完成情况总结（对照计划进行，由员工填写）	
完成计划工作	
完成计划以外工作	
项目工作（无跨部门项目工作时无须填写）	项目经理：

序号	考核意见	得分
1		
2		
3		
4		
...		

总分（满分为100分，根据计划外工作及突出贡献可给附加分0～20分）	
考核责任人意见	考核结果：（　　）分（考核结果得分=KPI考核得分×0.6+工作计划完成得分×0.4） 意见： 签名：　　　　　　时间：
复核者 复核意见	 签名：　　　　　　时间：
员工意见 （75分以下须填写改进措施）	 签名：　　　　　　时间：

24-09　员工个人绩效承诺表（月度）

员工个人绩效承诺表（月度）

基础信息							
姓名		部门		职位		日期	

月度KPI承诺						
指标名称	设定分数	警戒值	目标值	挑战值	实际完成值	得分
总分						

月度工作计划					
序号	主要工作 （不超过10项）	权重 /%	完成时间	完成标准	完成情况自评
1					
2					
3					
4					
5					
计划与承诺沟通记录（考核期初，直接上级/考核责任人与员工就上述内容进行沟通的记录）					
沟通要点 （员工记录）					
员工签字	日期：	直接上级 考核责任人签字		日期：	

24-10　员工个人绩效考核表（月度）

员工个人绩效考核表（月度）

月度末工作完成情况总结（对照计划进行，由员工填写）	
完成计划工作	
完成计划以外工作	
项目工作（无跨部门项目工作时无须填写）	项目经理：

序号	考核意见	得分
1		
2		
3		
4		
5		
总分（满分为100分，根据计划外工作及突出贡献可给附加分0~20分）		
考核责任人意见	考核结果：（　　）分（考核结果得分=KPI考核得分×0.6+工作计划完成得分×0.4） 意见： 　　　　　　　　　　　　　　签名：　　　　时间：	
复核者复核意见	签名：　　　　时间：	
员工意见（75分以下须填写改进措施）	签名：　　　　时间：	

24-11 员工绩效评述表

员工绩效评述表

员工姓名：_____ 工号：_____ 部门/处：_____ 岗位/职位：_____

绩效评述目的（若应用本表，请在绩效面谈前与绩效考核表一起交给部门经理）：

（1）保证你的工作在受考核时也将你的观点列入考虑

（2）帮助你，使你的绩效面谈更有效果

1.工作要项：就你的看法将你的工作要项逐一列出，主要包括关键岗位职责、主要工作目标等。下面几个问题可以帮助你列出工作要项：上级对你要求的成果有哪些？你的主管强调的是什么？你花费较多时间和心力的工作有哪些？如果没有你的工作，会有哪些重要的事无法完成？假如你本身也负有督导他人的责任，请将下列各点纳入你的工作要项中：组织规划，资讯沟通，合作协调及部属发展。即使你并无督导他人，如果这些要点也适用你的工作，亦请一并列入

2.主要贡献：逐一回顾你的工作要项，记下你所做的贡献。这可能包括：你所解决的一个重要问题，你成功将一个新构想付之于实行，你工作上一项重大改进，完成一项工作目标，或是圆满达成一个困难的任务等

3.工作阻碍：检讨工作要项，找出困难所在，即阻碍你不能发挥应有绩效的问题。同时记下你需要哪些支持协助来扫除这些障碍

4.行动计划：仔细思考前面的工作要项、贡献和障碍，你就能规划出下一个考核周期完整的行动。当你作规划时，参考下面的方针

（1）行动计划所包括的应是你能够做到的事，而且能增进你的工作成效，扫除工作障碍

（2）行动计划应该具体，使你确能掌握其是否完成

（3）行动计划应指出有无训练及教育的需要

5.事业目标：描述你近期或长期的事业目标

附注意见：如果你还有其他问题想在绩效面谈时讨论，请填入下面空白处

签字：   日期：

说明：在绩效面谈前，经理须将面谈通知与本表的填写说明同时告知被考核员工，季度绩效考核是否填写或提交本表，由被考核员工决定。年度绩效考核必须填写并提交本表

被考核员工也可至人力资源部或从网上提取本表格的电子格式，填写完整交于直接上级

24-12 客户评价/绩效记录表

客户评价/绩效记录表

姓名：_____ 职位：_____ 部门：_____

序号	工号	姓名	日期	事件/行为	评价来源 （客户类别）	绩效评价 （±分值）

注：1.本表主要为管理人员在工作中收集员工绩效信息所用。

2.评价来源主要指绩效信息的客户来源，分三类：A.内部客户；B.外部客户；C.直接上级。C类直接上级的评价主要指对下属员工工作过程绩效信息的评价记录。

3.绩效评价采取分值表示法，评价对应分值为，很好+2分；好+1分；差-1分；很差-2分，可以打以0.5结尾的分。

本表由管理管理人员每季度汇总一次，作为填写"员工工作绩效季度/年度考核表"的参考。

24-13 绩效面谈记录表

绩效面谈记录表

谈话日期_____年_____月_____日

员工姓名：_____工号：_____部门：_____岗位/职位：_____

上级姓名：_____职位：_____

1.确认工作目标和任务（讨论岗位职责与工作目标完成情况及效果，目标实现与否；双方阐述部门目标与个人目标，并使两者相一致；提出工作建议和意见）：

2.工作评估（对工作进展情况与工作态度、工作方法做出评价，什么做得好，什么尚需改进；讨论工作现状及存在的问题）：

3.改进措施（讨论工作优缺点；在此基础上提出改进措施、解决办法与个人发展建议）：

4.补充：

上级签名：_____ 被考核员工签名：_____

注：1.在进行绩效沟通时，由上级填写，注意填写内容的真实性。

2.被考核员工分别在"工作绩效考核表"和"面谈记录表"上签名，签名并不代表你同意考核表上的内容，仅表示本次考核上级确曾与你讨论过。

3.该表与"员工绩效评估表""部门考核汇总表""部门考核分析表"共同交至人力资源部。

4.沟通准备与谈话内容可参考《绩效面谈指南》的相关内容。

具体沟通内容可根据实际情况适当增删，不必完全拘泥于本表建议的内容与格式。

24-14 员工绩效考核面谈记录表

员工绩效考核面谈记录表

部门：　　　　　　　　面谈双方：　　　　　　　　面谈具体时间：　　年　月　日　时至　时

1.对员工在本评估期内所完成的工作的全面回顾及客观评价（含工作内容、进展与成效、不足与改进意见、工作成果评价、未完成的工作内容及原因分析等）
2.员工在下一个评估期的工作目标、工作计划/工作安排、工作内容或上级期望（本部分可由员工先考虑，面谈中再由双方进行修改确认）
3.为更好地完成本职工作和团队目标，员工在下一阶段需要努力和改善的绩效，直接主管的期望、建议、措施等
4.员工对部门（公司）工作的意见/建议、不满/抱怨、工作/生活/学习中的烦恼和困难、希望得到的帮助/支持/指导
5.以上面谈提纲中未涉及的其他面谈内容

员工签字（我同意面谈内容）：　　　　　　　　直接主管签字（我同意面谈内容）：

24-15　绩效评估沟通记录表

绩效评估沟通记录表

职员：　　　　　　　　部门：　　　　　　　　职务：

沟通时间：　　　　　　　地点：

考评人与员工本人回顾考核期内工作表现：
考评综述（讨论存在问题的原因、总结成功的原因）
考评结论： □杰出，超过职责要求　□优秀　□良好　□尚能达到职位基本要求 □除非尽快改进，否则无法胜任

工作绩效改进计划		
项目		完成时间
培训课程方向	1. 2. 3.	
期望完成的工作改进及采取的措施	1. 2. 3.	

员工签名：　　　　　　　　　　考评人签名：

部门经理意见	
人力资源部审核	

24-16 员工绩效评估申诉表

员工绩效评估申诉表

填写日期：　　年　月　日　　　　　　　　接收日期：　　年　月　日

姓名		所属部门、项目、小组		职位	
被评估期间		主评估人		上一级主管	
初评结束日期		主评估人是否曾经与你进行过正式的绩效交流			是（　）否（　）
详细描述申诉理由	申述人签名：　　　　　　　　年　月　日				
调查事实描述	调查人签名：　　　　　　　　年　月　日				
主评人处理意见	主评人签名：　　　　　　　　年　月　日				
仲裁意见	仲裁人签名：　　　　　　　　年　月　日				
特别说明：					

24-17 绩效改进计划表

绩效改进计划表

姓名			部门		
岗位			改进计划时间		
序号	必须改进的方面（以优先顺序排序）	改进意义	要达到的目的	改进的方法	改进的时限

24-18 员工奖惩建议申请表

员工奖惩建议申请表

申请日期：

建议类别	奖励	记大功	小功两次	小功一次	嘉奖两次	嘉奖一次	表扬
	惩罚	记大过	小过两次	小过一次	申诫两次	申诫一次	警告
被建议人	部门： 职位： 姓名：						
事实说明							
人力资源部门意见							
批示							
复核意见							
主管部门意见							

24-19 员工奖惩月报表

员工奖惩月报表

受奖惩者			奖惩方式	奖惩原因	发表日期
姓名	部门	职位			

24-20　员工奖励建议书

员工奖励建议书

姓名：	性别：	工号：	所属部门：
奖励形式	奖励原因		
□头表扬			
□通报表扬			
□嘉奖			
□特级嘉奖			
□晋升			
□其他：			
奖励金额：			
部门经理意见：	人力资源部审核：		
分管领导意见			

24-21　奖惩通知单

奖惩通知单

□奖　□惩　　　　　　　　　　　　　　　　　　日期：　　年　月　日

姓名		部门/岗位		工号	
奖惩原因					
奖惩意见					
奖惩依据					
当事人意见		部门经理意见		人力资源部经理意见	
	年　月　日		年　月　日		年　月　日

使用部门：　　　　　　　　　　各部门保存期限：1年

第25章 员工关系管理表格

本章阅读索引：

- 员工劳动合同签收备案表
- 劳动合同签订、变更登记表
- 员工解除、终止劳动合同审批表
- 劳动合同管理台账
- 员工申诉书

- 员工座谈会月问题改善跟进表
- 员工违纪处罚单
- 纪律处分通知书
- 奖惩登记表
- 员工奖惩明细表

25-01 员工劳动合同签收备案表

员工劳动合同签收备案表

序号	姓名	劳动合同期限		员工签名	签收日期	备注
		起	止			

25—02 劳动合同签订、变更登记表

劳动合同签订、变更登记表

部门		姓名		职务	
入职时间		转正时间			
签订（或变更）时间					
合同签订类型	□劳动合同书 □公司聘用合同书				
签订（或变更）期限					
签订（或变更）约定事项					
部门经理意见					
人力资源部意见					
总经理意见					

25—03 员工解除、终止劳动合同审批表

员工解除、终止劳动合同审批表

部门		姓名		职务	
入职时间		转正时间			
解除（或终止）时间					
合同类型	□劳动合同书 □聘用合同书				
合同签订期限					
解除（或终止）事项					
部门经理意见					
人力资源部意见					
总经理意见					

25-04 劳动合同管理台账

劳动合同管理台账

编号	姓名	合同期限		员工签名及日期	合同变更		员工签名及日期	合同续签		员工签名及日期
		起	止		变更原因	变更条款		起	止	

25-05 员工申诉书

员工申诉书

部门		组别		职务		姓名	
伤害时间				申诉时间			
申诉事由（请按时间、地点、相关人、事情经过、造成结果、申诉理由填写）	申诉人确认： 日期：
班、组、部回复意见	签名确认： 日期：
人力资源部经理回复意见	签名确认： 日期：
人力资源部回复意见	签名确认： 日期：
总经理回复意见	签名确认： 日期：

25-06 员工座谈会月问题改善跟进表

员工座谈会月问题改善跟进表

各位负责人：

　　大家好！员工座谈会结束已快一个月了，为了让员工更信任我们，我们有必要正式地将座谈会的实施处理情况公示一下。因此，请各位负责人填写此表，以确认你是否已经处理并回复了员工提出的问题。

序号	意见内容	回复人	回复内容	已完成，完成时间	未完成，预计完成时间	确认人

核准：　　　　　　　　　　审核：　　　　　　　　　　呈核：

25-07 员工违纪处罚单

员工违纪处罚单

姓名：	性别：	工号：	所属部门：
处罚形式	处罚原因		
□口头批评			
□通报批评			
□记小过			
□记大过			
□解除劳动关系			
□其他			
处罚金额：			
部门经理意见		违纪人签字	
人力资源部审核			
主管领导审批			

25-08 纪律处分通知书

纪律处分通知书

编号：   日期：

姓名		所属部门		职位	
所犯过失 □擅自旷工　　　　　　□屡次迟到 □工作时瞌睡　　　　　　□故意不服从上级或拒绝接受正当命令 □故意不以适当方法工作　□屡次逃避工作 □工作时或在公司赌博　　□行为不检点					
处分： □谴责 □停职：由　　年　月　日至　　年　月　日，共　　　日					
撤职生效日期：　　　年　月　日					
备注					

25-09 奖惩登记表

奖惩登记表

年度   页次：

职工编号	姓名	奖惩事项及文号	统计					
			警告	记过	大过	嘉奖	记功	大功

25-10 员工奖惩明细表

员工奖惩明细表

岗位	姓名	部门	奖罚	原因	本人署名	主管确认	经理签字

第26章 员工职业发展规划表格

本章阅读索引：

- 员工职业发展规划表
- 员工能力开发需求表
- 员工自我评估练习模板
- 管理人员晋升申报表

26-01 员工职业发展规划表

员工职业发展规划表

填表日期：　　年　月　日　　　　　　　　　　　　　　　填表者：

姓名		年龄		公司 （部门）		岗位名称	
最高学历			毕业时间	年　月	毕业学校		

参加 过的 培训	1.	5.
	2.	6.
	3.	7.
	4.	8.

目前具备 的技能/ 能力	技能/能力的类型	证书/简要介绍此技能

其他公司/部门工作经历简介				
	公司	部门	职务	对此工作满意的地方	对此工作不满意的地方
1					
2					
3					
4					

你认为对自己最重要的三种需要是： □弹性的工作时间　□成为管理者　□报酬　□独立　□稳定　□休闲　□和家人在一起的时间 □挑战　□成为专家　□创造
请详细介绍一下自己的专长
结合自己的需要和专长，你对目前的工作是否感兴趣，请详细介绍一下原因
请详细介绍自己希望选择哪条晋升通道（或组合）
请详细介绍自己的短期、中期和长期职业发展设想

填写指导：

1.本表格在新员工与主管人员充分沟通后填写。老员工一般每年填写一次。填写表格的目的是帮助新老员工明确职业发展规划，结合公司的发展要求满足员工自我实现的需要，最大限度地发展员工的才能。

2."目前具备的技能/能力"栏主要包括四方面的技能：第一，技术技能，指应用专业知识的能力，此技能有证书的需填写证书名称；第二，人际沟通能力，指在群体中与他人共事、沟通、理解、激励和领导他人的能力；第三，分析能力，指在信息不完全的情况下发现问题、分析问题和解决问题的能力；第四，情感能力，指在情感和人际危机前不会受其困扰和削弱，能保持冷静、受到激励的能力，以及在较高的工作责任压力下保持镇定和理性的能力。

3."其他公司/部门工作经历简介"栏填写者应从个人职业发展的角度（能力和专长是否发挥、是否感兴趣，是否有发展空间，是否能学到希望掌握的知识/技能等）填写满意和不满意的方面。

4."你认为对自己最重要的三种需要是"一栏用于填写者明确自己的职业锚（个人的职业定位选择），从而明确填写者需要什么样的工作来满足最强烈的三种需求，这也是上级管理者明确填写者的职业倾向、指导填写者进行职业生涯规划的依据。

5."请详细介绍一下自己的专长"栏可以重申自己认为最重要的技能/能力，和工作以外的兴趣爱好。

6."请详细介绍自己希望选择哪条晋升通道（或组合）"指管理、技术、业务三条晋升通道或三者的组合。

7."请详细介绍自己的短期、中期和长期职业发展设想"，短期指1~3年，中期指3~5年，长期指5年以上。

26-02 员工能力开发需求表

员工能力开发需求表

填表日期： 年 月 日 填表人：

姓名：		所在部门：			岗位名称：		
所承担的工作	自我评价			上级评价			上级评价的事实依据
	完全胜任	胜任	不能胜任	完全胜任	胜任	不能胜任	

我对工作的希望和想法	目前实施的结果如何
1. 2. 3. 4.	1. 2. 3. 4.

达到目标所需的知识和技能
1. 2. 3. 4.

需要掌握但目前尚欠缺的知识和技能	所需培训的课程名称
1. 2. 3. 4.	1. 2. 3. 4.

通过培训已掌握的知识和技能	已培训的课程名称
1. 2. 3. 4.	1. 2. 3. 4.

续表

对培训实施效果的意见	
需要公司提供的非培训方面的支持	上级意见及依据

填写指导：

1. 员工能力开发需求表是帮助员工认知自身现有知识、技能及未来所需学习方向的工具，公司为员工提供培训和发展机会的依据，是帮助员工实现职业生涯规划的重要手段。

2. "所承担的工作"一栏，员工填写主要的和重要的工作内容。

3. "自我评价"栏目，由本人根据实际工作完成情况进行评价，如果所承担的某项工作做得十分出色，就在"完全胜任"上打"√"；略有差错，但基本胜任，就在"胜任"上打"√"；工作中出现较大失误，或力不从心，就在"不能胜任"上打"√"。自我评价是上下级之间沟通和反馈的起点。

4. "上级评价"栏由直接上级根据被评价者实际的工作完成情况进行评价，方法同上。"上级评价的实施依据"指被评价者具备或不具备何种能力由上级做出的评价。上级评价的目的不在于考核，而在于向下级反馈考核的结果，让填写者客观了解自己已具备的能力和尚待改进的能力。

5. "我对工作的希望和想法"由填写者在结合实际的基础上提出挑战性的工作目标，"目前实施的结果如何"填写为实现这些目标员工已具备的能力，已做的准备，公司对本人的支持情况。

6. 有关培训等栏的内容是人力资源部确定培训计划和改进培训工作的依据。

7. "需要公司提供的非培训方面的支持"由填写者填写为实现个人职业生涯计划，需要公司、上级提供除了培训以外的支持和机会，如在岗辅导、工作轮换、经费上的支持等。

8. 能力开发需求表一年填写一次。

26-03　员工自我评估练习模板

员工自我评估练习模板

第一步：我现在处于什么位置？（了解目前职业现状）
（思考一下你的过去、现在和未来。画一张时间表，列出重大事件）
第二步：我是谁？（考察自己担当的不同角色）
（准备几张卡片，在每张卡片上写出"我是谁"的答案）
第三步：我喜欢去哪？我喜欢做什么？（这有利于自己未来的目标设定）
（思考你目前和未来的生活。写一份自传来回答三个问题：你觉得你已获得了哪些成就？你未来想要得到什么？你希望人们对你有什么样的印象？）
第四步：未来理想的一年（明确所需资源）
（考虑下一年的计划。如果你有无限的资源，你会做什么？理想的环境应是什么样的？理想的环境是否与第三步相吻合？）
第五步：一份理想的工作（设定现在的目标）
（现在，思考一下通过可利用的资源来获取一份理想的工作。考虑你的角色、资源、所需的培训和教育）
第六步：通过自我总结来规划职业发展（总结目前的状况）
（是什么让你感到每天愉悦）

26-04　管理人员晋升申报表

管理人员晋升申报表

姓名		所在部门			
性别	出生年月	最高学历	毕业院校及专业		毕业时间
现任职务				任职时间	
申报职务					
主要工作经历					
现工作岗位及主要工作业绩					
考核情况	季度				
	季度				
	季度				
	季度				
能力/专长评价					
用人部门意见					
人力资源部意见					
副总裁意见					
总裁审批					